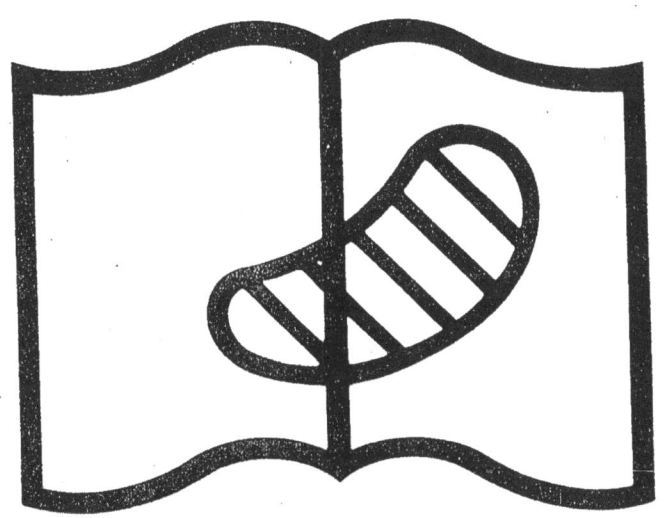

Original illisible

NF Z 43-120-10

"VALABLE POUR TOUT OU PARTIE DU DOCUMENT REPRODUIT".

1913

FÉLIX GRÉGOIRE

MIÉJOUR

PAYSAGES DU RHONE : DAUPHINÉ, LANGUEDOC, PROVENCE
VILLES SOUS LE VENT : VALENCE, ORANGE, MONTÉLIMAR, AVIGNON
TARASCON, ARLES, MARSEILLE, etc.

Préface de **Maurice FAURE**
Vice-Président du Sénat
Ancien Ministre de l'Instruction Publique

Illustrations du Peintre **CORNILLON-BARNAVE**
Frontispice de **Morice VIEL**

PARIS
ALBERT MÉRICANT, ÉDITEUR
29, AVENUE DE CHATILLON

1913

MIÉJOUR

Tous droits de traduction et de reproduction réservés pour tous les pays, y compris la Suède, la Norvège, la Hollande et le Danemark o o o

Pour traiter, s'adresser à M. Félix Grégoire, 1, rue Christine, Paris (6ᵉ).

Branche de pin de Provence (Composition de Monsieur VIEL).

Dans le médaillon : Type de paysanne du Comtat.

FÉLIX GRÉGOIRE

MIÉJOUR

PAYSAGES DU RHONE : DAUPHINÉ, LANGUEDOC, PROVENCE
VILLES SOUS LE VENT : VALENCE, ORANGE, MONTÉLIMAR, AVIGNON
TARASCON, ARLES, MARSEILLE, etc.

Préface de **Maurice FAURE**
Vice-Président du Sénat
Ancien Ministre de l'Instruction Publique

Illustrations du Peintre **CORNILLON-BARNAVE**
Frontispice de **Morice VIEL**

PARIS
Albert MÉRICANT, Éditeur
29, AVENUE DE CHATILLON
—
1913

PREFACE

Miéjour ! — Quel joli titre, harmonieux et sonore, à la fois vibrant comme un cri de guerre et doux comme un cri d'amour !

Miéjour ! Quel nom plus aimablement et plus simplement expressif pour symboliser et résumer l'esprit d'un livre, consacré, comme celui-ci, à la glorification de notre Terre d'Oc !

Ces deux syllabes chantantes du parler des troubadours et de la langue de Mistral, n'est-ce pas tout notre Midi poétique, radieux et coloré dont Clovis Hugues disait :

Nosto Prouvénço se souleio
Dins lou vounvouna dis abéio,

notre vieux Midi classique et félibréen aux antiques traditions latines, aux aspects d'allure grecque et orientale, qui font de la vallée du Rhône, de Lyon jusqu'à la mer bleue, l'un des plus beaux pays du monde.

Félix Grégoire est un des meilleurs enfants de cette contrée privilégiée qui, après avoir été, au XIIe et au XIIIe siècles, alors que les grands foyers littéraires d'Athènes et de Rome étaient éteints, le berceau d'une immortelle renaissance, est demeurée une terre de beauté. C'est de son génie traditionnel que s'est inspiré l'auteur de *Miéjour*. Suivons-le pas à pas à travers les chemins qu'il nous invite à parcourir en sa compagnie. Le voyage en vaut la peine.

L'auteur nous conduit, tout d'abord, non loin de la maison paternelle, sur les bords du Rhône familier où, au temps de son enfance, il allait jouer dans les « lones » vertes, fraîches et ombreuses comme des oasis aux sources murmurantes. C'est là que, rêveur, il regardait, d'un œil pensif et ravi, les arbres, les fleurs, les oiseaux, les insectes, et qu'à l'époque de la moisson il s'endormait parfois sur l'herbe, au chant berceur des cigales. Déjà, sans le savoir, il appartenait de cœur et d'âme au grand fleuve mystérieux dont l'influence séductrice éleva ses pensées vers un idéal auquel il fut toujours fidèle.

« Nous n'avons en France, comme je le disais un jour, ni le Rhin, ni le Danube, mais nous avons le Rhône, qui vaut bien le Danube et le Rhin, avec ses rives baignées de douce lumière, avec ses vieux châteaux légendaires festonnant poétiquement de leurs dentelures, comme celui de Crussol, la sérénité du ciel bleu, avec ses fins horizons de coteaux verdoyants aux vignes renommées et de montagnes grises ombragées d'oliviers, avec ses vieilles villes aux murs dorés par le soleil : Vienne, Tournon, Valence, Montélimar, Avignon, Arles... »

C'est ce Rhône évocateur des plus grands souvenirs, ce Rhône aux flots « frémissants », dans lesquels, en face des cités et des ruines, semble se réfléchir le passé, dont l'auteur déroule à nos yeux la merveilleuse histoire. Rien de plus intéressant que ses visions toutes rayonnantes de soleil et de poésie. Il a le don inné de l'observation juste et pittoresque. On croit qu'il s'amuse en route, et il note un incident, croque un paysage ou un type caractéristique. Nul ne sait, en vérité, dépeindre à l'égal de ce flâneur infatigable, les villes, les bourgades, les sites et les gens qu'il rencontre sur son passage. Il rappelle, comme écrivain, ce qu'était comme dessinateur ce bon et regretté Bonaventure Laurens, *lou félibre barrulaire* (le félibre errant), dont le crayon nous a conservé tant de curieux documents sur la vieille Provence rhodanienne.

Quelles admirables descriptions, tracées par la plume alerte et fine de Félix Grégoire, que celles d'Avignon et d'Arles, dont il fait revivre à nos yeux tout le prestigieux passé ! Quelle ironie charmante dans les lignes consacrées à Montélimar, sa chère ville natale, dont il parle avec autant de verve spirituelle que de vive affection filiale ! Et puis, quels attachants tableaux ! Celui de la maison paysanne où se dresse devant la porte, dominant tout le champ, le vert cyprès comme en Hellade, celui du *mas* rustique, s'ouvrant sur une cour lumineuse où l'on aperçoit dans un angle le puits antique ombragé par un vieux figuier.

Çà et là, dans l'originale diversité de l'ouvrage, c'est un délicat plaisir que d'arrêter sa vue sur des portraits fort ressemblants où la fantaisie de l'homme d'imagination s'allie très heureusement à la véracité de l'historien : l'énigmatique et troublante Reine Jeanne, Laure de Noves et François Pétrarque, les papes français d'Avignon, le bon roi René et Philippe le Bel.

Miéjour est, en définitive, une œuvre très personnelle et très originale, qui constitue une nouvelle et précieuse contribution à la Renaissance provinciale dont le félibrige, Frédéric Mistral en tête, a donné le signal. Tous les lettrés, tous les touristes, tous les amoureux de notre beau Midi rhodanien éprouveront certainement, à le lire, un plaisir extrême. C'est avec une indicible joie que j'y ai retrouvé, pour ma part, chaleureusement exprimées, les idées de décentralisation littéraire et artistique à la défense desquelles j'ai voué toute ma vie.

L'illustration est digne du texte. L'excellent artiste Cornillon-Barnave, peintre et dessinateur de race, auquel elle est due, a embelli et fleuri d'images très suggestives les descriptions poétiques de l'écrivain. Pour l'un comme pour l'autre, on sent bien que le Dauphiné et la Provence, provinces sœurs, n'ont point de secrets et possèdent leurs cœurs.

Miéjour — je tiens à le dire encore — m'a enchanté et charmé, comme il enchantera et charmera tous ceux qui le liront. Je lui réserve dans ma bibliothèque, comme dans mon cœur, une place d'élite à côté des *Mémoires d'un touriste*, de notre illustre compatriote Stendhal, qui confondait, lui aussi, dans un égal amour, son pays natal et la terre provençale, où il entrevoyait, enthousiasmé par nos antiquités romaines et par les couleurs de la nature, comme une préface de l'Italie bien-aimée.

MAURICE FAURE.

Rhône et Petites Alpes

LE RHONE : LES ROCHES DU ROBINET DE DONZÈRE

RHONE

> Quàucaren dins moun èsse
> m'afourtis que siou tiou.
> O Rose fluve mestre... (1)

A André Froment.

I

Longtemps j'ai regardé couler le Rhône sans trop le comprendre. Pourtant il m'attira toujours. D'obscurs rapports d'amitié s'étaient établis entre nous — lui, grave comme une personnalité qui a traversé les siècles — moi, fou d'être à la vie, moucheron jouant dans sa blonde lumière. Il fut d'abord pour moi, avec ses ramières chevelues et profondes, ses boues puissantes, ses terres libres, sa nature saine et primitive, l'image la plus sensible de l'Eden dont j'épelais l'histoire, et son mouillage d'Ancone (2) où achevait de mourir un vieux chaland vermoulu, grand et chimérique comme l'arche, ressuscitait à mes yeux, en l'illustrant abondamment, la légende du bon Noé.

Que c'était donc joli ! Je ne pouvais plus m'ôter de ce

---

(1) Quelque chose en moi m'assure que je t'appartiens — ô Rhône, fleuve maître... (Abbé Moutier, *Poème du Rhône*.
(2) Village du Rhône, à 3 kilomètres de Montélimar.

coin de terre. Les saules, les vergnes, les cannes y répandaient leur saveur amère, les acacias leur saveur sucrée. Les aubes droits et les trembles toujours en chatouille, riaient là de toutes leurs feuilles aux verts changeants et doux. Et on fabriquait avec leurs bois tendres de si parfaites pétarelles et de si beaux sifflets ! Il y avait aussi des animaux de toutes sortes, et familiers ! Des hannetons en habit chocolat, des mantes cruelles en corselet vert, que je comparais, tant elles étaient fines et graciles, à mes grandes cousines de Montélimar. Il y avait, que sais-je encore ? des sauterelles énormes avec la goutte au nez; des rainettes à ressort ne demandant ni un roi ni leur reste; des fourmis ménagères; des bourdons de velours; des papillons poudrés de frais par les fées : les uns d'une pincée d'argent ou d'or, les autres d'une pincée d'aurore ou d'azur. Là, les cigales grésillaient et les oiseaux s'égosillaient, tandis que, parfois, de gros lézards, dans une poursuite éperdue d'amour, rayaient soudain d'un éclair d'émeraude la mousse pâle des clairières. On en prenait d'aventure de tout mignons, des gris, de ceux que l'on appelle « larmuses » ou « legremis » en Dauphiné, et en Provence « lagramue ou anglore ». On les prenait, hélas ! pour les faire mourir, en leur mettant sur la langue quelques grains de tabac à priser — supplice imaginé par un pion imbécile. Les innocents ! ils s'arrêtaient de courir pour déguster le soleil. Je les revois se crisper atrocement sur le sable, leur pauvre gorgerette convulsée, les gemmes vives de leurs yeux voilés par l'agonie...

Et dites, quelles baignades dans la « lone » calme et tiède dès que l'été jouait et chantait autour de nous ! Vous souvient-il de ces parties fameuses, ô mes vieux camarades de collège ? Avez-vous jamais vécu depuis heures plus bleues, plus délicieuses ? Toute une saison passée à oublier ce que l'on avait appris, à polissonner, à mener furieusement l'existence amphibie des naturels océaniens ! On faisait des découvertes admirables : des sentiers qui nous perdaient; des îles où l'on abordait avec l'enthousiasme de Christophe Colomb; des poissons et des oiseaux que l'on baptisait de noms extraordinaires; des coquillages, des cailloux ronds et polis dont on chargeait ses poches. Ma parole ! je crois bien qu'on y trouvait aussi à manger : de l'oseille d'aventure, des merises, des figues, des baies d'églantier, de « la chose de cigale », et jusqu'à des clovisses insipides rencontrées dans la vase au dam de nos pieds. Parfois, on s'étendait sur l'herbe, l'oreille collée contre le sol, et on croyait ouïr la voix des végétaux, la chanson confuse et douce de la terre, telle la mélopée d'une berceuse. Un moment délicieux, je me le rappelle, c'était vers le soir, quand, là-bas, l'averse rouge du couchant noyait le fantastique Rochemaure. Les oiseaux se plaignaient de langueur, les plantes pâmées n'en pouvaient plus d'aromes, une béatitude faite de la complicité de la terre et du ciel étreignait le cœur. On rentrait, non sans avoir regardé encore le Rhône où s'allumaient et couraient des feux de cuivre, des feux de soufre sur un flot de sang. On rentrait, appréhendant à peine la gifle paternelle et vengeresse, et l'on recommençait le lendemain.

Puis, je me crus fort en géographie, sinon en thème. Pour de la graine de niais, cela en est par exemple ! Mon fleuve en souffrit beaucoup. Le pauvre cher grand Rhône, de quel œil sec, narquois, stupide, je l'abordais à présent ! Pourtant, je sentais son âme habiter mon sein, palpiter encore au tréfond de moi-même. Parfois, il me semblait l'entendre se plaindre, me reprendre paternellement : « Vois, disait-il, comme je « crée l'harmonie dans cette terre où tu as eu le bonheur de « naître et compte seulement les heures roses dont tu m'es « redevable. Vois comme les aubes et les soirs aiment à se « refléter tour à tour dans mes eaux qui virent et qui chan« tent. Et ce décor de montagnes, de châteaux et de villes ! Vois " comme les peupliers, les vergnes, les plantes, et jusqu'aux « menthes et jusqu'aux clochettes mauves qui parsèment mes « rives d'or s'inclinent avec amour sur mon passage. Tu n'as « donc plus de rêves ! O jeunesse triste et raisonneuse qui « déjà m'oublies et me renies ! »

Mais mon fleuve avait beau me parler, il avait beau resplendir, je le boudais, je le *fougnais*, comme on dit là-bas, je m'efforçais de ne point sentir. Alors, empatouillé jusqu'au cou dans la cuistrerie comme d'autres dans la boue tenace de la lone, je pesais, je comparais, puis je tranchais avec le découpoir féroce de la statistique. Ma mémoire géographique l'accusait en face de l'univers. C'est beau d'être savant comme cela. Maintenant, rien qu'à regarder mon fleuve, je me faisais l'effet de l'humilier, de l'amoindrir. — Le Rhône ? peuh, une rigole, et il en faudrait près de dix ajoutés bout à bout pour faire un Mississipi. Il tomberait dans l'Amazone sans seulement lui chatouiller le flanc et son lac de Genève semblerait un *gour* de quelques brasses à côté du Baïkal, de la Caspienne, ou des réservoirs du Saint-Laurent. C'est enfin, dans notre vieille Europe elle-même, un petit garçon si on le compare aux fleuves russes, ou ici près à son cousin le Danube. Qu'est-ce que son Saint-Gothard à côté de l'Himalaya dont les fils terribles, nourris aux plus prodigieuses mamelles connues, fécondent la moitié de l'Asie ? Le Rhône ? Dans le monde à peine « un pissé de rats », comme disait du Roubion à chacune de ses crues, un vieil Anconin qui détestait les gens de Montélimar.

Je finis tout de même par guérir de ce mal de collège. Le Rhône, à qui l'enfant prodigue s'est confessé, lui a largement pardonné.

Je reviens donc tous les ans à Ancone. J'adore le contraste de ces sites humides dans un pays sec. Malheureusement la lone, à la suite de travaux accomplis pour améliorer le lit du fleuve, — quarante millions jetés à l'eau, disent les riverains, — la belle lone n'est plus. C'est un délaissé sans courant, un long marécage perlé où l'eau blême attaquée par les roseaux, cernée par les vergnes et les saules, semble réfléchir son désespoir. Cependant, le héron, moins dédaigneux que celui du fabuliste, s'y promène volontiers. Son long bec emmanché d'un long cou sait y découvrir la tanche bourbeuse et sédentaire.

II

« Un paysage n'est qu'un homme ou une femme. Qu'est-« ce que Vaucluse sans Pétrarque, Sorrente sans le Tasse, « Annecy sans Jean-Jacques Rousseau ? » Par là, sans nul doute, Lamartine a voulu marquer que la nature seule est impuissante à attacher nos cœurs, à satisfaire ce besoin atavique et impérieux que nous avons de chercher l'homme parmi les choses. Il se peut qu'un beau site n'ait pour nous tout son charme que parce que nous y sentons la fraternité d'un souvenir illustre. A ce compte, la vision de nos faibles yeux en face de la nature ne serait donc qu'un leurre sans la vision de l'âme ? Peut-être. Mais n'exagérons rien. Ne nous est-il pas arrivé, mon Dieu, à la manière de Victor Hugo, d'admirer simplement « en brute » un site ou une œuvre d'art ?

Le Rhône, qui a plusieurs climats et des paysages sans nombre, avec vingt-cinq siècles d'histoire, est — cela je le sens bien — mieux qu'un homme : c'est une Humanité. Un fleuve sans peuples, sans civilisation ; un fleuve qui se déroule sans le rayonnement du Geste et du Verbe, sans l'écho des Ages, n'est, selon la raisonnable expression géographique, qu'un cours d'eau qui se jette dans la mer. Onde vaine, si majestueuse soit-elle d'ailleurs.

L'idée ne me viendrait plus aujourd'hui d'ajouter plusieurs Rhônes à la queue leu-leu pour en faire une passable artère asiatique ou américaine. Car je sais ce que vaut ce vieillard frémissant et toujours jeune qui s'exalte à conter ses aventures. Ah ! il me suffit bien tel qu'il est, avec sa taille un peu courte, ses reins de lutteur, ses façons brusques et cordiales, et je ne le changerais pas même pour la mer douce de l'Amazone. Celui-ci roule de la gloire, celle-là ne roule que de l'eau.

III

Le Rhône arrose Genève, Lyon, Vienne, Valence, Avignon, Arles et il est la raison d'être de Marseille. Mais il frôle dans sa course hâtive bien d'autres lieux illustres par le souvenir. Enfin, l'on ne saurait compter tant il est prodigieux, le nombre des pierres mémorables qui achèvent de mourir sur ses bords ou dans sa vallée.

Le Rhône, auquel se confièrent hardiment les Tyriens et les Grecs, nos premiers éducateurs, est le courant historique par excellence, notre fleuve sacré. C'est la voie solennelle par laquelle s'acheminèrent en Gaule et dans le Nord hirsute et redoutable le pain du corps et le pain de l'esprit, le génie gréco-latin, et aussi, hélas ! la guerre. En remontant l'admirable route *qui marche*, on atteignait par la Saône le cœur du pays et pour ainsi dire ses frontières. Lyon, « au centre d'équilibre du monde », put voir ainsi sous ses lois quasiment toute la Celtique. C'était une Rome un peu froide, grandiose et laborieuse, moins fière de ses temples et de ses palais que de son commerce et de ses flottilles. La ville de luxe et des plaisirs était Vienne la Belle, *Pulchra Vienna*, comme l'appelle Martial, au premier siècle de notre ère.

Que de noms, que de faits ce Rhône évoque ! Dans le domaine de la nature, c'est l'énorme Saint-Gothard, toit des Alpes, où il vient au monde langé de frimas, et déjà viril et volontaire. C'est l'admirable conque du Léman où il s'endort comme un enfant las dans le sein de sa mère. Il en sort bleu comme un vivant saphir, mais les torrents de Savoie, sans lui faire rien perdre de sa fougue, ternissent bientôt cette pureté. Etroits et épanouissements continuels. D'abord, le défilé fameux du *Fort-les-Cluses*, entre le *Crêt d'Eau* et le *Mont Vouache*. Puis, la *Perte du Rhône*, plus curieuse encore, que de sinistres ingénieurs ont défigurée. Plus loin, le fleuve égoutte la région capricieuse et rare des lacs d'Annecy, d'Aiguebelette et du Bourget, des gorges du Fier et du Guiers, et de l'universel Aix-les-Bains. Il s'infléchit ensuite à l'ouest. Cette partie jurassique de son cours est fort remarquable et encore des moins connues.

Tantôt le fleuve s'y étale entre des rives basses, tantôt, comme au *Bois du Mont*, il s'étrangle en grondant dans un défilé de trente-huit mètres de largeur, ou bien tourbillonne avec fureur au *Pont du Saut*. D'un bord à l'autre, d'anciennes forteresses se menacent, le flot séparant deux pays jadis ennemis. Les escarpements voisins sont fissurés, creusés de grottes aux ténébreux mystères. Tout le monde connaît, au moins par ouï-dire, la grotte de la *Balme*, l'une des plus célèbres de l'Europe. Elle s'ouvre près du château de *la Salette*, à quinze cents pas du fleuve. En 1536, François Ier, séjournant dans le pays d'où il datait l'édit de Crémieu (1), la faisait explorer pour la première fois par deux voleurs de grand chemin sous promesse de la vie sauve. Non loin, l'œil découvre Crémieu, le vieux bourg archaïque, ses pâturages, ses horizons doux, ses mares frissonnantes étoilées de fleurs, ses vallées *d'Amby et d'Optevoz* — toute une nature gorgée d'eau et pleine de reflets où Daubigny, Appian, Beauverie, Ravier vinrent rafraîchir et régénérer la peinture de paysage.

Le heurt classique du grand fleuve contre le vieux *Lugdunum* et sa traversée majestueuse de la ville entre les plus beaux quais de France annonce, avec une direction nouvelle, un nouveau régime. Le Rhône, à part quelques cingles de fantaisie à gauche et à droite, gardera jusqu'à la mer, véritable « méridien visible », son cours rectiligne. Là, dans un décor solennel combiné tout exprès, semble-t-il, par la nature et par l'homme pour les augustes noces du Rhône et de la Saône, le fleuve accueille à la pointe de Perrache sa

---

(1) L'édit ou ordonnance de Crémieu (19 juin 1536) fixa les attributions, jusque-là fort vagues, des baillis et des sénéchaux.

« pesante épouse » qu'il emporte dans sa course inlassable vers le flot amer. Cerisiers, abricotiers, pruniers, pêchers, vignes aux fruits aussi précoces que délicieux couvrent de leur manteau bariolé les talus sévères de la rive droite. Les collines dauphinoises de la rive gauche serrent et desserrent la vallée, l'étranglent de passages toujours pittoresques et souvent grandioses, ou bien l'épanouissent en bassins idéalement vaporeux et fleuris. Il y a ainsi l'étroit de Vienne, celui de Condrieu, celui de Saint-Vallier, celui de Savasse, et pour finir, le *Robinet de Donzère*, qui ouvre toutes grandes au fleuve les portes du soleil. Quel paysage plus impressionnant que celui-ci ? Le Rhin et le Danube sur lesquels on s'extasie et dont les « descentes » sont devenues classiques ont-ils rien qui approche de ce défilé, long d'une lieue, où le Dauphiné serre une dernière fois, mais éperdument, son fleuve dans ses bras avant de le livrer à la Provence ? Les collines bleues qui font si joliment la ronde autour de l'immense plaine de Montélimar, accourent soudain au Rhône, montrant de terribles fronts de pierre, menaçant de franchir son lit. Et sans doute, elles le franchissaient avant l'Histoire, et donnaient ainsi la main aux escarpements vivarais. Le fleuve, pris dans leur rond, brisa la chaîne et tailla sa marche, mais il en garde une colère encore. Ecueil de *Malmouche*, *roche aux Anglais*, noms sinistres dans les annales du Rhône, nulle part il ne semble plus redoutable aux mariniers. Rapide, nerveux, haletant, il gronde, pressant son flot vert sur la râpe des rochers de fond, puis fatigué s'assoupit un peu entre les saulaies des îles Margeries, dans la vaste plaine de Pierrelatte. Dans cette cluse qui dut faire frémir les premiers navigateurs habitués pourtant aux rages d'Amphitrite, on ne passerait peut-être pas seul sans frisson le soleil tombé. Chaque fois, Mme de Sévigné y prenait le mal... du Rhône. Le président de Brosses nous raconte qu'il y pensa périr par l'insouciance du pilote « qui s'amusait dans un coin à manger des asperges ».

Le gothique Viviers et Châteauneuf à l'entrée, au nord, Donzère à la sortie, au sud, ont l'air encore, fidèles gardiens des traditions séculaires, de défendre le défilé. Il y a dans les roches, coupées çà et là de ravins sauvages, des grottes semblables à des meurtrières. Elles ont toutes leur légende : telle la grotte aux *Mounines*, peuplée de guenons sorties de l'arche de Noé et qui criblaient de pierres les embarcations passant sur le fleuve, telle cette Baume des Anges jonchée de débris préhistoriques et qui n'a pas été complètement explorée. Hélas ! on ne voit plus les *Donzelles* descendre leur cruel ravin. Les ingénieurs ont sacrifié ces nobles dames venues attendre le retour de leurs maris partis pour la croisade, et changées par la compassion d'une fée, tant leur douleur faisait mal, en femmes de pierre. Sur les trois, il en reste pourtant une dont la forme éplorée espère, qui sait ? peut-être encore son chevalier. En attendant, l'eau coule, et les trains passent, froissant les roches vertigineuses — serpents d'acier hurlant et dépêchant la vie à travers une nature jalouse de son mystère.

Les jeux de la lumière dans le défilé sont surprenants au déclin du jour. En compagnie d'aimables camarades, les peintres Loys Prat, espoir des coloristes, et Alfred Tardieu, qui passe l'essentiel de sa vie provinciale dans le décor familier du fleuve, j'ai goûté des moments exquis — joie enfantine et claire de primitif doublée de la vision artistique.

Il faut, si l'on veut assister à cette agonie somptueuse de l'astre, franchir le Rhône à Châteauneuf et prendre, au bout du pont de Viviers, l'un des sentiers de jungle qui longent le fleuve. De cette rive droite, le reflet du couchant en flamme répand sur le flot toujours en émoi une éblouissante coulée d'or et de sang à chatoiements violacés. Par instants, le courant vermeil a l'air de bouillir sur un feu mystérieux. Et il chante comme ferait une cuve en effervescence. Barrant le val d'une implacable ligne de remparts, les roches du Robinet passent du rouge au rose, du jaune au mauve, du mauve au cinabre. Puis l'eau se décolore à son tour, se safrane et se violace, retourne petit à petit aux teintes sourdes de la nuit, dont les voiles bleus ensevelissent doucement le paysage. Il faut rentrer, si l'on redoute *Gargantian* et les fées qui hantent ces parages, si l'on ne veut croiser les fantômes errants des pauvres naufragés de Malmouche et des roches basses... A l'orée de la cluse, près du pont de Donzère, il est une calme bâtisse — Rhône devant et jardin derrière — toute griffée de roses sauvages, où il serait si doux de vivre en solitaire une semaine, une saison, et qui sait, le restant des jours que nous a départis la Parque. Mais n'est-ce pas aussi désolant que stupide ? Le logis appartient à un sombre avare qui le laisse à la ruine plutôt que d'y supporter quelqu'un.

Le Rhône est donc libre à partir de Donzère. Cela se voit. Il s'en donne et il s'en donne dans la plaine de Pierrelatte comme un animal échappé. Puis, il rencontre l'Ardèche à

Malatras où les orpailleurs cherchaient fortune dans ses sables. Quel enfant terrible que cette Ardèche ! Dès la

VALLÉE DE L'ARDÈCHE : ROCHER DE L'AIGUILLE

gorge natale, elle se rue, bondit, scie les rocs, tranche les montagnes. Ses aventures tragiques tiennent de l'épopée, et il faut aller voir ses cañons, ses abîmes, son Pont d'Arc, ses folies, ses prodiges pour le croire. On lui sait des crues de vingt mètres ! Et je l'ai vue à Saint-Marcel emporter un pont de pierre comme une passerelle, effacer la moitié du village bâti pourtant sur une berge élevée. Le Saint Marcel de la placette de l'église, ô abomination ! dut piquer le nez dans l'eau impie. Le courant, effaçant son val — et traversant le Rhône comme un boulet, s'abattit dans la terre comtadine. Les gorges de l'Ardèche et du Chassezac, son compère, les ravins de la Volane, le bois fantastique de Païolive sont des merveilles dont aucune contrée ne peut fournir l'équivalent sur un aussi petit espace.

C'est là, un peu au-dessous du confluent de l'Ardèche et jusqu'au delà de Beaucaire que s'étendent les domaines liquides du *Drac*, la sirène du Rhône. Le beau dragon vert aux yeux de turquoise aime surtout les fillettes et les femmes, et il n'est pas de tendresses et de douceurs qu'il ne leur chuchote quand il aperçoit quelqu'une de ces imprudentes se pencher sur le fleuve afin de s'y mirer. Il les flatte et leur insuffle le désir, — l'unique raison de vivre peut-être, — et si leur ange gardien ne les secourt, elles se laissent entraîner dans le gouffre. O si tous ceux qui se noient s'en allaient ainsi !

Les bateaux à vapeur, les chemins de fer des deux rives ont sans doute effarouché le Drac qui fait le mort au fond des eaux, s'il n'est réellement mort de sa belle mort. En tout cas, les pêcheurs ne s'en inquiètent, occupés tout le jour à tendre la traîne, à faire tourner le vire-vire où se prennent toutes seules les aloses, les lamproies et les anguilles. L'alose ! quel maigre régal hors la recette dauphinoise qui la présente sur un canapé d'oseille au gratin ! C'est une sorte de hareng migrateur auquel Aristote et après lui Rondelet attribuent des sentiments mélomanes. Rondelet affirme qu'il lui suffisait de se rendre sur les bords de l'Allier dans la saison propice, la nuit au clair de lune et d'attaquer un air sur son violon pour voir les aloses par centaines paraître à la surface de l'eau et s'agiter suivant le rythme même de la musique. Comment ne pas croire après cela au miracle de saint François prêchant les poissons de sa voix céleste !

IV

Rhône, ô Rhône sonore, à qui je viens demander chaque fois de nouveaux battements de cœur, Rhône ou mieux « Rose », comme t'appellent les Provençaux, qui déroules ton paysage dans une atmosphère de joie, et dont toutes les pierres, tous les cailloux imprégnés de clarté attestent la magnificence du ciel, comment ne pas céder au charme évident de ton italianisme, comment ne pas entendre la leçon d'amour et de beauté, inscrite de Lyon à Arles sur les ruines éloquentes de tes rives? Sans doute, ce n'est pas impunément que tant de dieux et de césars, de hordes et de cohortes, de saints et de démons passèrent sur ton eau vaillante et je sais trop que ton nom lui-même de *Rose* — rose comme s'il était teint de sang — risque de paraître un symbole. Rose était d'ailleurs aussi Rudianos, le dieu baalique, qui exigeait le sang des victimes sur ses autels du Royans, l'agreste pays dont tu recueilles les eaux endiablées. Mais qu'importe si dans ton val irradié, je m'imbibe de lumière et d'optimisme, si je goûte la sagesse épicurienne, si je baigne mon être, corps et âme, dans la tiédeur d'une béatitude édénique, enchantée?

Enchantée, oui, car en dépit des rugissements terribles du mistral, — ce lion des vents, — la splendeur solaire n'émerveille pas seulement les yeux, elle embrase le cœur, endort la tristesse, câline la pensée, console de tout :

Lou soulèu fai lume au monde
Et nous tent gai et sadou
Dieu nous garde que s'esconde
Car sarié la fin de tout.

Voyez ces ruines. Elles paraissent plus jeunes que les monuments les plus neufs de notre capitale. Considérez ce peuple. Il demeure un perpétuel enfant dans la santé du soleil. Tout à ses instincts, il se laisse aller parfois aux colères et aux trépignements du jeune âge. Amusant et amusé sans cesse, il faut qu'il bouge, qu'il parle, qu'il vibre et qu'on l'entende. Il a les tournures latines dans la tête, dont il faudra bien que s'accommode le Français. A peine peut-il apprendre à prononcer les *j*. Il leur préfère les *z* qui font dans le discours une musique d'abeille ou de cigale, et il confond invariablement le verbe être avec le verbe avoir. Les jeux, les spectacles, les plaisirs le passionnent, mais pour le reste on dirait qu'il épelle la vie. Si sentir vaut mieux que savoir, ces gens-là sont les plus heureux de la terre.

Le Midi commence à l'embouchure de l'Isère. On le reconnaît à mille signes : à la transparence de l'air, à la colline, à la maison, à l'herbe, à l'arbre. A mesure que l'on descend, la vallée se latinise de plus en plus, prend les teintes de la Toscane ou de l'Ombrie pour se colorer franchement d'hellénisme à Arles, rien qu'à Arles, sommet du delta où est son terme. Ainsi, le fleuve contracté cinq ou six fois depuis Lyon entre le talus des Cévennes et les éperons crétacés des dernières ramifications alpestres, glisse de poche en poche, d'épanouissement en épanouissement, dans un val toujours plus chaud, toujours plus clair. Comment s'étonner après cela que Mistral, retrouvant à travers les siècles l'âme du *Poverello* d'Assise abîmé de tendresse en face des horizons toscans, ait entonné à son tour l'hymne au soleil — son frère ?

C'est précisément à ce confluent de l'Isère, où se rencontrent et bataillent le Nord et le Midi qu'eut lieu aussi, par une sorte de prédestination, le premier grand choc entre Rome et la Celtique. J'aime ce Bituit, qui portait avec la superbe que l'on sait le poids de la patrie sur ses épaules et identifiait, cent cinquante ans avant Vercingétorix, ses rêves avec ceux des nations celtes confédérées contre Rome. Sans doute, son visage fier, sa stature imposante, sa voix pleine de tonnerre, le désignaient, autant que sa valeur personnelle, au commandement suprême et à l'adoration des foules. Casqué d'or, merveilleux, surhumain, il devait émouvoir ses guerriers et foudroyer l'ennemi. Le ciel, contre qui parfois le Celte lançait des flèches, l'abandonnait déjà lui et sa patrie. La patrie ! angoissant mystère ! Que de contradictions dans ce mot sublime et abstrait ! N'est-ce point en vertu d'un patriotisme zélé que nous élevâmes des statues aux héros d'Alésia et des Ponts-de-Cé : Vercingétorix et Dumnacus ? Or, nous nous disons Latins et nous n'admirons rien tant que la civilisation et la sécurité sociale qui nous vinrent avec les armées de César. Mais n'insistons pas. Le mieux encore est de glorifier les héros, tous les héros, qu'ils représentent la défaite ou le succès.

A la suite de son triomphe, Quintus Fabius éleva sur le champ de bataille un monument à la gloire des aigles romaines. On prétend même que la Porte Saint-Marcel de Die rappellerait ce grand fait d'armes. La statue de Bituit ne serait pas déplacée à ce confluent grandiose où se heurtent toujours le Nord et le Midi.

V

De bonne heure, cette terre animée par la présence des dieux jouit de faveurs surnaturelles. Au lointain des âges, nous y voyons Melkarth, l'Hercule de Tyr, antérieur à Héraklès lui-même et dont la force prodigieuse rayonne de bonté. Ce génie grave et fraternel, retrouvant peut-être chez nous la figure de son Orient natal, sème les villes comme des joyaux le long du golfe du Lion et le long du golfe de Gênes ; puis remontant le fleuve qu'il civilise, il s'enfonce au cœur de la Celtique ténébreuse. Bien avant que Gargantua, l'hilare Hercule chrétien — dernière incarnation possible de Melkarth après tout — n'accomplît « ses travaux » ou si vous préférez ses farces dans nos plaines, c'est par centaines, par milliers qu'il faudrait compter les fées, les divinités indigètes ou naturalisées, les génies tutélaires dont le christianisme devait accepter longtemps et pour ainsi dire jusqu'à nos jours la collaboration aimable, discrète, poétique, innocente.

La légende des Saintes-Maries, abordant en Camargue — terre amphibie traversée du vol des flamants roses au-dessus des salicornes et des saladelles bleues, et en tout pareille aujourd'hui au point de vue des mœurs à ce qu'elle était il y a vingt siècles, regarde le Dauphiné presque autant que la Provence. Suivant les uns, la barque évangélique portait outre Marie de Magdala à l'âme et aux cheveux de feu, Marie Cléopas, Marie Salomé, Marthe, Lazare le ressuscité, Maximin et Celidoine, l'aveuglé-né, en tout sept personnages et huit si l'on ajoute, selon la tradition, Sarah la servante, patronne moricaude de l'universalité des Bohémiens. Ces tendres amis de Jésus qui l'avaient eu pour hôte pendant trois ans à Béthanie et avaient pleuré sur le calvaire, se séparaient après avoir pris pied sur le rivage de désolation. Lazare aurait gagné Marseille, Maximin la ville d'Aix, Magdelaine la Sainte-Baume, Marthe Avignon, Célidoine seul remontant le Rhône jusqu'au pays des Tricastins, évangélisait cette terre et restituait la vue aux aveugles, comme Jésus la lui avait restituée à lui-même. Le bourg de Saint-Restitut, qui conserve le nom de l'apôtre, fut longtemps un lieu de pèlerinage pour les *emmurés* des Gaules et du reste de la chrétienté.

Mais il y a mieux, Pilate le Procurateur vint mourir aussi dans ce pays qui était le sien et où le Mont Pilat, le village de Ponsas, près de Saint-Vallier, le château de Poncerves, aujourd'hui en ruines, lui semblent dédiés. Au surplus, Ponce, Pons, Poncet, Ponson, Ponsard sont des noms d'origine dauphinoise, fort communs à Valence, à Vienne et dans maintes localités voisines. Nous trouvons un Ponce évêque de Valence au XIe siècle, un autre évêque de Saint-Paul-Trois-Châteaux. Faut-il croire qu'il s'étrangla, désespéré de survivre à sa honte, et que son corps jeté dans le Rhône y produisit en tombant un abîme sur lequel les barques viraient comme des toupies, puis s'engloutissaient ? Au gré de l'esprit, on peut l'imaginer errant sur les bords du fleuve l'âme bourrelée de remords, ou bien savourant en secret son exil à l'égal d'une retraite bien gagnée dans les paysages chers à son enfance, plus doux, plus reposants certes que ceux de Judée. A coup sûr, son cas est détestable, mais savait-il qu'il condamnait un Dieu, songeait-il au retentissement de son acte dans les siècles des siècles ? C'était un politique, un produit de cette race allobroge habile à calculer, à ménager le moment, un ancêtre de ces Dauphinois opportunistes et adroits, qui, dans les circonstances les plus graves de la vie, *ne perdent jamais le nord*. Que de gens lui ressemblent aujourd'hui, que de gens *s'en lavent les mains !*

Vers le même temps, Hérode Antipas, et sa femme, la belle et ensorceleuse Hérodiade tant de fois proposée à nos émois par l'art et la poésie, abandonnaient le pouvoir sur l'ordre de Caligula et s'exilaient en Gaule. On croit qu'ils moururent en Espagne après avoir vécu assez longtemps à Vienne et à Lyon dans un oubli voisin de la mort.

Donc les acteurs du drame de la Passion et du Calvaire se retrouvaient tous chez nous dans le même moment, et le Rhône, déjà évangélique avant d'être le grand baptistère des Gaules, put réfléchir leurs fantômes délicieux ou exécrables. N'est-ce pas aussi un peu miraculeux ?

VI

Depuis le commencement de l'ère chrétienne, ce Midi, tel un aimant, n'a cessé d'attirer le Nord, et il semble à peine guéri du mal que lui ont fait les barbares. Visigots, Alains, Burgundes, Francs, pirates normands, tour à tour inondèrent ses plaines, et à part les Burgundes venus des bords du Mein et plutôt doux aux vaincus, et les Sarrasins qui auraient fini par s'adapter comme en Espagne, le sol n'a gardé aucune trace de ces alluvions successives.

Boson vint. Une seconde fois, le Midi triomphait du Nord. Je revois ce Mantaille (1) où les évêques et les barons s'étaient choisi un roi « ayant toutes les qualités nécessaires marquées par les saints livres », personne n'étant en état de gouverner. Quelques pierres couchées dans l'herbe, des pans de murs défendus par l'ongle innombrable de la ronce, c'est tout ce qui reste de ce château où, le 15 octobre 879, le Midi se constituait tout à coup en souveraineté libre et indépendante. Boson, ayant pris le titre de roi d'Arles et de Provence, réunissait sous son sceptre le Dauphiné, le Lyonnais, la Savoie et la Bourgogne pour partie. Pendant une longue période, le Midi revit les beaux jours gallo-romains, tandis que le Nord, ravagé par les invasions et les guerres intestines, gémissait dans la barbarie. Bientôt la langue d'oc parlée non seulement dans les régions situées au-dessous de la Loire mais encore dans la plupart des pays d'Europe, devint véritablement la langue des cours et du cœur, et Richard Cœur de Lion, captif, enchantait son mal en chantant et en écrivant dans le dialecte de Bertrand de Born. Le XII° siècle vit l'apogée de cette littérature dont Bernard de Ventadour, Rambaud de Vacqueiras, Ogier et Folquet, Pierre Vidal, Geoffroy Rudel, Armand Daniel furent les gloires, sans compter les princes et les princesses, ces princesses des Baux, cette comtesse de Die, cette comtesse de Provence et tant d'autres, véritables soleils d'amour et d'idéal dans l'ombre inquiétante du temps. Dante, Pétrarque, Cino de Pistoie et bon nombre d'humanistes italiens et espagnols connaissaient aussi le provençal. Dante ne balançait-il pas d'écrire sa *Divine Comédie* dans cette langue qu'il

(1) Ecart de la commune d'Anneyron (Drôme).

nommait illustre, cardinale, aulique, et qu'il désirait voir appliquer aux sujets qui *demandent des paroles grandes et sublimes* ? Quant à Pétrarque, qui était plein d'admiration pour les troubadours, qui ne voit dans son *Canzonière* une parenté évidente sous le rapport du sentiment avec ce dialecte endiamanté?

Simon de Montfort pensa noyer dans le sang l'œuvre littéraire et politique du Midi. La domination française acheva ce qu'il en restait. Saboly, au XVIIe siècle, essaya avec ses noëls frais et beaux comme une nuit provençale et ingénus comme la crèche, de renouer la tradition, mais ce fut une flamme isolée. Il appartenait au Félibrige, tenant pour la première fois ses assises au château de Fontsegugne, de restituer à tout un peuple son génie, de lui rendre sa joie et sa splendeur.

VII

J'essaierai tout à l'heure de décrire les cités que j'ai cru devoir désigner sous le nom de Villes sous le Vent, parce que le mistral les froisse de son aile d'airain et leur impose en quelque sorte une mise et des attitudes particulières, mais comment négliger les villettes qui courent se donner au fleuve d'une si jolie grâce, les bourgs qui ont gardé de leurs violences l'aspect et comme la figure de leurs dominateurs d'autrefois, comment ne pas énumérer au moins les châteaux démantelés d'où les fées s'évadent, quand minuit sonne, pour tourmenter les couples primitifs dans les granges isolées? On dirait que le Moyen âge garde encore la vallée; ses fantômes de pierre vous suivent jusqu'aux confins de la Provence grecque, jusqu'à Arles, et cependant on marche sur une terre sonore où l'on n'aurait qu'à fermer les yeux pour entendre le pas des légions romaines, pour voir se lever les grandes images de l'Antiquité. Ici, le Moyen âge masque entièrement, jalousement, le passé latin, que l'on entrevoit à peine au passage devant Vienne et devant Orange, ce passé que l'on retrouve ici et là dans ce sous-sol classique sous la forme d'innombrables débris.

Faisons cette descente du Rhône que provisoirement l'on ne fait plus, mais dont on va reprendre la coutume admirable.

Le départ de Lyon est déjà un spectacle des plus rares. De

ce quai de la Charité, à l'heure matinale où nous sommes, la métropole des Gaules se révèle tout entière, cependant mystérieuse dans ses voiles diaphanes — brumes qui sont comme l'encens du fleuve en l'honneur de la cité reine. Sur sa haute colline, l'église de Fourvière, telle un colossal éléphant renversé, domine le paysage sinon par la grâce, du moins par la puissance non pareille de son architecture porte-bonheur. Des dômes carrés, des façades immenses où, par instants, une vitre flambe, des clochers, des ponts somptueux achèvent de caractériser la ville austère et prodigieuse.

Peu à peu elle disparaît. Nous avons doublé à la Mulatière le confluent de la Saône. On dirait maintenant qu'à chaque tour de roue du bateau, l'espace frissonnant sous le soleil qui le pénètre et le réveille, gagne en pureté, en netteté, en grandeur. La puissante masse verte du fleuve, dans laquelle la Saône vient verser sa sagesse, affermit dans notre pensée le rêve éternel et dominateur de l'eau. Les rives nobles n'ont pas encore l'aspect romantique qu'elles vont prendre à partir de Vienne et c'est surtout le fleuve qui accapare l'intérêt. Givors sur le Gier, avec ses hauts fourneaux, ses forges, ses verreries, ses poussières grasses encrasse et vulgarise un vallon charmant. Chasse, en face, lui tend la main — une main noire de travailleur. Soudain, à une courbe violente du Rhône que Léon Barracand compare si joliment à une cinglure de fouet, le soleil éclaire un ravissant tableau. C'est Vienne assise en amphithéâtre sur trois collines, son temple d'Auguste rival de la Maison Carrée de Nîmes, son Plan de l'Aiguille, ses clochers trapus, sa basilique délicate si offensée par le temps et par les hommes, ses innombrables pierres écrites, sa figure romaine dont les siècles et les vulgarités de sa condition présente n'ont pu effacer les traits. Dire que cette autre reine des Gaules connut le faste et la licence des cités les plus fameuses ! L'élégant et magnifique Valère Asiaticus, coqueluche de la haute société romaine au temps de Claude, y vit le jour et l'on sait que Martial était plein d'admiration pour les matrones viennoises qui susurraient ses vers de leurs jolies lèvres en cœur. *Pulchra Vienna*, disait-on au Ier siècle de l'ère. L'humble Vienne aujourd'hui travaille dans le noir. Sur la rive droite, la tour carrée de Sainte-Colombe, construite en 1312 par Philippe le Bel, rappelait aux archevêques de Vienne, jadis trop prompts à l'oublier, que le roi de France était toujours un peu là. Pendant la tenue du fameux Concile de Vienne, présidé par le pape Clément V et où fut aboli l'ordre des Templiers, le rude monarque vint avec toute sa cour s'installer à Sainte-Colombe dans le couvent des Cordeliers. Voisinage bien dangereux pour l'indépendance d'une assemblée. Le Concile se trouvait en présence d'un pape, d'un roi et de l'opinion cuisinée de longue main par les légistes. Que vouliez-vous qu'il fît contre trois ?

A partir de Vienne, presque toutes les collines sont fortifiées et le Rhône va descendre plus de cinquante lieues entre deux files de châteaux dont les forteresses de Sainte-Colombe et de la Bâtie, et celles de Tarascon et de Beaucaire ouvrent et ferment la marche. Procession guerrière et farouchement décorative, fantômes terribles d'un passé héroïque, mais plein de violences, de coups de main, d'assauts et de défenses désespérés. Impossible de passer sur le fleuve ou sur les routes sans l'assentiment successif des barons dont le guetteur du haut de sa tourelle signale tous les incidents de la journée. Résultats : le peuple attaché nécessairement à la bonne et à la mauvaise fortune d'un batailleur, la vie soumise aux caprices de l'épée, localisée et pour ainsi dire cellulaire.

DIANE DE POITIERS

Tout d'abord l'on aperçoit les collines pacifiques du Mont-Lys et d'Ampuis, célèbres sous le nom de Côte-Rôtie par leurs vignobles et leurs vergers. Mais voici Condrieu, vieux bourg militaire au pied d'une tour du XIIe siècle, Condrieu qui alimentait presque à lui seul la forte marine du fleuve, ces *culs de peau* dont Mistral a fait les héros si vivants et si familiers de son Poème du Rhône. Déjà le mont Pilat bombe ses trois pointes par-dessus des contreforts rocheux qui trempent leurs pieds dans le fleuve. Des villages : Chavanay, Saint-Pierre-de-Bœuf, presque une ville : Serrières d'où sortaient les Cuminal, illustres dans les annales de la batellerie. Sur la rive dauphinoise, rocheuse puis plate : les Roches, le Péage de Roussillon où Charles IX rendit l'ordonnance substituant le calendrien Grégorien au calendrier Julien. A un détour du Rhône, Payraud et sa forteresse habitée par les terribles sires du Roussillon. Saint-Rambert, à l'issue de la Valloire — traduction vallée d'or, que surveillait le manoir d'Albon, berceau des Dauphins. Champagne et son église romane, Andance, Andancette, Sarras et sa tour ébréchée. Saint-Vallier, petite ville active serrée autour de son castel massif et recuit comme autour d'un pâté chaud. Diane, la seule Diane, Diane de Poitiers, symbole de la Renaissance sous les traits de la divine chasseresse, y naquit sans doute à l'aube du XVI° siècle, et l'on sent que son ombre amoureuse, svelte et nue, le croissant au front et l'arc tendu contre un roi, plane sur ce site à la beauté grave. — Serves, aimé des Dauphins qui y avaient établi un atelier monétaire, ses ruines énigmatiques de *Poncerves* et la tour d'*Arras* — Tournon, sa forteresse aux tours rondes et crénelées où le tribunal, les prisons et l'hôtel de ville ont élu domicile. Tournon doublement illustre par son cardinal et son collège. — La jolie ville de Tain allongée sur la rive gauche, ses ponts aériens, son ermitage aux pampres dignes des plus beaux poèmes. — La Roche de Glun. — Châteaubourg — dans l'intérieur des terres Cornas et Saint-Peray, crus héroïques aussi. — En face de Valence, Crussol, montagne tranchante et grandiose couronnée de la plus curieuse citadelle, et son village terrible écroulé sur l'un de ses versants. — La tour penchée de *Soyons*, sur une roche énorme. — Charmes, demeuré vieillot et rude. — Beauchastel, Saint-Laurent-du-Pape et Pierregourde, trois forteresses défendant la vallée de l'Eyrieu, torrent aux rages folles comme le Doux de Tournon, comme l'Ardèche. — Dans le recul des terres, sur la rive gauche, Etoile, vieille place du Valentinois évocatrice de beaux souvenirs. C'était l'un des fiefs de Diane, qui aimait à parer sa beauté pérenne du titre de Dame d'Etoile. Il ne reste que quelques débris de son château de *Papillon*, habité jadis par Louis XI quand il gouvernait la province et s'y essayait au métier de roi. L'église romane présente un très beau portail et un clocher dont la pointe, gravée de ces mots : *Non licet omnibus adire stellam*, s'enfonce dans le ciel comme une ironie. Sur une place, une colonne rostrale perpétue l'hommage à la mémoire des fédérés dauphinois réunis ici en 1789 pour consacrer les idées de patrie et de liberté.

Livron et Loriol, sentinelles avancées de la vallée de la Drôme. En face, la Voulte, qui doit son nom à une large courbe ou *volte* du fleuve. Elle fut le quartier général de Louis XIII avant le siège de Privas. Son château, ancien domaine des Levis-Ventadour et des Soubise, a été défiguré par le vandalisme industriel. Ces Levis ou Levy-Ventadour, dont on voit encore çà et là les armoiries au-dessus des portes, ne prétendaient-ils pas descendre de cette tribu de Levy marquée par les desseins de Dieu ? Ils se disaient parents de la Sainte Vierge. Dans la chapelle du château, ils montraient avec fierté une toile représentant un chevalier en prière aux pieds d'une madone dont la main déroulait un phylactère avec ces mots : « *Venez à moi, mon cousin...* »

Le Pouzin, au débouché du vallon de l'Ouvèze, ce Manzanarès de la maigre capitale ardéchoise. — Mirmande, Cliousclat, les Tourrettes, écroulés sur les pentes de leurs tertres féodaux ; Saulce, berceau des Freycinet ; le château de la *Tour du Verre*, celui de *Gazavel*, gentil à croquer à travers les pins dans son travesti moyen âge. — Cruas, le type le plus original peut-être de la féodalité monastique : abbaye fortifiée avec donjon encore debout face au fleuve, débris de tours et de remparts, église romano-byzantine avec crypte, un des bijoux du XII° siècle. — Au seuil du plantureux bassin de Montélimar, le château de *Serre-de-Parc* construit à l'italienne et qui jouit d'une admirable vue, celui *des Roches*, de *Combeaumont*, dans le fond de la plaine ; d'*Hilaire de Jovyac*, de *Sainte-Concorde* et du *Clos*, sur la rive opposée. — Un roc en forme de croc et un donjon hissé sur son sommet, un paysage d'encre et d'épouvante, une colline accaparée par la forteresse et laissant voir ainsi dans l'intérieur de ses murailles un versant de cultures : vergers, luzernes, champs de seigle et d'avoine, une antique chapelle et des maisons éventrées, un village noir suspendu sur un abîme qui servait de lit aux laves d'un volcan (1), dont on peut gagner le cratère et les merveilleuses orgues basaltiques en une simple promenade, c'est Rochemaure, cité aussi étrange que son site, dans une atmosphère splendide et féroce de drames et de vengeances. La nuit, on dirait que le vieux burg enveloppé de mystère prépare quelque coup, que son passé déchu se reprend à vivre et à menacer. Tout jeune, un soir, m'étant égaré dans sa vieille rue en casse-cou, je me mis à chanter, beaucoup moins par plaisir, je pense, qu'à cause de l'ombre effrayante. Quelqu'un m'aborda, c'était un ancien qui, je

(1) Chenavari, 508 mètres d'altitude.

l'appris dans la suite, passait pour un peu fou. Il me dit :
« Petit, ne chante pas ici, vois-tu, de peur de réveiller ces
« murailles peuplées de fantômes... » Un pont admirable et
chimérique aux piles moresques truffées de basalte conduit
sur la rive dauphinoise à Montélimar dont la forteresse mi-
comtale et mi-papale couronne à une lieue un éperon de
collines. — Le Teil où il n'y a plus, sauf l'église rafalée de
Mélas, que d'insignifiants débris anciens, mais dont la
population presque tout entière s'évertue à entailler et à
gruger les falaises du Rhône pour en extraire la chaux —
« éminemment » hydraulique. Cette usine, la plus vaste
d'Europe, poudrerize tout autour d'elle et loin d'elle —
Viviers, merveilleux fouillis gothique, sur un roc commandant la route du fleuve. Qui n'aurait le remords, ayant
entrevu ce Viviers matinal baigné d'or au passage du train
qui s'enfonce avec le Rhône dans le *Robinet* de Donzère, de
« brûler » cette bourgade unique dont les évêques se plu-
rent à rehausser d'architectures étonnantes le décor naturel ? Quel inestimable logis que cette maison des Chevaliers dans ses dentelles de l'époque ! Comme on s'étonne
peu que Flaugergues, l'astronome épiant le ciel de l'une de
ses terrasses, ait découvert la plus fameuse des comètes,
celle de 1811, qui fait date chez les gourmets. Sur l'Escou-
tay, qui vient d'Aps (Alba Helviorum), ancienne et première capitale vivaraise, les Romains avaient jeté un pont
qui a tenu contre le torrent et contre les hommes. — Châteauneuf et Donzère, et entre eux deux, sur le versant
boisé du mont Navon, le château de *Belle-Eau*, demeure
charmante, entourée de fontaines et d'arbres séculaires où
le nabab de Daudet reçut le vice-roi d'Egypte. — La Garde-
Adhémar, son église romane à la double abside, sa chapelle du val des Nymphes, les ruines du château d'Escalin
des Aymars. — Pierrelatte et sa voisine Saint-Paul, dont
l'évêché de trente-six paroisses était trop pauvre, ainsi que
le disait un prélat du grand siècle, pour nourrir un successeur des apôtres. — La Palud et le Bourg-Saint-Andéol,
jonché de débris antiques, son église, sa fontaine de *Tour-
nes*, son bas-relief en l'honneur de Mithra dans un site qui
fleure le bois sacré. — Pont Saint-Esprit et son pont auréolé
de surnaturel que l'on a défiguré pour le rendre facile. —
Mondragon et Mornas, îlots fauves surgis comme d'une mer
montueuse parmi la houle des oliviers. — Piolenc, Orange,
Caderousse, Codelet, Saint-Etienne-des-Sorts, Revestidou,
Montfaucon et le si pittoresque Roquemaure, et avant Avi-

gnon, la tour de l'Hers et Châteauneuf-du-Pape. — Ensuite la ville des Papes et son Versailles : Villeneuve, la tour de Barbentane et au loin celles de Châteaurenard, l'abbaye de Saint-Michel-de-Frigolet, au sein de la sèche et odoranteMontagnette, et le vieux manoir des Raousset-Boulbon — Aramon — enfin Tarascon et Beaucaire fermant de leurs groupes majestueux et sévères cette longue procession pittoresque.

VIII

Mistral a écrit, ou pour mieux dire, a chanté le Poème du Rhône. D'entre les fleuves de France, c'était le seul vraiment digne de l'épopée.

La Loire et la Garonne sont inconstantes, la Seine « au flot royal » est paresseuse, et toutes trois sont sans passé. Seul, le Rhône, puissant et régulier, héroïque et légendaire, s'affirme fleuve type, tel le vieux Nil pour l'Egypte, tel le jeune Rhin pour l'Allemagne. Et sur eux encore, la supériorité du Rhône est manifeste à ne considérer que l'orientation. Le Nil, n'est-il pas vrai, manque un peu d'ombre, et le Rhin s'abat dans les brumes du Nord. Le Rhône, au contraire, du Saint-Gothard à la mer latine, déroule tous les aspects et tous les climats.

C'est par le Rhône que nous sommes entrés dans l'histoire. C'est par lui que les peuples du Nord en enfance ont été gagnés à la civilisation, et il suffit de jeter les yeux sur une carte d'Europe pour se rendre compte du rôle social et politique joué par lui dès les origines.

« La vallée du Rhône, dit André Froment, dans une étude à la fois substantielle et ornée qui méritait les honneurs de la brochure, constitue un véritable monopole géographique en faveur de la France. C'est la seule qui, débouchant dans la Méditerranée, pénètre au cœur de l'Europe sans se heurter dans la partie supérieure à une barrière de montagnes infranchissables, au moins pour la navigation. » Par la Saône, son bras travailleur, puis par les canaux de l'Est et du Rhône au Rhin, notre fleuve aimante la Belgique et l'Allemagne, relie pour mieux dire l'Extrême-Orient aux nations du Nord.

Il n'y a guère plus de soixante ans de cela, le Rhône était

dans son plein. Que c'était beau ! Quel mouvement ! Quel tourbillon de vie ! Des trains de barques perpétuels sur l'eau fière. Des villages toujours en fête. Une joie montait du fleuve emplissant toute la vallée ! Quels gaillards que ces mariniers barbus, hâlés, durs comme des chênes, remuant une poutre comme un fétu, tous de Condrieu, dont Mistral nous raconte avec cette vivacité inimitable qui l'égale à Homère, les prouesses à la besogne ou au plaisir ! A Condrieu, selon l'usage, une famille qui avait un rejeton robuste et bien planté le destinait à la marine, et, à seize ans, *zou*, le drôle courait de lui-même se faire percer les oreilles pour y suspendre les anneaux d'or fin. Puis il passait la culotte de cuir, enroulait la ceinture de cordelettes autour de sa taille et devenait roi du Rhône.

Tout cela n'est plus qu'un souvenir. « Et de ce mouvement, hélas ! tout ce qui reste, gémit le poète, c'est la trace rongée, c'est le sillon que le câble a creusé contre les pierres. Oui, un frottis, c'est tout ce qui subsiste d'une navigation qui eut pour cri : Empire ! »

Donc, il n'est que trop vrai, la *grande eau* est muette aujourd'hui. Elle baigne les plus belles, les plus lumineuses, les plus poétiques régions, elle unit ces deux pôles traditionnels de grandeur et de prospérité : Lyon et Marseille, et elle ne sert à peu près à rien, pas même au tourisme. N'est-ce pas une honte pour la France, alors que l'Allemagne a fait du Rhin, non seulement une voie commerciale de premier ordre, mais encore un courant attractif et pour ainsi dire irrésistible d'excursions et de villégiatures ?

A qui s'en prendre ? Avant de dire : j'accuse, chacun, ce serait plus juste, ferait bien de s'accuser. En France, nous ne voyons grand et nous n'agissons guère que pour les entreprises lointaines, celles qui flattent par le vague de la poésie et par le côté chimérique le génie altruiste de la race. Il serait temps de songer à nous après avoir rêvé le bonheur de peuples indifférents et lointains. Ainsi nous nous sommes endormis sur notre organisation antique et sur nos méthodes louis-philippistes. Et nous nous mirons et admirons encore dans des canaux décrétés par Henri IV et le Roi-Soleil. Nous nous croyons en avance et nous le sommes en effet sous le rapport de l'invention pure : automobilisme, aviation, mais pour tout le reste, nous sommes en retard, déplorablement. Nous ne savons ni prévoir, ni résoudre. Nous avons laissé, par exemple, nos chemins de fer dévorer nos chemins d'eau, ces fleuves et ces rivières admirables dans l'harmonieuse distribution desquels Strabon voyait, au premier siècle de notre ère, la preuve d'une Providence divine. Nous avons cru servir le progrès en disant à notre tour comme Claude Frollo : ceci tuera cela.

Formule toute littéraire, toute platonique. Le progrès, il est temps de s'en apercevoir, est bien moins une destruction qu'une adaptation, et le spectacle de l'Allemagne dont les ports fluviaux concurrencent les plus bruyants ports de mer doit être pour nous le commencement de la sagesse. Il nous suffira même de prendre exemple sur elle et de nous approprier quelques-unes de ses méthodes pour rendre à nos fleuves, et spécialement à notre Rhône, ce rôle social et économique pour lequel, de toute antiquité, la nature l'a marqué.

La question du Rhône, plus que la Loire navigable, plus que Paris port de mer lui-même, devrait être au premier rang du programme national, car elle est liée, nous l'avons vu, non seulement à la prospérité du Midi, mais à celle du pays tout entier. Elle sera résolue, si l'on fait grand, si l'on rapproche par un canal Marseille de Lyon, si l'on détourne de la voie du Simplon par la voie du Rhône le commerce suisse, si l'on ouvre des ports en les raccordant exactement avec les voies ferrées, si surtout on ne perd pas un temps précieux en discussions vaines et en projets ridicules. Pauvre Rhône, qui n'a cherché à l'accaparer ou à le saigner depuis vingt ans ! Navigation, irrigation, force motrice, alimentation d'eau, chacun se piquait au jeu pour obtenir ses faveurs, et, comme si ce n'était point assez, voici que Paris lui demande à boire ! Cela, par exemple, c'est le comble. Nous prétendons garder notre fleuve et le faire servir d'abord à nos desseins.

Le Rhône reprendra son rang et son rôle. Son abandon passager est un de ces non-sens auquel, plus tard, on aura peine à croire. Mais il importe de l'aménager au plus vite comme moyen économique de transports. Alors nous verrons les peuples des deux rives s'y jeter et s'y enrichir. Nous verrons surtout Lyon, prolongement de Marseille dans l'intérieur, devenir, avec ses quais bourdonnants du Rhône et de la Saône, la ruche commerciale de l'Europe centrale. — Lyon, la seule ville de France qui ait osé faire quelque chose de sa propre initiative, sans regarder du côté de Paris, Lyon rattaché aux extrémités du monde par d'innombrables et invisibles fils de soie et d'or.

LE MISTRAL

> Tout sur terre appartient
> aux princes — hors le vent.

A Marius Raval.

Quand Hercule partit pour les Hespérides, Prométhée, prérédempteur des hommes, le mit en garde contre les mauvaises rencontres. « Tu atteindras, lui dit-il, un lieu battu par Borée. Méfie-toi de ce vent noir qui pourrait t'enlever de terre. »

Hercule, passant par ce lieu qui était la Crau, ne se laissa point enlever. Mais c'est tout ce qu'il put faire contre cette force arrogante déchaînée, et il s'en alla, lui le titan des douze travaux, sans en débarrasser l'espace. Le mistral, qui faisait déjà si terriblement parler de lui dans les temps héroïques, n'est point à bout de souffle. Il règne encore en maître dans le pays. Il trousse et détrousse sans vergogne la Provence.

La gueuse a beau dire, elle ne pourrait pas s'en passer. C'est le balai céleste qui nettoie l'air et la terre, c'est le véritable tonique de la race. Il fait bondir le cœur et il fait parler fort. Il conseille la danse et le bruit. Il commande l'architecture de la grange ou de la ville et mène le terroir à sa fantaisie. Il est le rival du Rhône dont les hauts ponts suspendus sont ses harpes éoliennes, et il l'oblige, d'une étreinte sauvage, quand il a débordé, à rentrer dans son lit.

Ah ! il a ses jours de colère comme un homme, comme un dieu. Et rien ne lui résiste pour peu qu'il s'en mêle. En hiver, à la moindre gelée, il donne la *cisampe* (1), se jette sur les granges qu'il prend à bras-le-corps comme pour les renverser, interrompt d'un rugissement de lion ou d'un hurle-

---

(1) L'onglée.

ment de loup les conversations aimables tissées dans la tiédeur du foyer. Quand il lui plaît, le soleil lui-même, voilé par ses tourbillons, se poche comme un œuf, tourne à l'éclipse. On y voit à peine devant soi et l'on ne s'entend pas parler : hommes et choses s'abolissent dans le cercle visuel. On est le jouet de l'hallucination : est-ce la chamade qui bat ou le tocsin qui sonne, est-ce la Danse macabre de Saint-Saëns qui trépide ou bien est-ce une meute de chiens fous lâchés avec une casserole au derrière? Brrr... Les tempes semblent martelées, les oreilles pourfendues, et l'on dirait que des milliers d'aiguilles pénètrent dans la peau qui s'écaille. Les yeux, pleins de sable, voient rouge, et la bouche, sans salive, sèche comme un four. Le pays, meurtri sous son voile de plomb, semble raturé, et si l'on ne veut pas être emporté, il convient de ne se risquer ni sur le Rhône ni sur la mer. Mais n'exagérons rien. Le plus souvent, il prend sa flûte et nous régale d'airs câlins dont les peupliers et les saules accompagnent du jeune rire de leurs feuilles les tendresses bucoliques. Délices de traverser le concert !

Fleuve d'air, le mistral dépasse infiniment en étendue le fleuve d'eau. Non seulement il remplit la vallée du Rhône, mais il déborde en flots vagabonds et furieux sur les terres et les vallées adjacentes, puis il s'éploie en éventail sur la côte pour s'amortir dans la plaine illimitée de la mer.

On lit dans le poème du Rhône qu'il commence à s'émouvoir vers Condrieu :

> .... ounte s'amodon
> De noste vent-terrau li proumié boufe.

Mais en réalité il n'étreint et ne possède la vallée qu'au-dessus de Valence, sa première et blonde maîtresse.

Comment diable n'a-t-on pas songé à tirer parti de cette force aussi aveugle qu'irrésistible ? L'Amérique, soyez-en sûrs, à la confusion d'Hercule, l'eût captée, disciplinée, domestiquée, employée à mille usages. Et nous n'avons même pas ici de moulins à vent ! Rhône et Mistral ! Deux puissances formidables liées en quelque sorte l'une à l'autre, et emballées dans le même sens. De quoi bouleverser, sinon conquérir le monde ! Un jour — que nous verrons sans doute — nos pays seront vraisemblablement de merveilleux foyers d'énergie, et cela peut se faire sans toucher à leur capital immense de beauté. On y produira tout ce qu'on veut, sauf peut-être le bonheur. Mais notre humanité piaffante accepterait-elle seulement le bonheur à condition de revenir au temps d'Hercule ?

Qu'on ne touche pas au mistral, me disait un paysan à qui je faisais part de ma trouvaille, il réveille l'appétit, excite la soif, emballe à la besogne, fait qu'un homme en vaut deux.

Mistral le vent ! Mistral l'aède ! Une trouveresse (1), nourrie d'antique, a écrit là-dessus une fantaisie dont je me permets de reproduire ici la première strophe :

> *Quand par la Provence on s'en va rêvant,*
> *Il roule un fracas de Zeus débonnaire*
> *A solos de flûte ou coups de tonnerre.*
>   *Mistral le vent !*
> *Cependant il rythme un chant qui possède*
> *— Tel le génial chantre d'Ilion —*
> *Le si du bulbul, mais l'ut du lion.*
>   *Mistral l'aède !*

Mistral le vent ! Qui ne l'aime et qui ne le redoute tout ensemble quand il prend sa voix de masque ou de femme pour gémir dans la cheminée ! — Ecoute, écoute, me disait mon grand-père à la veillée, *Jano Pauro* (*Jeanne Pauvre*), qui implore pour avoir du feu !...

---

(1) Mme Cavalcanti.

LE DAUPHINÉ
VU DES CÉVENNES

La nature n'est belle que
pour qui sait la voir...

(Gustave Flaubert.)

Au commandant Numa Audibert.

I

Quand, du haut de Saint-Romain Lers (1), vieil oppidum celtique transformé depuis en oratoire, je vis pour la première fois le Dauphiné resplendir, le front diadémé de neiges éternelles, entre ces bornes idéales et parfaitement reconnaissables : le Mont-Blanc au nord et le Ventoux au sud, je jugeai l'apparition trop belle pour n'être pas tissée par les fils d'or du rêve. C'était réel pourtant. Devant mes yeux surpris autant qu'émerveillés, mon pays tout à coup se révélait sans voiles, posait l'ensemble... l'ensemble d'un infini miraculeux. O ce *vêpre* de juin chaud et caressant, et cette découverte ! Belledonne, les Grandes Rousses, le Pelvoux, le Dévoluy, la Grande Chartreuse, le Diois, le Royannais, le Vercors; Glandas, Rochecourbe, Couspeau, Angèle, Miélandre, la Lance, et ici près, dans l'horizon valentinois, ces montagnes du *Matin*, si expressivement appelées la *Raye* (la raie) par les paysans qui simplifient, trônaient là, comme assemblées pour un concile de beauté. Les montagnes sont femmes. Elles aiment

---

(1) Village de l'Ardèche, sur les hauteurs qui dominent le Rhône en face de Valence (649 mètres d'altitude).

les forêts qui les drapent de velours, les vallons qui les creusent de plis somptueux, les torrents qui les parent de bijoux fluides. Il y a les sublimes et les impérieuses, les espiègles et les mystiques, les coquettes aux dessous irrésistibles et les négligées qui laissent l'impression de filles aux bas mal tirés. Beaucoup sont sournoises ou menteuses, quelques-unes atroces, tranchantes ou cassantes. Mais les plus jolies — c'est leur privilège — gardent toujours une dent contre le ciel.

O ce spectacle, qui dut fasciner la vedette anonyme placée là, voici deux millénaires, par le clan gaulois sur la défensive; qui tente peut-être chaque jour à l'égal d'une vision rafraîchie de la terre promise, le paysan de l'Ardèche — race robuste et touffue comme le châtaignier de son sol volcanique ! N'est-ce pas au fond de la plaine, tout là-bas, au confluent du Rhône et de l'Isère, que Bituit, déjà nommé, monté sur un char d'argent, défiait les consuls Fabius et Domitius Ahenobarbus, s'écriant, après avoir considéré les légions massées sur un étroit espace : « il n'y en a pas pour un repas de mes chiens ? » Pourtant, de ses 200.000 Arvernes ou Allobroges, frappés de panique par les éléphants latins armés en guerre, bien peu devaient rejoindre leurs foyers. A la suite de ce désastre, consommé aux portes mêmes de Valence, et cruellement ressenti par toute la nation gauloise, l'Allobrogie, rayée de l'histoire, devenait province romaine.

II

Il faut, pour se rendre à Saint-Romain en partant de Valence, traverser le Rhône et gagner Châteaubourg dont le joli castel qui se mire dans le fleuve abrita jadis Saint Louis. C'était au moment où le roi s'en allant à la croisade, voyait tout à coup sa route barrée par le sire de la Roche de Glun. Le siège de la place dura plusieurs semaines (juillet et août 1248). « Ai souvenance que dessus Rhosne, dit Joinville, trouvâmes un château qu'on appelait Roche-Gluy, lequel roy avait fait abattre parce que le sire qu'on appelait Rogier avait grand bruit de mauvais renom de détrousser et piller tous les marchands et pèlerins qui là passaient. » Ce Rogier ou Roger exerçait tout bonnement un droit de péage concédé par les empereurs d'Allemagne, suzerains de nos contrées. Nous lui devons une pensée. En criant à un roi : on ne passe pas ! ne découvre-t-il pas joliment la race, qui est sans peur déjà, et que rien n'ébranle dans sa logique têtue ? Plus tard, Montbrun bravera de même Henri III, et le payera de sa tête. Rogier, mis aux fers, puis délivré par l'intermédiaire du Dauphin Guigues VII, rebâtit son rocher du Rhône et reprit, comme si de rien n'était, sa besogne de préposé féodal.

En sortant de Châteaubourg, la montée commence. Le chemin hardi muse délicieusement le long d'un ravin rempli jusqu'aux bords d'une végétation folle. A travers ces chevelures emmêlées d'arbustes qui se cherchent et qui s'étreignent, parfois le soleil malin risque une flèche d'or. Le ruisseau leste, atteint dans sa nuit, en tressaille, luit une seconde, puis regagne son mystère. Ni champs, ni cabane, ni grange, ni âme qui vive. Mais bientôt, sur un monticule isolé, au beau milieu du ravin, une tour en érection, à demi dévorée par la broussaille. Ruine farouche qui double tout aussitôt la sauvagerie du site. C'est Durtail, siège d'une baronnie dont dépendait Cornas, village de la plaine du Rhône, aux vignes illustres. Durtail, bâti au commencement du XIIe siècle, fut détruit pendant les guerres de religion, peu de temps après le séjour qu'y fit l'amiral de Coligny en 1570.

On quitte le ravin, sans perdre de vue sa ruine désolée, frôlée par l'eau dont on perçoit longtemps le murmure. Et l'on a peur un peu, car on songe que c'est peut-être la ruine qui sanglote et qui se lamente... Au bout d'une heure, la route, par longues courbes, atteint le plateau onduleux qui porte à son sommet l'oratoire de Saint-Romain.

On voit d'ici, paraît-il, onze départements ! Mais on voit surtout le Bas-Dauphiné, la Drôme, dont on embrasse d'un seul coup d'œil l'immense amphithéâtre adossé aux grandes Alpes et orienté vers le Rhône qui lèche ses derniers gradins. Ces monts admirables, le calcaire les a formés, et le calcaire est dans la nature l'artiste par excellence. Il a toute originalité et toute fantaisie. Trous, fentes, ruptures, cassures, brisures sont toujours chez lui prétexte à des chefs-d'œuvre. Il faudrait des volumes pour énumérer ses merveilles. Rien que dans la région, nous lui devons : le Mont-Aiguille, pilier de 2.097 mètres, dressé dans la pensée de nos pères par des géants pour soutenir le ciel ; le Royannais et le Vercors, balcons de rêve ; la Forêt de Saou, vaisseau fantastique à la proue armée de trois becs ; le Glandas, autel miraculeusement festonné et sculpté où communient, depuis qui sait le temps ? les troupeaux de Provence, de la même herbe courte et parfumée.

Le contraste est saisissant de ces roches de formation récente — et même incomplète en ce qui concerne le Vercors et ses eaux souterraines toujours en travail — avec le Massif Central dont Saint-Romain occupe l'un des rebords extrêmes.

Vu à vol d'oiseau, ce pays cévenol, aux lignes empâtées, aux traits incertains, plus haut plateau que véritable montagne, semble porter avec lui la tristesse et la stérilité. Ce ne sont que dos arrondis, buttes sans caractère, protubérances uniformes et ondulations poudreuses. Ses géants : Mézenc, Gerbier de Jonc, Tanargue, Sucs de Bauzon et de l'Areilladou, Grand-Felletin, Pilat, les uns accroupis, les autres affalés, paraissent eux-mêmes boudeurs et sans noblesse, ne s'imposent pas. Mais il ne faut pas trop se fier aux apparences. L'Ardèche, jadis cuve bouillonnante, fournaise effroyable, puis sol brûlant ébranlé par la toux de vingt cratères, n'est-elle pas au contraire l'un des coins les plus curieux du monde ? L'Ardèche a des volcans, — sur lesquels on peut danser, car elle les a laissés s'éteindre ; — des orgues prodigieuses ; une multitude de sites noirs et comme tièdes encore de l'ancien embrasement, que l'on dirait sortis de l'enfer et qu'elle doit à la basalte, à cette basalte employée par le Moyen âge à truffer ses constructions. Le cañon de l'Ardèche vaut le cañon du Tarn auquel manque d'ailleurs le Pont d'Arc, l'arche naturelle la plus grandiose qui existe, et rien n'égale le pittoresque tumultueux de ses vallons sauvages où les ruisseaux frigides ont succédé aux torrents de feu.

Rude terre, tenace, exigeante... Pourtant la race fruste des Helviens en a eu raison, à force d'endurance. Les caractères s'y trempent, s'y arment de courage et de volonté. Beaucoup de Cévenols descendent dans les plaines du Rhône où, mettant en pratique leurs précieuses qualités, ils trouvent toujours moyen de réussir. Le Dauphinois, qui abdique plus facilement parce que la nature lui fut plus douce, les jalouse un peu et fait de l'esprit sur leur dos. Dans l'Ardèche, on dit d'un « bien » qui a de la valeur : « c'est beau comme une terre en Dauphiné ».

A TRAVERS LA DROME

ROYANS, VERCORS et DIOIS

> On est dupe de perdre en de vaines recherches un temps, hélas ! si court et bien mieux employé à jouir qu'à connaître.
> (La Mettrie.)

A Monsieur le Conseiller d'État Joseph Reynaud.

I

Valence se dit la Porte du Vercors. Il n'y a pas de Petites Alpes plus fraîches, plus étranges, plus follement sauvages.

Le Vercors est ce massif assez analogue à la Grande Chartreuse qui déroule ses arêtes de grès vert entre Isère, Drac et Drôme, et dont la plaine de Valence forme, devant le vide lumineux du Rhône, le vestibule naturel. L'Isère, avec sa vallée, en dessine le grand chemin classique dont Romans forme la première étape.

Romans, c'est la ville qui mirlitonne ardemment de toutes ses cheminées, « ces minarets du travail ». Trop absorbée par ses besognes dont le cuir est la principale, elle ne cherche pas à plaire. Les Romanais sont les gens les plus industrieux du Dauphiné tout entier. Manquent-ils leur affaire, ils ne perdent jamais un pouce de leur admirable confiance et se tournent et se retournent jusqu'à ce qu'ils aient réussi. Ils tireraient du pain des pierres. Au XVIe siècle, ils trafiquaient déjà avec l'Egypte et les Echelles du Levant, et ce beau zèle, qui a subi pourtant bien des traverses, ne semble pas s'être ralenti. Sans doute Mercure, dieu du commerce, honoré jadis sur le plateau qui domine le cours de l'Isère, consacrait le lieu, marquait à l'avance sa destinée.

Romans, dont le bonhomme Jacquemart, du haut de son beffroi archaïque, « rythme et règle la vie », selon le mot de Léon Barracand, n'est pas moins intéressante que les Romanais. Vieux quartier de la Presle, rues comprimées et déclives où vous saluent des façades senescentes et jolies comme des visages d'aïeules, collégiale Saint-Barnard à la nef et à l'abside grandioses, vieux pont qui mène à Bourg-de-Péage (cité sœur au moins par le travail), et d'où l'on contemple le Royannais bleu, et ces montagnes du *Matin*, dernière muraille de l'Alpe dans la plaine, tout cela mériterait de retenir le touriste, si le touriste lui-même n'était si pressé.

LE DAUPHIN HUMBERT II

C'est dans l'église Saint-Barnard que le dernier dauphin Humbert II, moitié figue, moitié raisin, se dépouilla solennellement de ses fonctions souveraines. Il aurait pu être roi. Il allait devenir un clerc, et finit par en mourir.

Et c'est aussi de Romans, il ne faut pas l'oublier, que partit la première étincelle de la Révolution.

Père du grand Sénat, ô Sénat de Romans,
Qui de la liberté jetas les fondements !

s'écrie André Chenier dans le feu de l'enthousiasme. Les Etats du Dauphiné y discutèrent, en 1788, les cahiers électoraux rédigés par l'évêque de Gap, sur l'initiative de Mounier. Joignant le geste à la parole, Romans fournit d'ailleurs plusieurs généraux et des milliers de volontaires à la République. C'est aussi la patrie de l'infortuné Lally-Tollendal, dont le courage et les malheurs espèrent encore l'hommage de bronze. Valence et Romans se jalousent fort. Eternel débat de la cigale et de la fourmi. Romans, dont les attaches sont exclusivement dauphinoises, travaille et tire vanité de son labeur. Valence, coquette et musquée, c'est déjà le nonchaloir provençal. Toutes deux fabriquent la *pogne*, ce gâteau énorme figurant une couronne, indispensable à toute agape dauphinoise, et dans la pâte odorante de laquelle la dent s'enfonce avec délices. Mais à qui revient l'honneur de l'invention ? C'est encore matière à dispute. D'abord, qu'est-ce que la pogne ? Au four banal, pendant des siècles, le salaire du fournier consistait en une poigne ou poignée de pâte prélevée sur la cuisson. Peu à peu, la ménagère dauphinoise, la veille de certaines fêtes surtout, prit sur la fournée une poigne de pâte dont elle faisait un odorant gâteau, en y incorporant des œufs, du beurre, un peu de sucre, voire de l'eau de fleurs d'oranger. De là naquit la pogne, que les Romanais disent de Romans, que les Valentinois disent de Valence, et qui est devenue pour les deux villes, surtout pour Valence, un article d'exportation considérable.

Le Royans, par où l'on pénètre dans le Vercors quand on vient de Valence, en est en réalité le plissement extrême, la dernière et vive cassure. Rien de plus émouvant que ce massif dont les convulsions terribles semblent s'achever sous nos yeux. On se demande parmi ce chaos, parmi ces bouleversements, ces eaux qui bondissent, qui sourdent ou suintent de tous côtés : que va-t-il se passer tout à l'heure ?

Il n'y a pas trois quarts de siècle, Royans et Vercors, liés pourtant par la constitution géologique et le commerce mystérieux des sources, ne communiquaient entre eux que par d'effroyables sentiers. Une route achevée en 1851 les mit en rapports réguliers, tout en révélant au monde cette merveille devenue classique : les Grands Goulets. Eh bien ! cette route, qui fut un miracle en son temps, n'est rien auprès de la jeune route de Combe-Laval qui mène par toutes les épreuves du vertige à la forêt de Lente, terrasse idéale et sereine suspendue entre mille et seize cents mètres sur des abîmes que voile la plus magnifique lisière de hêtres. En quelle contrée, je le demande, trouver l'équivalent de ce balcon de bravade, de ce cañon dont les murailles incandescentes sous le soleil se parent d'une végétation tragique, qui semble elle-même avoir le goût du cataclysme ?

On peut faire le tour du massif en automobile, mais peut-on se flatter de connaître la région après en avoir fait, comme on dit, « le circuit » ? La forêt de Lente, par exemple, aux aspects innombrables et changeants, ne se livre guère qu'aux initiés. Elle veut être méritée comme une héroïne de roman, et elle exige l'amour avec toutes ses

LE VERCORS : LES FALAISES ET LE PROMONTOIRE DU VELAN

patiences et ses extases. Mais quelle ivresse quand on a trouvé le chemin de son cœur, quand sylvains et dryades, vous sachant dans le secret, jouent pour vous seul leurs féeries muettes sur les clairières enchantées, quand, aux approches de la nuit, les hêtres reflètent des dieux, quand les rochers tragiques s'abandonnent aux graves confidences. Ne vous étonnez point si Mélusine elle-même, qui régna jadis sur ces monts bouleversés, vous rejoint dans la cachette candide que vous aurez choisie pour méditer...

Bourne, Vernaison, Cholet, Bournillon, Lyonne, toutes les eaux du pays ont le diable au corps, toutes sont belles, admirablement. Le plus souvent elles bondissent et s'échevellent, mais quand par hasard elles s'assagissent un peu, on dirait qu'elles courent sur un lit de pierres précieuses, tant leur flot est pur, tant la lumière avive leur transparence. Il faudrait un volume pour conter leurs prouesses, pour décrire les sites qu'elles créent en se jouant. Les hommes, ne voulant pas demeurer en reste avec la nature, n'ont pas seulement suspendu des routes au-dessus des abîmes, ils y ont accroché des habitations, tel ce fabuleux Pont-en-Royans sur un gouffre de la Bourne. Saint-Jean-en-Royans, Saint-Nazaire, la Chapelle-en-Vercors, Saint-Agnan, Rousset, Vassieux, Bouvante, et, plus loin, vers Grenoble, Autrans, Saint-Nizier, Villard-de-Lans, ont chacun sous le regard des merveilles. Il y a là, outre les prodiges accomplis par les eaux souterraines et le calcaire, des plateaux herbus d'où l'œil plonge dans des creux d'enfer, des vallons de velours, des panoramas indescriptibles, des terrasses patriarcales dont le calme et la paix infinie semblent désignées pour la guérison de tous les surmenages. Mais, par snobisme, nous préférons porter en Suisse nos enthousiasmes et notre argent. Cela changera. Le Vercors, si longtemps fermé, et dont les remparts inaccessibles firent reculer les légions romaines, s'honore même de quelques ruines insignes. Sur la rive gauche de l'Isère, parmi de majestueux escarpements, on rencontre Beauvoir, séjour de prédilection des Dauphins. Dans la vallée de la Lyonne, se cache la Chartreuse de Bouvante où le dauphin Humbert Ier finit dans l'édification son existence tourmentée. Autre abbaye sur les bords d'une autre Lyonne, à Léoncel. Enfin, à une lieue de Saint-Jean et de Saint-Nazaire se dressent les tours branlantes et si mélancoliques de La Rochechinard où languit Zizim, frère de Bajazet, moins des tristesses de l'exil que de l'amour d'une princesse de légende.

II

Du Vercors, par Glandas, on entre de plain-pied dans le Diois.

Le Diois est rude. Une houle tumultueuse de cimes fières, de cirques déchirés, de plateaux sauvages, de roches bizarres, d'escarpements inouïs, de chaînons enchevêtrés, entrechoqués, souvent sans direction apparente, sans soudure appréciable et sans une plaine vraiment digne de ce nom; houle crispée surtout vers le levant, et encore assez moutonnante au couchant pour soulever en regard du Rhône l'admirable vague de Rochecolombe, haute de neuf cents mètres, voilà sa plastique. C'est le calcaire des monts de Grenoble, si fiers de tournure et proches parents du Jura par la constitution. Et le Diois présente d'ailleurs la plupart des accidents jurassiques : gouffres, cassures vives, forteresses saisissantes portant créneaux et redans, fontaines de cristal, pertes de rivières, châteaux d'eau charmants. Mais le Jura, de toute grâce, de toute fraîcheur, est dans l'ensemble trop uniforme. Ses ballons, ses plateaux les plus élevés ont même caractère, mêmes lignes onduleuses et molles. Ici, toutes les formes, toutes les postures — et elles sont infinies — de la montagne, et déjà l'ardent Midi les dore, les étiquette de noms d'une sonorité particulière. Nombre de hautes croupes s'appellent *serres*, et c'est le nom des chaînes espagnoles (1). Pour d'autres, la gaillardise dauphinoise se donne librement carrière. C'est ainsi qu'un passage curieux et peu fréquenté, où prend sa source le ruisseau de Grimone, en vue de la Croix-Haute, se baptise col de Vente-Cul. Et ces désignations pittoresques du populaire ne s'en tiennent pas à la montagne. Elles caractérisent tout aussi bien la forêt, le pré, le champ, la fontaine, le ruisseau, le torrent, la ferme, le hameau, le village. D'instinct, l'homme d'autrefois donnait signification réelle aux choses de la nature. L'*Emboni*, c'est le nombril, le village situé de telle façon qu'il fait cicatrice dans le paysage. La *Bégude*, l'endroit où l'on s'arrête pour boire. La *Besantie*, un pays gris ayant la forme ou la couleur du gâteau de maïs dauphinois. Le *Merdari*, c'est le ruisseau brenneux où chacun se sou-

(1) Les sierras.

lage et que les orages nettoient. Tandis que les pierrailles du *Rieusec* et de *Brame-Vache* hurlent la soif.

Le vieux Diois, qui englobait jadis le Trièves (aujourd'hui canton de l'Isère), avait donc l'honneur de posséder la plus fière, la plus étrange des montagnes, ce Mont-Aiguille pour lequel nos anciens avaient une vénération superstitieuse et où ils situaient leurs contes à faire peur. C'est un admirable obélisque de 2.097 mètres dont on ne saurait trouver l'équivalent nulle part.

Maintenant, le Diois enfonce une sorte de coin entre l'Isère et les Hautes-Alpes, et par là vient battre contre l'escarpe haillonneuse et hautaine du Dévoluy. C'est son dernier bouillonnement, et il y met toute sa fougue. Là, des montagnes, dévêtues par l'homme et rudoyées par les vents et les averses, lèvent leurs têtes chauves entre deux mille et deux mille cinq cents mètres. A leurs pieds s'étale le ravissant paysage de Lus-la-Croix-Haute qu'on n'oublie jamais une fois qu'on l'a vu. Des villages tout luisants de bonheur et de santé, des ruisseaux d'argent, des rocs feutrés de mousse, d'ondoyantes prairies, et comme fond de tableau le vert grave des sapins et des mélèzes escaladant le lilas gris du Lauzon, de Costebelle, de l'Aiglière, du Rama et des Aiguilles, cette heureuse et salutaire nature non seulement vous réjouit les yeux, mais vous prend aussi l'âme par la magnificence de son repos, par l'impression forte de sa vie primitive. Le col de la Croix-Haute (1.163 mètres) est le plus haut point de la ligne ferrée de Grenoble à Marseille. Par son maître courant le Trabuëch, plus tard grand Buëch, cette région s'égoutte tout entière dans la Durance. De même, la Vernaison, la Vèbre, l'Oule, rivières dioises pour tout ou partie ne s'épanchent pas dans la Drôme et travaillent pour le compte d'autres affluents ou sous-affluents du Rhône.

Tout usé qu'il est, le Diois donne encore refuge à l'ours. Là, parmi les vestiges superbes de forêts millénaires, bois inaccessibles, brousses inconnues, rocs hirsutes, Martin vit son roman d'ermite. Le mal léché vaut mieux, cent fois, que sa réputation. L'homme, pour excuser son plaisir de détruire, a toujours dit du mal des bêtes, et dans les histoires d'ours on peut toujours être certain que c'est l'homme qui a le mauvais rôle. Il est des soirs où le bon lourdaud s'ennuie dans sa solitude. Que se passe-t-il alors dans son âme naïve et peu complexe? Songe-t-il que l'homme, qu'il sait d'ailleurs méchant, pourrait se raccommoder avec lui, devenir son ami ? On le croirait. Martin, tout en flairant longuement sur l'opportunité de sa démarche, s'en vient parfois tout près d'un jasse (1) ou d'une grange et quête en se dandinant une démonstration amicale. Souvent c'est un coup de fusil qui répond... Et nous voulons que les bêtes nous aiment, qu'elles ne montrent jamais la griffe, leur naturel ! Une, deux, rarement trois peaux d'ours vendues chaque année, tel est le bilan de ces chasses absurdes. Et l'on pourrait prévoir le moment où le dernier représentant de la race plantigrade, où le dernier de ces bons ours aux rêves pacifiques, aux plaisirs simples, aux dandinements si expressifs, viendrait à disparaître, si l'administration forestière, avec une ténacité admirable et insuffisamment encouragée, ne s'apprêtait à rendre peu à peu notre Diois à son ancienne nature. Et ainsi les terres se recollent, les rochers se remettent, et la Drôme, déjà quelque peu améliorée, n'a plus tant de délires et ne demande qu'à redevenir navigable comme elle l'était au temps des Voconces et des Romains. Nous ne verrons pas cela, mais *nos arrière-neveux nous devront cet ombrage...* et le reste.

La région industrielle et commerçante de Crest mise à part, le Diois est par excellence la contrée des petites gens, des petits moyens. Il y a bien trace d'industrie ici et là, et la population, largement dosée de protestants, est loin d'être inactive, mais il n'y a nulle part un de ces ateliers, l'une de ces mines qui chiffrent par millions leurs affaires, qui drainent jusqu'à eux le sang jeune et la vie des campagnes. Au vestibule des monts, la vigne, qui sert à la fabrication d'une pétillante clairette et le mûrier qui, pendant quelques semaines, effeuillé jusqu'à sembler mort, vient compliquer la ferme d'une magnanerie, c'est-à-dire d'un atelier où l'on éduque le ver à soie, mais le pays n'en demeure pas moins pastoral dans la montagne et agricole dans la plaine.

Je dois à la Drôme, ce grand « rieu » débraillé de mon pays natal, mon goût de solitude et de plein air, mes primes sensations d'alpe, mon vif amour des sources, des arbres, des vieilles pierres, des bonnes gens, d'où mon faible pour elle, malgré ses crises qui en font tantôt un fleuve immense, tantôt un désert brûlé. Née dans la cave d'un curé (au presbytère de la Bâtie-des-Fonts), elle ne semble guère se souvenir d'une origine aussi édifiante, mais elle a façonné le Diois au physique et au moral, elle a permis aux Romains

(1) Gîte de la montagne, bergerie.

LE MONT AIGUILLE

d'établir, dès la première heure au sein des Alpes, les bases durables de leur civilisation.

Montons au Glandas. Rien n'égale ce plateau d'Arabie suspendu dans les airs par les plus fantastiques architectures. Sa stature est belle (2.025 mètres), et comme la plupart des monts qui l'entourent ne lui viennent guère qu'à la ceinture, Glandas se présente au-dessus des serres, becs, pics, pots (1), buts, récifs de toutes couleurs dont la région tourmente son ciel bleu, telle une terrasse où s'observe la vie pastorale et d'où l'on contemple l'ancien diocèse de Die dans ses hautes et basses paroisses, dans l'étrange chaos de son relief.

Réellement, ce val de la Drôme vu du Glandas n'est autre qu'un couloir tortueux, tout en poches, en étranglements, en clus, sombre, puis lumineux, puis sombre encore, où se blottissent comme ils peuvent les hameaux et les villages, où les villes sont trop modestes pour que rien en monte à ces hauteurs, où les ruines rutilent, presque féroces, encore qu'elles n'inquiètent plus. Car ce val, peuplé jadis par les Voconces, est encombré de rocs et de souvenirs; car l'humanité s'y montra telle que nous y voyons la nature : violente, excessive, héroïque. Dans nulle autre région du Dauphiné et même de la France, les luttes religieuses ne firent plus de victimes, n'allumèrent plus d'incendies que dans le Diois.

Les Voconces formaient un agglomérat de traditions celtiques au milieu des colonies latines. Ils représentaient la tradition, et les Diois qui leur ont succédé la représentent encore.

La Drôme, avec ses dieux indigètes, ses traditions romaines de la plaine, celtiques de la montagne, semble la veine la plus pure du vieux Dauphiné, et tandis que la plupart des torrents alpestres semblent emporter irrémédiablement dans leur flot ce qui subsiste du passé, elle, paraît demeurer fidèle à son âme ancienne, ou du moins, elle se défend encore. Ses peuples parlent français, mais ils aiment à chanter et à rire en patois, et ce patois est une langue gaillarde et un peu rèche qui fleure bon la montagne, qui révèle tout de suite la race dans sa rude et forte intimité.

Die, *Dea Andarta*. Quel parfum d'antique province en cette pauvre ville effacée où rien, parmi les ombres bleues, si favorables au sommeil de quelques *fulobres*, n'attente à

---

(1) Pot (podium), synonyme de puy.

la rêverie de votre promenade ! Et que de vieilles pierres pour y susciter l'émotion et ébranler le souvenir ! Point de jonction de la plaine haute et des monts, et peut-être timide *emporium* d'un trafic celto-grec, elle hérite à coup sûr d'une très vénérable aïeule. C'était un de ces Pagi (1) des Voconces qui, soudés les uns aux autres, formaient la patrie commune, la cité. Cette cité des Voconces, vaste de plus ou moins d'un million d'hectares, se divisait en deux grandes circonscriptions commandées par l'état des lieux. Mais Die, tout d'abord *ignobilium oppidum*, suivant l'expression de Pline, devait bientôt ceindre, à la place de Luc, brûlé par Valens, la couronne augustale.

Die, c'est le nom lumineusement frappant, le nom sacro-saint de *Dea* ou *Dia* (déesse). Mais de quelle déesse s'agit-il, ou plutôt de quel culte, puisque la déesse, *Andarta*, nous est connue par des inscriptions votives ? Savants épineux, salivez encore, salivez toujours. Le vieux Chorier, humaniste avant tout et *très seizième siècle*, ne pouvait manquer de voir dans le mot une origine grecque. Pour lui, Dye, déesse sicyonienne, a présidé aux destinées de la capitale des Voconces. Opinion naturellement reçue comme un chien dans un jeu de quilles par les celtisants. Pour eux, c'est tantôt une Borne — divinité un peu benoîte et, disons le mot, un peu bornée pour mériter un tel honneur, — tantôt une Victoire, tantôt une Chasseresse, une Diane locale, et même beaucoup moins que cela, un simple composé grammatical, un humiliant et prosaïque agglutiné signifiant deux eaux (2), et, en effet, la ville de Die s'espace entre deux rivières : Drôme et Meyrosse. Les latins purs l'identifient soit avec Livie, femme d'Auguste, que la vanité romaine mit au rang des Olympiens, soit avec Cybèle, la déesse par excellence, la Mère des dieux. Et — comme pour vous mettre l'eau à la bouche — on a découvert dans le sol voconce huit ex-voto à Andarta ! Aucun, malheureusement, n'exhume les attributs de cette mystérieuse déesse, aucun ne révèle sa figure morale. Scientifiquement, hélas ! je n'ai pas de préférence, et j'ai dû borner ma curiosité de passant à cette énumération sans commentaires, mais toutes mes sympathies d'instinct vont à l'*Andarta* pré-latine de M. Florian Vallentin, à la simple, agreste et honnête divinité du foyer voconce, au génie aimable et parlant de ce vieux naturalisme que ni Grecs, ni

(1) *Pagus*, district, cercle, division territoriale.
(2) Di et A, deux eaux, d'après Bullet.

Romains, ni Barbares, ni chrétiens n'ont réussi à chasser complètement de nos montagnes.

Ces Voconces, alertes et gais, et qu'on nous dit pères de Novare la Lombarde, devaient s'amollir au contact latin et perdre quelques-unes de leurs vertus. Die, faite un peu comme alors toute capitale, à l'image de Rome, connut l'opulence, eut ses temples, ses palais (1), ses arènes, ses thermes, ses jeux publics, ses sévirs, à la fois prêtres et officiers municipaux, tout un collège de sacrificateurs et de prêtresses, ses libraires et jusqu'à ces ouentières ou parfumeuses publiques. Ville de montagnes, elle devait, dans une position aussi reculée, se suffire à elle-même, concentrer la somme de ressources et de distractions indispensables à une population vive, intéressée aux choses du luxe et du plaisir. Mais elle est surtout religieuse, elle est avide de mystères, de symboles, de sacrifices sanglants. Aussi la voit-on l'une des premières en Gaule, mettre à la mode les tauroboles dont elle devient en quelque sorte la ville sainte. Cybèle, honorée en Asie-Mineure sous le nom de Mère Idéenne, à cause du Mont-Ida dont les innombrables pins lui étaient consacrés, n'était pas là dépaysée autant qu'on pourrait le croire. Le Glandas, socle auguste lui aussi, montagne héroïque, nourrit cet arbre au port élégant, à la veine si sensible au couteau, et que gonfle la résine, ce sang miraculeux. Il dut impressionner les légionnaires retour d'Asie pleins des mystères de l'Ida; accueillir et adopter la légende du bel Atys le Phrygien, aimé de la Déesse et changé par elle en un pin toujours vert. On peut se représenter ces nouveaux adeptes de Cybèle comme des *décadents* du polythéisme latin, en grippe avec l'ancien culte parce que trop simple et trop grave; comme des gens que n'amusait plus, suivant le mot spirituel de M. Vallentin « la timide Vénus, déesse à moitié chaste d'un Olympe à moitié vertueux ». Il faut dire qu'au même temps, Isis l'Egyptienne et Mithra le Persan voyaient également s'agenouiller des fidèles devant leurs autels, mais leur culte, assez craintif, ne paraît pas avoir gêné le culte devenu tout-puissant et en quelque sorte officiel de la Mère Idéenne. Cinq tauroboles attestent la ferveur voconce envers Cybèle. On en trouve la description dans différents ouvrages, mais ce qu'il importe de savoir à leur sujet, c'est que les sacrifices accomplis sur ces monuments visaient, comme l'a très judicieusement fait ressortir

(1) Un quartier de Die s'appelle encore le Palat.

M. l'abbé Jules Chevalier (1), à une sorte de régénération. Pour grossier et hideux que fût le symbole de ce prêtre recevant en pluie sur la tête, les épaules et dans les mains

LA CATHÉDRALE DE DIE

(1) Histoire de la ville de Die.

le sang d'un taureau, il n'en rappelle pas moins la tradition chrétienne. L'officiant, à l'issue de cette rouge cérémonie, se trouvait purifié pour toujours. L'oblation en l'honneur d'Atys le Phrygien consistait dans le sacrifice d'un bélier. Quelquefois le taureau et le bélier étaient immolés simultanément. Le plus grand des tauroboles de Die consacre précisément cette association symbolique, en montrant sur une de ses faces, sculptées avec un art très sûr, les têtes de ces animaux.

Die était donc, malgré son éloignement de la mer et d'un grand fleuve, une des villes privilégiées de la Gaule. Sans doute, elle le cédait de beaucoup en population, en richesse et en opulence à Lyon, à Vienne et à quelques autres villes majeures, mais elle n'avait guère de rivale dans les Alpes. On aime à se la représenter comme un groupe agreste et un peu fermé, maintenant de son mieux les types sociaux et les traditions du foyer voconce. Les bois, les vins, le miel, la poix et la résine y attiraient des trafiquants, mais, je le répète, on y venait en dévotion. On disait la ville de la Bonne Déesse, un peu comme on dit aujourd'hui le pèlerinage de telle ou telle Notre-Dame. Et les âges ne changent pas tant les hommes. Quel endroit mieux préparé pour la fondation d'une église ? La piété attire la piété et les religions se superposent. Les plus solides chrétiens ne se recrutaient pas parmi les indifférents du paganisme, mais parmi ses dévots, et c'est une des habiletés de l'Eglise d'avoir su faire siennes les attitudes et les passions du populaire. Saint Augustin recommande de ne pas exproprier brutalement le paganisme de ses temples, de ses autels, de ses images; il veut, au contraire, qu'on les fasse servir doucement aux desseins du Christ. Et voilà pourquoi nous pénétrons aujourd'hui dans la cathédrale de Die par un porche qui, peut-être, fut tout à la glorification de Cybèle.

Le Moyen âge, à qui l'énorme coûtait peu et qui maçonnait au besoin la montagne, bâtit et rebâtit d'une truelle inlassable dans la vallée de la Drôme, mais ici, pressé sans doute, il se borna à modifier et à ressemeler dans le sens de son architectonique. Sous les évêques, la ville était, dit-on, percée de douze portes ou poternes et flanquée d'un nombre considérable de tours. On y employa, pêle-mêle, sans les défigurer, sans les dépaïenniser, les matériaux de tous les monuments anciens. Ces pierres, petit à petit, se retrouvent, et chaque fois que la pioche en exhume, Die se sourit à elle-même.

Deux portes romaines donnaient jadis accès dans la ville. Sous le prétexte bouffon de donner de l'air à un quartier, la porte Saint-Pierre a été abattue. Il reste la porte Saint-Marcel, arc de triomphe de paternité fort douteuse, — et très joliment fruste, que l'on n'osera peut-être pas, celui-là, jeter par terre.

A part le très beau porche que l'on sait, présent durable de Cybèle à l'Eglise, la cathédrale, dépecée par La Tour-Gouvernet, pendant les guerres religieuses, et réédifiée au XVII° siècle, n'offre qu'un intérêt médiocre. Notons les stalles du chœur richement sculptées et la chaire renaissance. Le clocher, trop court, finit lâchement en un affreux campanile de fer. Quant à la citadelle, sise sur une sorte de terrasse d'où la vue plonge fort agréablement sur la ville et sur la vallée de la Drôme, ce n'est qu'un vaste champ de ruines.

Mais on userait sa vie à dénombrer les vieilles pierres qui, partout, lapident le sol d'ex-voto historiques et qui nous confient le secret de leurs joies et de leurs peines ; il faudrait parler des bancs publics, jadis orgueilleux bas-reliefs, et des fontaines ex-colonnes de temples ; il faudrait décrire les maisons romanes aux voûtes pesantes dont l'une, habitée justement par M. Joseph Reynaud, demeure si précise en ma mémoire autant pour son aimable archaïsme que par l'exquise hospitalité que j'y reçus :

Leur vestibule antique a des fraîcheurs de cave,

et je n'ai garde d'oublier à ce propos le doux poète Adrien Chevalier dans les yeux duquel rit un Voconce du temps des Césars. Il voulut bien me servir de guide toute une matinée à travers le vieux Die. O cette promenade émue, commencée en mangeant des raisins muscats dans des vignes poussées dans le décombre antique et finie en méditation pieuse devant le buste aux yeux tendrement clos de la comtesse de Die, canonisée en 1888 par les Félibres sainte patronne des Traditions et du Gai-sçavoir ! Deux heures, qui me parurent si courtes ! passées à défiler devant l'énigme des pierres ornées ou écrites, à suivre à travers le dédale ancien la trace des Flamines, à doubler l'angle vif et comme agressif des ruelles du Moyen âge, à baguenauder le long de la Meyrosse et de la Drôme, au fond de la plus agreste vallée.

Die abrite à peine quatre mille habitants, gens aussi peu amorphes que possible. On y tient en particulière estime les amuseurs, les buveurs, les casse-cou. Il existe à Die l'homme qui a mangé de tout, et il paraît que les digestions heureuses de ce Voconce n'ont pas d'histoire. Est-ce que cette force d'instinct et cette animalité plaisante, comblées par de tels goûts, ne ressuscitent pas toute une préhistoire endormie ? Des types, ces Diois ! aussi bien aux anciens jours qu'à notre époque. L'énergie de leurs syndics au Moyen âge, touchant les libertés de la commune, est légendaire. L'un d'eux, Albert Maurin, sorte d'Etienne Marcel, s'imprime dans les vieux souvenirs avec une netteté d'eauforte. Mais il y a aussi des figures plaisantes, hilares, tel le philanthrope Berton Gabert. Les auberges étant, paraît-il, très mal famées en 1437, et la loi, d'autre part, infligeant trop souvent le fouet aux pauvres ribaudes et aux femmes adultères, l'excellent homme ne trouva rien de mieux pour concilier la morale publique et sa pitié native, que de s'exproprier lui-même en faveur des filles de joie

Il y a un esprit diois et même une cuisine dioise (défarde, bijarde, etc.), un esprit dont les qualités pétillantes se rapprochent de la clairette. A ce propos, il est bon de rappeler que le vin poissé de Vienne que vante le vieux Dioscoride, — poissé peut-être avec de la poix vocontienne — et le *vinum dulce* de Die étaient déjà des crus classés au temps des Empereurs. La sensualité romaine s'émerveillait de ces vins d'Alpe — l'un, amer et chaud, l'autre doux et mousseux et procurant aux narines une chatouille délectable, — l'un vin d'estomac, l'autre vin de tête.

III

Le Diois, sec, crispé, sauvage, oriental, fourmille de beautés pittoresques. J'ai cité le Mont-Aiguille et Glandas. Il faut voir Glandas du cirque d'Archiane. Là, il s'idéalise en un envol de flèches, de dômes, de clochetons, de pilastres, de dentelures. C'est toute une gothicité flamboyante enfonçant dans le ciel son hymne exaspéré. On se prend à chercher des croix d'or aux cimes de ces flèches, aux sommets de ces tours, et on s'aperçoit que les statues manquent dans des niches de cent pieds et plus... Le paysage, écrasé de soleil, semble tout entier agenouillé devant cette merveille, et il y jase un rieu, plein de fougue, d'un vert d'émeraude, glacé au point qu'en y plongeant la main on ne pourrait pas compter jusqu'à dix. Les ours visitent quelquefois le cirque, dit-on, en touristes aussi, et histoire de s'y rouler, lit voluptueux et rare, dans les champs d'avoine. Un défilé de plus de dix kilomètres connu sous le nom de *défilé des Gas* s'ouvre dans le frais vallon de Châtillon en vue des escarpements de Glandas. Le Bez, l'une des branches mères de la Drôme, y a fait dans le calcaire l'une des plus singulières entailles des Alpes. A gauche, à droite, les vallons latéraux livrent passage aux rieux les plus fringants, les plus fous, tels le rif de Boulc, le rif Noir, dans des roches laissant à peine entre elles une fissure, le Charans au-dessus duquel on a suspendu cette route ravissante, nommée depuis Route Reynaud, du nom de celui qui, par son intelligente initiative, rendit possible ce beau et utile travail.

A quatre lieues de là, le bourg de Luc, vieille ville augustale, est justement fier de son Claps (claps, clapas — de *collapsus*, amas de pierres). En 1442, la montagne du Puey, haute de plus de onze cents mètres, se fendit soudain, oscilla, et toute son immense couronne de rochers bondit dans la Drôme, s'y écrasant en deux masses distinctes séparées entre elles par l'accident appelé Petit Lac. La rivière, barrée dans sa course, affolée et cherchant vainement à fuir, remonta vers sa source comme la rivière de l'Ecriture. En deux ou trois jours elle fit un lac de la plaine supérieure. Ce fut si subit et si terrible qu'on n'entendit plus parler de l'ancien Luc dont la forteresse féodale commandait ce point de la gorge. Même, certains auteurs, à peine convaincus de sa perte irrémédiable, s'attardent à chercher encore le vieux bourg. Le site créé par le Claps est aussi farouche qu'inimaginable. On dirait un théâtre antique sur lequel se jouerait un drame ayant pour personnages éternels les blocs mis en scène par la catastrophe. Vision lunaire, dantesque. Quand la Drôme est en belles eaux, quand, d'un bond furieux, elle saute du plan du lac supérieur dans celui du petit lac, on croit vraiment entendre déclamer et rugir ces fantômes de pierre. Le chemin de fer et la route ont quelque peu saboté le Claps — pas trop. La route s'inscrit dans la courbe immense de la scène et de son large ruban éployé, lui fait comme un couloir de dégagement. Quant au chemin de fer, il s'illustre, en vue de cette arène grandiose d'un pont aérien qui domine de près de 50 mètres les fouilles et les ondes effervescentes de la rivière courroucée. Le pont franchi, la voie glisse aussitôt dans le four d'un tunnel.

Les gens de Luc boivent l'eau d'une fontaine dont le bas-

CASCADE DE LA DRUISE

sin est un sarcophage contemporain peut-être de Trogue-Pompée dont la famille était originaire de Luc. Quelles amères réflexions pour le passant, et quel torrent d'ironie pour un Parisien que ce sépulcre dont, parfois, des fillettes juchées sur de grosses pierres, boivent à même l'eau parfaitement limpide et assurément délicieuse.

Sur la route de Crest, s'ouvrent les vallées sauvages de Quint et de la Roanne, s'accrochent aux rochers latéraux des villages farouches que dominent leurs citadelles fauves aux entrailles étalées. C'est Pontaix, dont les maisons fortes habituées à tous les drames des vieux sièges, trempent leurs pieds dans la rivière si souvent teinte de sang. C'est Saillans, qui a peine à s'asseoir sur sa berge rocheuse, dans un étranglement où l'on étoufferait n'était le vent *solaure* — le vent du soleil. Vieille station romaine de la voie de Milan à Vienne par le mont Genèvre, Saint-Géraud, curieuse âme auvergnate — idéal et affaires — semant à tout vent la graine pieuse et rêvant de mettre partout dans ses meubles l'ordre de Saint-Benoît, y fondait, dit-on, un monastère autour duquel vint se grouper petit à petit le bourg féodal. Saillans, qui récolte les plus savoureuses pêches et qui a pour les arroser un si joli vin, contemple aussi la plus fière montagne : Rochecourbe aux trois becs soulevés en proue contre l'escarpe du Diois. Maurice-Faure, le meilleur de ses fils, l'a doté d'une mairie charmante décorée dans le goût rustique par les peintres Eymieu, Audra et Cornillon-Barnave, et il éprouve, à embellir son bourg natal, la joie païenne d'un Léon X.

A Blacons, la Drôme absorbe la Gervanne — autre étonnante rivière casse-cou. Dans les gorges d'Omblèze où elle court, on rêve des crispations de la matière quand l'Alpe se débrouilla, et la catastrophe, quand le vent sournois de la montagne s'en mêle, ne semble qu'en suspens. Des blocs prodigieux çà et là menacent, et il semble qu'il ne faut plus qu'un coup de pouce pour les faire choir, pour abolir ce qui est. Mais quelle gaieté à côté de cet effroi ! C'est la grande avec la petite *Pissoire*, avec d'autres *Pissou*. Ce sont les cascades qui vous douchent sur le chemin, si vous n'y prenez garde. Puis, c'est le cirque d'Ansage, et puis... c'est l'épouvante. La rivière qui l'instant d'avant, glissait en riant sous les saules, s'abat tout d'un coup de plus de quarante mètres, entre des rocs recouverts de verdure. On appelle cette chute le Saut de la *Druise*. On remarque dans les environs l'intrépide village de Plan de Baix au pied du Velan entouré d'abîmes et Beaufort, vieille aire féodale, où le graveur Adrien Didier vient passer la saison chaude. Il s'y délasse de son art en taquinant la muse, la muse fruste des bords de la Gervanne, qui parle gavot, porte le cotillon de toile et le bonnet chiffonné.

IV

Ayant traversé Aouste (Augusta), qui n'a d'auguste que le nom, la Drôme baigne la ville de Crest, reine de la vallée. Crest, petite mais hautaine, avec le cube énorme de sa tour énonçant tout d'un trait une époque et totalisant le paysage, avec ses maisons blanches ou fanées, ses volets gris, ses volets verts, ses toits plats couleur feuille morte, son quai si clair le long de la Drôme charriant du soleil, vraie vision de Toscane, reste inoubliable dans le souvenir.

La ville, appuyée contre une singulière roche coquillière, terminaison de la *Raye*, sert d'heureux amortissement à cette chaîne roide et droite — qui barre l'immense plaine de Valence. Ce décor symbolique de jadis, enté sur l'alpe architecturale, crée dans le paysage une harmonie dont l'œil ne se lasse de jouir. Et il est le fait de gens qui ne songeaient qu'à batailler !

Les hauteurs voisines couvertes de bois font à la ville une ceinture agreste et mouvementée. En face, ce sont les chênaies de Divajeu, maigres et comme inquiètes des ressauts de la forêt de Saou. Les mûriers, quant ils ne font pas l'exercice en sections irréprochables dans la plaine, pomponnent de touches rudes le vert pâle des vignes sur les coteaux, et de hauts cyprès bronzent de mélancolie les jardins suspendus où se plaît l'humeur capricante d'une population vive et hardie.

Crest (*crista*, crête) est un de ces noms qui parlent à l'imagination, comme en trouvaient d'instinct nos ancêtres, en regardant tout simplement dans la nature. Le Crest en Auvergne, le Crestet dans le Comtat, et quelques analogues ne signifient pas autre chose. En particulier, notre roche crestoise, dont la haute tour festonne et double en quelque sorte le caroncule, coquerique avec un rare bonheur.

Comme Die, plus que Die, Crest a toujours abondé en esprits hardis et singuliers. Quelle audace et quelle prescience chez ce Nicolas Barnaud, né ici vers 1530, et qui se met à courir l'Europe, autant par folie aventureuse que par crainte de *brûlement* ! Médecin, il cherche la pierre philosophale. Cela fait rire aujourd'hui comme si notre science était définitive, comme si nous étions sûrs qu'on ne rira pas de nous demain. Mais l'alchimie est l'aïeule de notre chimie, aïeule vénérable et point tant radoteuse qu'on se l'imagine. Alchimistes, astrologues, sorciers mêmes, tous disciples lointains et peut-être inconscients des initiés de Memphis et d'Hieropolis, préparent en cachette les miracles qui font notre orgueil. Trop dédaigneux de la vieille science hermétique, nos compatriotes eussent sans doute oublié Barnaud sans deux ouvrages qu'on lui attribue et où sa sagesse prophétique a pressenti nos destins et les formes sociales du pouvoir actuel. Le roi, dit-il, est seulement premier serviteur du royaume qui n'a pour maître et seigneur que le peuple. Et ce n'est là qu'un de ses moindres vœux, car il demande encore l'accessibilité de tous aux emplois publics, l'impôt sur le revenu, le service militaire obligatoire...

Et qui ne connaît le beau poète Fabre des Essarts devenu patriarche de l'*Eglise gnostique* par la grâce des saints Eons ? Il flirte avec les puissances surnaturelles et il dégage de la magie. Il eût fait merveille au XVe ou au XVIe siècle, car il a la flamme de Jean Huss, l'intrépidité de Zwingle, l'imagination poétique de Luther. Quel gaspillage de dons parmi nos indifférences ! Voyez plutôt le père Hyacinthe, si poétiquement et si harmonieusement construit. Pour réussir, une religion veut être persécutée. Or, qui songe à brûler seulement en effigie le cher hérésiarque aux yeux de sortilège ?

C'est surtout au XIXe siècle que l'âme crestoise se dilate, qu'elle nous dévoile avec des poètes qui ont su rester de leur pays, ses grâces naturelles, les coins fleuris de son intimité. Considérons dans son ensemble l'œuvre poétique des patoisants — le cycle drômois. Elle est saine et vigoureuse et rappelle par certains côtés la terre natale : sol difficile, mais où les noyers, hauts comme des temples, bombent par delà vignes et vergers leurs dômes majestueux, où dans les fermes, les frigolettes et les aspics, pâmés sous le soleil, exhalent leur âme excessive. Elle a des largeurs de vallée sur lesquelles passe en rafales la bise pénétrante et vive, de beaux pans de ciel bleu où, à l'occasion, se lutinent les nuées. Et les prairies ne lui manquent pas, lacs de repos et de fraîcheur où l'on peut cueillir à brassées les fleurettes qui parlent d'amour : boutons d'or et marguerites.

Il y a là pour le moins deux douzaines de poètes ou chansonniers qui, s'ils ne sont pas tous de Crest ou de ses environs immédiats, regardent cette petite ville comme un foyer traditionnel de maintenance.

Aucun de ces poètes n'a voulu faire tort à la langue française. Aucun, non plus, n'a voulu étonner, n'a cherché à faire de la science, pas même l'abbé Moutier, mort à Etoile dont il était le curé, chez qui pourtant le poète se double d'un philosophe accompli.

A l'heure présente, on s'occupe avec passion des théâtres populaires. De généreux esprits, en réaction ouverte contre le mauvais goût et la niaiserie de la plupart des spectacles offerts à la foule calomniée, jugée indigne, se font gloire d'aller au peuple et prétendent tirer de ses intimités profondes de quoi rénover ses mœurs, de quoi alléger sa peine par l'attrait d'une joie nouvelle. C'est ainsi que sont nés, à l'exemple des nombreux « Volkstheater » de la rêveuse Allemagne où les paysans jouent surtout des mystères, les théâtres poitevins, bretons, et surtout vosgiens. Mais l'idée ne date pas précisément d'hier et le Crestois Roch Grivel la mettait en pratique voici près de soixante ans. C'est, en effet, le 6 avril 1856, qu'il fit représenter pour la première fois sur le théâtre de sa ville natale : *Suzette Trincolier*, comédie en un acte et en vers. Tout de suite la foule fut prise, charmée, et naturellement voulut davantage. Alors, il donna en 1857 : *Un moussu souque fa* (un parvenu), qui offre quelques traits avec *Le Bourgeois gentilhomme*; en 1863, *lou Sourcier de Vaunaveys*. Mais il semble que *Lo Corcovelado*, dont le titre rappelle un quartier lépreux du vieux Crest, ait fourni sa meilleure matière à cet ouvrier tisserand qui maniait aussi bien la navette que la plume.

Rangeons sous le vert platane de la poésie rustique : Laurent Mognat, conteur et fabuliste; Joseph Grivel; Léopold Bouvat, auteur des poèmes crestois, et habile ciseleur de sonnets; Henri Sibourg, le zélé démocrate, « l'âme chantante de Loriol et de Livron. »

En 1885, parut l'*Armagna doufineu*, tambour public du félibrige drômois, mais déjà Morice Viel, un lettré de haut lignage et un artiste comme nos époques impatientes n'en produisent plus, avait donné l'essor du haut de son menu et saisissant Puygiron, à l'*Alouette dauphinoise*. Frédéric Mistral, Fabre des Essarts, Martial-Moulin, Auguste Fourès, Joséphin Soulary, Elzéar Jouveau, l'abbé Moutier, Guillaume-Bonaparte Wyse, Jules Saint-Rémy, Zénon Fière, Maurice Champavier, Ernest Chalamel, Charles Formentin, le sensible et mystique Louis Le Cardonnel, tels étaient les collaborateurs qu'elle abritait sous son aile légère. C'était le beau temps d'impatience et d'enthousiasme où, cueillant des palmes dans tous les concours, la jeune phalange rêvait d'instaurer la renaissance littéraire partout où fleurit le symbole du dauphin aurore et azur.

Depuis, ah ! depuis... chacun a suivi sa chimère, et la gentille Alouette et le bon Almanach ne sont plus, mais non pas le félibrige...

Almoric, reprenant à son compte les idées de Grivel, fait du théâtre, et il puise tout bonnement comme ce dernier dans l'intarissable fonds populaire. Seulement, à la différence de Grivel, son théâtre, tout rustique, se passe des artifices de la scène, et se trouve ainsi beaucoup plus près du peuple dont il a en vue l'éducation morale. Un dimanche, un jour de fête, soudain un tambour bat dans un village. C'est la *Joyeuse troupe félibréenne des rives de Granette* (1) qui s'annonce, qui va donner en plein air, sous les chênes ou sous les mûriers, un spectacle, une pièce de son répertoire. Les acteurs, des paysans, sont gens qui sentent ce qu'ils disent et quelques-uns d'entre eux, ont, comme cet Almoric au nom d'une joliesse chimérique n'est-ce pas ? — et comme Louis Fraud, une réelle influence sociale. Ils ont notamment développé avec le concours d'un gentilhomme qui ne craint pas d'afficher sa liaison avec la terre, M. de Gailhard-Bancel, le système des syndicats agricoles.

Ces courtes observations sur le mouvement littéraire dialectal m'amènent à rappeler le nom de deux Crestois. Si M. J. Brun-Durand n'a rien écrit en langage vulgaire, et si Maurice Champavier n'a donné qu'un petit nombre de pièces patoises, ces deux écrivains, l'un par sa science, l'autre par ses contes et ses rêveries poétiques, n'en ont pas moins servi la cause provinciale aussi utilement que le plus obstiné mainteneur. Ajoutons, pour finir, que trois personnalités féminines des plus distinguées sont nées à Crest au XIX° siècle : Claire de Chandeneux (Emma Bérenger), romancier, Mme Adrienne Clément, statuaire plein de sentiment et de verve, et Mme Nanny Adam, peintre des crépuscules.

Crest, — *la plassa forte et imprenable* (2) — contre laquelle vint se briser la rage de Simon de Montfort, eut une grande importance au Moyen âge. Aymar du Rivail, le vieil annaliste dauphinois, familiarisé pourtant avec ces décors héroïques, écrit au XVI° siècle : « Ce château l'emporte sur tous ceux que nous ayons jamais vus. » Résidence et ancienne cour majeure des comtes de Valentinois et de Diois, atelier monétaire, prison du roi qui s'en servait au XVII° et au XVIII° siècle comme d'une vulgaire Bastille, maison de correction, caserne, geôle militaire, et de nouveau prison où furent enfermés en 1851 plus de trois cents hommes pour leur résistance au coup d'Etat, la citadelle de Crest, dont Richelieu ne laissa subsister que le donjon, en a vu de

(1) Du nom de la rivière Granette, qui arrose Grâne et se jette dans la Drôme.
(2) Chronique albigeoise.

grises et de rouges à toutes les époques. Un immense escalier de bois, auquel on donne plusieurs siècles, mène à ses diffé-

CREST : INTÉRIEUR DE LA TOUR

rents étages. Du haut balcon qui couronne le faîte, ayant à ses pieds la plaine de la Drôme, en amont ses détours, en aval ses délires parmi des sables réverbérants, ses villages haut perchés, semblables à des fauves à l'affût, ici près, la ville entière précipitée en casse-cou jusqu'à la Drôme, toute une indolence qui s'accoude à la roche et qui se chauffe au soleil, la conque de la vallée emplie jusqu'aux bords, jusqu'aux arabesques mauves des collines à l'horizon par une atmosphère fine, le passant jubile dans ses yeux et dans son cœur, ce pendant que lui monte aux narines, avec l'odeur des cyprès, comme un vague et lointain arome de force et de domination. Au bout du pont de la Drôme, sur un large et placide carrefour campagnard, se dresse un beau paysan de marbre tenant un fusil dans sa main crispée. L'œuvre, due au sculpteur Bouval, symbolise la résistance républicaine à l'endroit où elle livra, en 1851, contre les troupes régulières un combat désespéré.

La tour de Crest n'arrête plus l'élan des cavaleries héroïques, mais qui douterait de son pouvoir à la considérer du haut de quelque tertre lointain ? Tout chemin par ces terres moutonnantes semble un ruban neuf dévidé par son caprice. En signalant Crest, le paysan qui chemine dit : la Tour. Rendons hommage à cette idée simple.

Parmi les curiosités que ces rubans de route attirent et rattachent en quelque sorte aux destins du vieux donjon, la forêt de Saou peut se conquérir en un jour. En face de Crest, à cinq lieues du Rhône, ces montagnes menant leur ronde éperdue sans intervalle entre elles, sans échappée visible, montrent bien que parfois la nature a ses jeux — qui sont formidables. Tout de même — et cela n'étonne pas peu — on force ce rond, on entre dans la danse, on s'insinue dans ce bassin retranché de la vie ambiante, mais par quels passages ! L'un, entaille du Nord, dans la direction d'Aouste, c'est le Pas de Lausens; l'autre, fissure méridionale, vers le village de Saou, c'est le Pertuis de la Forêt. Ce dernier, plus pratiqué, est aussi plus sensationnel. La pure Vèbre, eau enfant, eau de cache-cache comme telle font du Royannais ou du Vercors, défend, en noyant son seuil, la porte de mystère.

Nos pères identifiaient volontiers le site avec un vaisseau de haut bord, voguant de l'Occident à l'Orient. La proue, harmonieuse, façonnée en bravade à l'instar des galères royales, pointant un triple rostre à quelque 1.600 mètres au-dessus des mers. La poupe, abaissée à 888 mètres, moins ouvragée, arrondie, massive, accompagnée du vert sillage des collines. On la compare aussi à une corbeille, et l'image n'est ni moins réelle, ni moins séduisante. Car, si extérieurement, les roches ne présentent qu'à-pics et bastions infranchissables, elles offrent à l'intérieur des pentes douces, tapissées de bois, feutrées de douillets alpages, où sans avoir à frémir du loup, du lynx ou de l'ours, fort communs jadis, bœufs, vaches, moutons et chèvres paissent le bonheur.

Parfois, un cri rauque sillonne douloureusement le calme immense : c'est l'aigle dérangé à la vue d'un pâtre, ou bien la corneille qui conspue à sa manière le logis rococo enfoui dans les profondeurs de la « corbeille ». Ce château de carton, fardé, grimé, vieillot, trivial, incapable de laisser après soi une seule pierre honorable, fut longtemps un fief de Crémieux, l'hilarant commis-voyageur de la Défense nationale. Il l'avait baptisé la *Villa Tibur* (1), ce qui prouve à la rigueur ses humanités, et il y reçut un jour Gambetta. Si l'on s'en rapporte à la tradition, le tribun aurait escaladé Rochecourbe après Bonaparte, et souri lui aussi, en « voyant l'Europe à ses pieds », à des rêves non moins léonins de liberté et de fraternité universelles. Crémieux, situant d'instinct les haltes de sa vie extraordinairement fiévreuse et dispersée entre ces monts étranges, dans cette cuve d'alpe où tout semble en retard sur le temps, ne penchait-il pas vers une sagesse inconnue de la plupart des politiciens ? A Saou, l'on se souvient du bonhomme ami de tout le monde, — de l'évêque comme du dernier paysan, — brusque, généreux, remplissant à lui seul ce canton grave, et on lui pardonne *Tibur* pour sa liaison ingénue avec la montagne, pour les ponts qu'il a jetés et les chemins qu'il a ouverts.

Glandas, acropole sereine, est trop empêtré d'avant-monts et ne se juge pas d'ensemble. Ventoux, magnifiquement isolé, n'est que carrure. La forêt de Saou a l'isolement avec des grâces mouvantes et des traits de femme. A distance, elle est, plus qu'aucune autre montagne, souple, exquise, tendrement azurée. Vers Tain, en amont de Valence, on s'éjouit de surprendre à l'horizon ces lignes pures et harmonieuses qui vous accompagneront avec cérémonie vingt lieues durant, passé Donzère, passé Pierrelatte jusqu'au point où le Rhône dit adieu à la terre dauphinoise, et l'on s'oublie à les poursuivre encore, comme l'ombre d'une amante ou d'une

(1) Il avait acquis le domaine en 1850.

fée, alors qu'elles se sont pour toujours évanouies. Mais l'ascension, très facile, surtout enchante, car Rochecourbe est un « œil », pour employer l'image orientale, et cet œil qui soupçonne Lyon en des limbes de brume d'où le fleuve soutire tout à coup son flot d'argent mat, surveille aussi la horde des monts va-nu-pieds rués sur le Diois. A perte de vue, serres et rocs, courant à se dépasser, se défient, se heurtent, se broient, se piétinent. C'est la canaille du calcaire, nue, féroce, qui compte sur le vent lombard, fameux porteur d'eau, pour rapiécer ses guenilles, qui n'a rien à perdre et qui n'a peur de rien, qui secoue à les jeter par terre les pauvres, les faméliques villages hissés tant bien que mal sur son dos. Couspeau (1), têtu comme une ligne droite, impassible comme une gendarmerie, l'affronte et en préserve la plaine.

On sort de la forêt de Saou l'esprit escorté par des visions que les roches, avec leurs attitudes fantastiques, leurs masques de peur, rendent quasiment réelles, palpables. La Vèbre, que l'on suit tantôt de près, tantôt à une certaine distance, murmure ses vertus. Elles sont merveilleuses à l'égal de celles de la fontaine de Brocéliante. On dit encore d'un homme fort, qu'il a bu des eaux de Vèbre, et plonger un enfant nouveau-né dans cette onde cristalline, c'est le rendre inattaquable, voire invulnérable. Lisérant d'un glissement clair le vert rude de prairies qui furent lac, puis marais, ce ruisseau court ensuite à la plaine embrasser le Roubion, son père morne et souvent colère.

« Il est défendu de trotter dans la ville de Saou. » On a envie de rire, et pourtant, comme il a raison cet avis municipal placardé au sein du plus vieillot, du plus pauvre carrefour ! Le bruit, le mouvement, attristent comme un viol parmi les choses défuntes, et il m'a semblé que, d'elles-même les bêtes respectaient à Saou ce silence des vieux pavés, des vieux murs, dont la mousse même ne veut plus; qu'elles sentaient obscurément la résignation des vieilles gens assis sur des chaises branlantes devant des portails las du heurtoir et de la moulure, ces portails dont les chatières démesurément agrandies servent d'embuscade à des matous élimés. Et partout, le rire frais de l'eau qui semble se moquer de ces vieilles choses, de ces rides !

La ville de Saou, puisque ville il y a, possède les ruines intéressantes de l'abbaye de Saint-Tiers, une église très an-

(1) Chaîne de montagnes du Val-Bourdeaux (1.585 mètres).

cienne, de vieux logis, entre tous lesquels se distingue l'Hôtel d'Eurre, ex-maison forte, situé pittoresquement au pied d'une formidable quille calcaire.

Avec Divajeu, située en face de Crest, les communes de Chabrillan et de Grâne accaparent la rive gauche de la Drôme, remplie de cachettes pour bergers idylliques, de vallons d'églogue aux fontaines doucement murmurantes, de jardins et de bois suspendus. La plus jolie fille de ces roches rousses s'appelle Granette, riviérette aux bords délicieux hantés d'ordinaire par les butineurs de rêves de la joyeuse troupe félibréenne. Chabrillan était un fief des comtes de Valentinois. La terre, achetée par Louis XI, fut presque aussitôt échangée contre le domaine de Pierrelatte, possédé par les Moreton. Ces derniers acquirent de si grands biens que les commères pensent flétrir encore certains dissipateurs en disant d'eux *qu'ils mangeraient la fortune à M. de Chabrillan*. Le château, complètement ruiné, protège de ses pans charitables l'épine et le chardon contre les vents du Nord. La chapelle de Saint-Pierre, reste d'un prieuré d'Augustins, monument historique, est l'un des nombreux exemplaires de ce style roman campagnard en usage autrefois dans la région.

Grâne, où les Valentinois viennent en frairie, est un vieux bourg propret, un peu dégingandé par tradition féodale et curieux avec sa flèche armoricaine ornée de crosses végétales, à la cime épanouie de bulbes, avec ses maisons chenues, sa tour aux tons chauds que les comtes de Valentinois marquèrent de leur empreinte. Un espace vide porte le nom de Chambre de la Dame, et ce fut, dit-on, l'appartement de Diane de Poitiers. En face de Grâne, sur les hauteurs de la rive droite, Allex, terrasse en belle vue, déroule devant soi le tapis le plus frais, parsemé de villas et de gentilhommières, soulevé d'assombrissants massifs d'aulnes, de frênes, d'ormes et de chênes. De maladroits tire-lignes ont fait perdre son grand caractère au château édifié ici au XVIIIe siècle par les La Tour du Pin Gouvernet. Au domaine de *l'Isle* mourut l'agronome Rigaud qui conquit des centaines d'hectares à l'agriculture sur les sables et les délaissés de la Drôme. Aux *Ramières*, propriété de M. Gailhard-Bancel, l'air du pays se retrouve dans la demeure très simple, construite en molasse de Grâne, cette pierre couleur feuille morte, raboteuse et piquée, qui ne semble jamais neuve et qui dore les granges comme d'un reflet du bon vieux temps. Je ne dirais rien de *Vermenelle* et d'*Aiguebonne*, fermes perdues parmi l'ondulation du plateau nord, si ce n'avaient été deux *Bâties*. C'est dans la seconde que naquit *Chaudebonne*, galant coureur de ruelles et « le meilleur des amis de Mme de Rambouillet ».

Face au Rhône, deux monstres de pierre, d'inégale stature, et fort tronqués depuis, gardaient notre avenue d'Alpe. J'ai cité Livron et Loriol qui doivent dater de longtemps, si l'on en juge par les avantages de leur double position sur la Drôme et sur le grand chemin des peuples. Mais des deux cités huguenotes, Livron seul a gardé l'air en dessous. Elle est aussi la plus célèbre. Au Moyen âge, la légende y pousse une jolie pointe bleue. Cette fois, c'est un Anglais à l'âme d'enfant, quoique maréchal du royaume d'Arles, le doux Gervais de Tilisbery, qui s'est laissé éblouir : « Il y a, dit-il, à Livron, une tour merveilleuse, car les sentinelles qu'on y place, invinciblement charmées par un sommeil étrange, sont chaque nuit transportées par des génies au pied du coteau. A leur réveil, elles n'ont aucun souvenir de leur aventure. » Gervais ajoute qu'il a été témoin de l'enchantement. En 1633, Louis XIII fit démolir le château qui avait jusque-là, tant bien que mal, résisté à toutes les révolutions. L'intérêt de la chronique livronnaise se concentre tout entier dans le fameux siège de 1574. Durant sept mois la ville fut investie par vingt mille reîtres. Rien n'en put venir à bout, ni l'aboi meurtrier des canons, ni les assauts répétés. Enfin Henri III accourt d'Avignon dans une nuée odorante et rose de mignons et de courtisans. Il pense tout réparer par sa présence. A cette vue, la population hâve et famélique n'y tient plus. Elle se précipite aux murailles et décharge sa bile en mots terribles sur le roi et son armée. Même, pendant que des coups s'échangent entre assiégeants et assiégés, une vieille femme, assise sur le rempart, file tranquillement sa quenouille — cruelle ironie ! Le roi, poignardé par le ridicule, s'enfuit précipitamment. « C'est de ce moment, dit Sully, qu'on peut dater ses malheurs et son ignominie. »

Ce Livron, basané de peau, vu de la plaine, paraît conforme à sa prouesse. Les rues hautes sont assez scabreuses pour que, l'imagination aidant, l'on croie que les fumées du siège de 1574 viennent à peine d'en sortir. Le cimetière suspendu sur le bourg lui rappelle trop qu'il n'est que poussière. Par exemple, retenez-en la vue que masquent à peine les cyprès incorruptibles, ces cyprès du Midi d'autant plus beaux qu'ils se nourrissent de la mort. C'est la vallée du Rhône chevauchée par son fleuve, ses lônes d'un vert dense, ses terres qui respirent en ondulations infinies, ses vergers, ses vignes, ses bois, ses granges, l'espace dru, rempli de la bonté du ciel. Le vignoble de Livron était très renommé. Le cru de *Brezème* et celui de la *Rollière*, dont on voit le château s'écarter au large, valaient presque l'Hermitage aux yeux du connaisseur.

Loriol est un bourg d'apparence tout à fait moderne avec ses bonnes grosses maisons avenantes de propriétaires cultivateurs. Son château, séjour préféré d'Antoine de Balsac, évêque de Valence, fut rasé ainsi que ses murailles en 1581. Des ruelles de souffrance, sur lesquelles, sans façon, des étages ont sauté, sont tout ce qui reste de l'ancien Loriol, pelotonné comme tous les bourgs anciens. Une de ses rues n'a pas peur. Elle s'appelle tout bonnement rue d'*Aurélien*. Pur cabotinage municipal. Aurélien, sans doute, malgré son surnom aventureux (1), n'a jamais eu affaire ici, et peut-être vaut-il mieux, après tout, descendre d'un oiseau que d'un empereur. Qui ne sait, en effet, dans la Drôme, que le loriot, *oriolus*, le gentil oiselet à la livrée d'or, chante Loriol à plein gosier et figure dans ses armes ingénues ?

Terres jumelles de l'évêque de Valence, Loriol et Livron eurent des destinées à peu près identiques. A toutes les époques de l'histoire, ces deux gardes du corps de notre vallée se font des signes à travers la Drôme, obéissent ou désobéissent aux mêmes maîtres. Loriol a fait figure au temps des diligences. C'était alors un plaisant et bruyant embarcadère de pataches jaune d'œuf, de cabriolets, de tapecus, de carrioles de tous les âges et de toutes les formes. L'on vous y transportait pour tous pays chaque jour et à toute heure, en vous recommandant sans doute de prendre garde à la secousse. Rien n'allait plus vite dans le département, et rien n'était plus économique. Ces carrioles, mon grand-oncle m'en parlait souvent en me racontant des histoires qui n'étaient pas toutes inventées. C'est un monopole qui ne reviendra plus. Mais le loriot d'or familier, posé sur la colline comme sur l'épaule de la contrée, charme toujours la terre de ses trilles et berce la peine du laboureur.

(1) *Aurelianus manus ad ferrum* : Aurélien fer en main.

NYONS : CRÉNEAUX DE LA TOUR DE RANDONNE

LE LONG DE L'AYGUES
Chemin d'Annibal

Ço que l'on douno, flouris,
Ço que l'on manjo pourris.

A Émile Revellat.

I

Misérables et dépenaillés sont les monts qui se cabrent entre les sources de la Drôme et celles de l'Aygues — sources tout à fait voisines d'ailleurs si l'on prend pour tête de l'Aygues les premières fontaines de l'Oule, une de ses branches mères. Ce val de l'Aygues, tout en encaissements, en étranglements, en défilés, est aussi sauvage et à peine moins pittoresque que celui de la Drôme. La rivière, aux fréquents déluges dus au déboisement de la montagne, couture une contrée nue, sèche, odorante, illuminée, dont le miel et les fruits de confiserie, la prune surtout — une incomparable et fondante reine-claude — constituent l'extra de ses maigres revenus. Les rochers pressent si furieusement la rivière à Saint-May que la route de Nyons à Serres, qui jusque-là lui doublait le pas, se voit contrainte de lui fausser compagnie et court se cacher sous un tunnel. Plus bas, conflue le vallon du Bentrix conduisant par Condorcet et Saint-Ferréol dans la gorge de Trente-Pas, couloir frais et grandiose, que la nature semble avoir ouvert tout exprès entre le Nord et le Midi. En une simple promenade, on peut descendre en effet des alpages d'Angèle ou de Couspeau dans la région chaude de l'olivier.

Les villages sont rares dans ces cantons fauves, et ils soulignent presque toujours un site féodal. Sur l'Oule : la Motte-Chalancon, Cornillac, Cornillon, La Charce, berceau d'une illustre famille; sur l'Ennuye : Gouvernet et sa tour morose dans le paysage le plus languissant, Sainte-Jalle qui possède une chapelle romane du XIIe siècle et quelques réserves d'ortolans, ce qui vaut toujours le pèlerinage; sur l'Aygues, Sahune en belle vue et Villeperdrix masqué par ses rochers, Aubres et surtout les Pilles où le torrent contracté passe sous un pont ancien, si désuet et si léger que l'on le voudrait prendre en passant sous son bras.

Au tournant de la gorge du col de Devès qui marque l'arrivée soudaine de l'Aygues dans une plaine provençale, la petite ville de Nyons qui fut peut-être phocéenne comme les Pilles (Pylos?), s'allonge sur la rive droite à l'endroit où la montagne s'écarte comme pour lui laisser le plus d'espace et de lumière. Avec son arche du XIVe siècle en dos d'âne, Nyons ouvre une porte rustique sur un jardin qui n'en finit plus. L'œil, habitué aux visions dures et rétrécies du défilé, en reçoit comme un vertige. Le moutonnement des vignes et des vergers, l'ondoiement des prairies, les montagnes partout voilées de la gaze tendre des oliviers, la vue des arbres sombres, des granges roses, des villages hirsutes « à mi-chemin du ciel » comme les aime Champavier, l'aveuglante rivière elle-même, semblable de haut avec ses cailloux blancs à quelque avenue triomphale criblée de dragées, gonflent le cœur d'une joie totale, révèlent que la nature, après ses crises, revient toujours à l'harmonie.

Annibal est passé par là... Qui de nous, en apprenant les éléments de l'histoire, n'a éprouvé dans son cœur une lointaine sympathie pour le Carthaginois, qui n'a supputé ses étapes en Gaule, l'imagination montée en croupe et galopant avec les brillants cavaliers numides, encadrés d'éléphants, tours ambulantes et offensives ? Il n'est pas d'érudit, de stratège que la question n'ait passionné dans tous les temps et qui n'ait proposé son système en couvrant de ridicule les dissertations déjà connues.

Annibal est passé par là... Je veux dire par la vallée de l'Aygues. C'est du moins M. Louis Montlahuc qui l'affirme et comme sa thèse (1) s'inspire autant de l'érudition que de l'expérience, il n'en coûte guère de se ranger à son système et d'adopter ses conclusions. L'auteur a consacré vingt ans de sa vie à étudier la question, il connaît toutes les vallées et tous les cols de nos petites Alpes, et, avec un flair tout dauphinois, il évente les traces cathaginoises et nous mène à la suite du guerrier dans la plaine du Pô.

M. Montlahuc dénonce plaisamment le cas de ces historiens en chambre qui mettant en pratique le proverbe : Tout chemin mène à Rome, ont eux-mêmes, et sans avoir jamais foulé un pays d'alpe, tracé expressément son chemin à Annibal. N'ayant pas réussi à découvrir la rivière appelée *Scoras* par Polybe, ils s'en prennent au texte même : *Scoras*, c'est une erreur de copiste, écrivent-ils, c'est Isaras (l'Isère) que Polybe aura voulu mettre.

Or, la grande affaire était de retrouver ce Scoras, mais de façon probe et sans accuser les textes. Or ce Scoras, c'est l'Aygues dont la dénomination ancienne transparaît dans l'Esclate *(Scoras lata),* une des branches mères de la rivière de Nyons. Quant au fameux delta où Annibal put reprendre haleine et que les taupes scientistes n'ont pas réussi davantage à retrouver, n'est-ce pas de toute évidence, comme nous le démontre M. Béretta (2), la région magnifiquement plantureuse qui s'espace entre le Ventoux et le Rhône d'une part, entre l'Aygues et la Durance de l'autre, région rafraîchie comme nulle autre par le réseau des Sorgues et des Sorguettes, égayée par l'éclat de rire des plus belles fontaines ?

C'est probablement du haut du col de Clapier, près du mont Cenis, comme le croit M. le marquis de la Baume Dupuy-Montbrun, que le Carthaginois fit contempler à ses soldats exténués le splendide panorama des plaines d'Italie.

Archaïque et joli tout plein ce Nyons dont les Lyonnais attachés et prudents veulent faire leur petit trou pas cher. Le papa Cherbuliez, Genevois de naissance et de lettres, l'aimait comme la Suisse. A Nyons, il fait aussi bon qu'à Nice

---

(1) *Le vrai chemin d'Annibal à travers les Alpes,* 1 vol. ; Société libre d'Edition des Gens de Lettres, 12, rue d'Ulm (1896).

(2) Toponymie de la Drôme (*Bulletin d'Archéologie et de Statistique de la Drôme*, 168e fascicule).

l'hiver, et, meilleur l'été grâce au vent Pontias, que saint Césaire, pitoyable à ce pays opprimé par le soleil, apporta, dit-on, de la mer dans son gant. Lauriers-roses et palmiers poussent facilement en pleine terre et les gens qui préfèrent au travail le jeu de boules, et au jeu de boules le dormir, se donnent aussi peu de mal que possible pour la cultiver.

Qu'es pas fegnan, qu'es pas gourman
Qu'un tron de Dieu lou cure !

chantait Bigot de Nîmes. Le refrain n'a eu aucun mal, je pense, à s'acclimater sur les bords de l'Aygues.

Le pont, aussi miraculeusement léger qu'incommode, est la curiosité de Nyons, mais il ne faut pas craindre de grimper comme font les chèvres et comme je fis un jour en compagnie d'Henry Bonnet, éternel *barrulaire*, au quartier des Forts, composé de ruelles généralement voûtées que domine la tour de Randonne, transformée en chapelle gothique. C'est le plus curieux, le plus malodorant fouillis du Moyen âge, avec, en haut, une échappée riante sur la ville et sur la vallée. Le quartier des Halles, centre de la ville, possède une de ces places vieillottes entourées d'arcades aussi plaisantes qu'introuvables, car d'épaisses municipalités les ont partout abattues.

Dans un angle, un portail historié indique la demeure de Philis de la Tour du Pin la Charce, héroïne célèbre par sa campagne de 1692 contre le duc de Savoie qui avait envahi le Dauphiné. Louis XIV la fit venir à Versailles et voulut la récompenser lui-même. Comblée d'attentions et d'honneurs et invitée à résider désormais à la Cour, elle préféra rejoindre sa ville natale et finir ses jours parmi les paysans qui s'étaient ralliés à son panache.

A deux pas de la place, se carre l'église informe, bâtie avec les gros cailloux roulés par l'Aygues, mais son portail abrite une jolie madone et l'une de ses chapelles recèle un autel en bois à personnages dévotement sculptés provenant de l'ancien couvent des Récollets (hôpital actuel). La promenade de Vaux, installée sur le flanc même de la montagne contre laquelle la ville est blottie, offre des points de vue aussi charmants que variés sur la vallée de l'Aygues, qui prend l'ampleur d'une plaine au delà de Vinsobres et de Mirabel, et qui se confond vers Sainte-Cécile et Sérignan avec l'alluvion rhodanienne. C'est à Sérignan où il achève sa vie de patriarche, que Henri Fabre, l'entomologiste, a surpris dans l'herbe et sous les pierres un univers aussi inconcevable que déconcertant, un univers en miniature fait de drames d'amour, de noces tragi-comiques, d'intrigues, de calculs, de luttes, de massacres, de malices et de tendresses, aussi vivant, aussi poignant, aussi féroce que le roman de la vie humaine.

En quittant la menue métropole de l'Aygues où burent les chevaux numides, il convient de mentionner que Nyons a tenu gentiment sa partie de flûte dans le concert félibréen. Roumanille professa dans son petit collège vers le milieu du siècle dernier et y écrivit sous les oliviers sensibles aux caresses du vent Pontias quelques-unes de ses poésies, de celles qui ont la grâce des matins roses où l'on entend se moquer le merle et gazouiller la source. Dupuy (*alias* Jean-Pierre André), démocrate convaincu et publiciste mordant, l'auteur de ce *Parpaioun* célébré par Sainte-Beuve, y dirigea une pension. Le jeune poète Eugène Girard a rencontré à propos dans ce décor rustique leurs mains fraternelles.

II

Dans les vallées parallèles du Lez et de la Berre, nombreuses sont les bourgades historiques hissant sur leurs maigres épaules églises ou châteaux de quelque relief. Je m'excuse par avance de citer seulement : Valréas, qui fut Dauphinois avant de devenir Comtadin, ayant été vendu en 1317 au pape Jean XXII par le dauphin Jean II. On y rencontre, outre de vieux hôtels et de vieux arceaux dans de pittoresques ruelles, une église remarquable richement dotée par le cardinal Maury, enfant de Valréas, la tour de l'Horloge et quelques débris de remparts ; — Le Pègue, rejeton falot d'une cité romaine ; — Taulignan, avec une ancienne porte ; — Valaurie, patrie du bon poète et publiciste provençal Lucien Duc qui, après trente ans de Paris, s'y est fait un ermitage de sagesse ; — Roussas, vieille aire fortifiée non loin du fameux monastère d'Aiguebelle ; — Grignan, admirable Mont-Saint-Michel provençal et coloré dans une plaine onduleuse et grise semblable à une mer méchante et que les couchants, comme pour attester son renom de gloire, parent si somptueusement de pourpre et d'orange ; — Chamaret « le Maigre » et sa tour galvaudée par un « bienfaiteur » ;

— Clansayes, pressé par une nature orageuse de bois et de rochers, perdu dans la plus aimable retraite de faunes, de faunes voisins et frères de ceux de *Magne* — coin délicieux aussi et resté si obstinément païen malgré sa chapelle chrétienne (1). Et beaucoup plus bas, au delà de Saint-Paul, ancienne capitale gallo-romaine et ecclésiastique descendue au rang de simple canton : Baume de Transit, avec une délicate église romane, et un vieux pont qui aurait été jeté sur le Lez par Diane de Poitiers ; — Bouchet, ancienne abbaye ; — Rochegude et son vieux manoir, mais surtout cette rayonnante Suze-la-Rousse — la bien nommée — couronnée par un des plus étonnants châteaux de la vieille France. « Tout s'use, non Suze », disait un vieux proverbe que j'admire, car il est bien de notre race, il ne doute de rien.

La chèvre, la jolie chèvre impatiente et vive qui nourrit jadis Jupiter et dans la peau de laquelle Pan, dit-on, s'était caché, la chèvre au menton barbu de philosophe, à qui nous devons le « picaudon » (2) et aussi, hélas ! le déboisement de nos montagnes, parc le Triscatin, pays sec et parfumé, d'une des plus jolies légendes du Midi.

C'est dans les ruines dévorées de ronces qu'on laisse sur la gauche en allant de Saint-Paul-Trois-Châteaux à Suze-la-Rousse que se cache, dit-on, la chèvre d'or. Nul n'ose s'approcher de ce lieu au renom trouble et qui semble voué depuis un temps immémorial au Malin. Mais on raconte, qu'à la faveur de la nuit, un animal merveilleux, une chèvre d'or quitte sa retraite pour venir boire l'eau du Lez. Alors, si l'on est protégé du diable ou simplement intrépide comme un chevalier, on peut se risquer à sauter sur l'animal, encore que l'épreuve soit délicate et pleine de dangers. Il s'agit, en effet, de saisir la bête insaisissable, et, le prodige accompli, on n'a plus qu'à exprimer les mamelles divines pour en tirer tout l'or fluide que l'on désire.

Quand quelqu'un a fait une grosse fortune, subite et inattendue, on dit de lui en Dauphiné et en Provence : « *O trouva la cabro d'or !* »

Bien souvent j'ai flirté avec Suze-la-Rousse, bien souvent j'ai fait sentinelle sur les bords du Lez fluide éclaboussé d'argent par la lune ironique. Je n'ai jamais trouvé la chèvre d'or !

(1) La Chapelle du Val des Nymphes.
(2) Petit fromage fabriqué surtout dans les vallées du Roubion et du Jabron.

LA MAISON RUSTIQUE

Le nid révèle l'oiseau. La
maison révèle l'homme.

A Anna Durand.

I

La maison dans la vallée du Rhône (je parle de la maison des champs) n'est jamais banale. Ce qu'on aime le mieux dans son architecture, c'est la sorte d'harmonie qui existe entre elle et son décor ou son ciel. Cette architecture n'est pas uniforme, elle varie beaucoup, car il y a dans nos régions presque autant de climats que de vallées. Le chalet d'alpe, par exemple, ne ressemble aucunement à la ferme des bords du Rhône, et celle-ci n'a pas tout à fait le même visage à Vienne qu'à Valence, et à Valence qu'à Arles. Si le joli pignon à redans du Vercors, si les toits pointus d'Ambel, les chaumes du Diois et du Devoluy semblent faits pour la neige, les toits plats à tuiles romaines du bas pays doivent offrir aux vents topiques une efficace résistance.

Les toits, ces chapeaux de nos demeures, mériteraient à eux seuls, une longue dissertation. Les chapeaux, ces toits de nos têtes, en dérivent et sont faits, dit-on, à leur image. N'en riez point. D'éminents architectes et avec eux une femme dont l'observation pénétrante s'enveloppe de voiles poétiques, Mme Jeanne de Flandreysy, ont découvert et signalé ces rapports intimes de l'architecture et du costume. Pour eux, le pétase grec ressemble au fronton de quelque temple et le hennin d'Isabeau de Bavière ne fait qu'un avec la tour pointue du Moyen âge. On pourrait multiplier les exemples, chaque peuple

UN MAS DE PROVENCE

s'étant coiffé pour ainsi dire de son propre toit. En ce qui concerne la vallée du Rhône, songez au bonnet tuyauté de nos *anciennes*, en usage encore chez les femmes du peuple, et dites s'il n'est pas la scrupuleuse copie de nos toitures aux bords festonnés de tuiles creuses.

On en pourrait dire autant du vêtement.

Naguère encore, chaque pays de France avait son étoffe particulière, d'un très bas prix, rude ou fine au toucher, nuancée selon le ciel, et toujours parfaitement adaptée au climat. Bourges avait ainsi le drap de *Seau*; Rouen et Louviers le beau drap normand et la rouennerie; Lyon ses *droguets* et Limoges ses *limousines*. Chez nous : Vienne, Crest, Dieulefit se recommandaient par leurs *ratines* et leurs *finettes*. Mais, indépendamment de ces grands ateliers, des tisserands nombreux et habiles fabriquaient dans les villages, pour leur propre compte : des *cadis*, des *bureaux*, excellents quoique plus grossiers, servant à vêtir les gens de la campagne — race économe et pratique par tradition. Les cadis n'ont pas grande faveur aujourd'hui et à peine en trouverait-on dans la foire la plus arriérée. Cependant la région fournit encore des draps de choix, souples, superbes : *ratines, casimirs, molletons, sergettes*, — étoffes originales, reflets sensibles et douillets du terroir, dont l'usage pourrait être repris sans risques pour l'élégance. Vivre à la manière du pays où l'on se trouve, utiliser au mieux les produits de son sol et de son industrie, n'est-ce pas là au fond l'une des raisons secrètes du bonheur ?

II

Les vieux domaines ont tous une forte personnalité. Ils sont célèbres à plusieurs lieues à la ronde et le paysan ne les désigne qu'avec une sorte de respect. Parfois, ils étiquettent un territoire, un quartier, et parfois aussi la famille qui les possède. On dira par exemple *Alibert de Gournier* tout au long, comme on dirait le duc d'Orléans ou de Bordeaux. Le domaine confère ainsi quasiment un titre de noblesse. Dans la Drôme, beaucoup de ses dénominations lui viennent de l'arbre : le *Fayne* (hêtre); *Freyssinet* (frêne) (1); le *Sapey* (sapin); le *Roure, Roury, Rouregros*,

(1) Dont l'illustre famille des Freycinet tire son origine.

Rourebel (chêne); *Pibous* (peupliers); *Pinet* (le pin); le *Noyer;* l'*Olivette,* l'*Olivière* et jusqu'à *Montalivet* (Mons Olivetum — colline des oliviers) illustré depuis par un ministre dont la statue se dresse sur une des places de Valence. D'autres, l'*Hubac* (versant nord de la montagne) et l'*Adret* (versant sud), lui viennent de sa situation. Il est clair que *Toutes-Aures* est exposé à tous les vents et que *Chabert* (1) perpétue le souvenir capricieux de la chèvre. Le *Peyrol* est un joli mot patois qui veut dire le chaudron; l'*Oule* en est un autre qui veut dire la marmite; un troisième, le *Lume*, de la plus flagrante latinité, signifie la lampe. La *Besantie* rappelle à coup sûr ce gâteau de maïs d'un si pauvre régal, et la *Caillette* fleure bon ce fameux hachis populaire si goûté dans les frairies d'hiver, à l'époque où on tue le cochon. A l'*Epinard,* on était gourmand de cette herbe savoureuse; tandis qu'aux *Fayaux*, l'on s'en tient peut-être encore à ce légume de collège. A *Dinetard,* que vous en semble ? on était plus attentif au travail qu'à l'heure de la soupe. Aimez *Sans-Regret,* qui équivaut presque, dans son grain de philosophie, à Sans-Souci l'historique, et ne méprisez pas la *Ribaude* quoi qu'elle ait à se reprocher. A la place des chemineaux, je me méfierais de *Coupe-Oreille*, de *Bramefaim*, de *Trompe-Pauvre*, voir de la *Pillarde* et de *Gratte-Gousset*, et je leur préférerais *Mange-Fèves*, la *Gamelle* ou *la Part-Dieu*. Si la *Sournure* ne veut rien entendre, la *Perlette* brille comme un bijou rustique et la *Sornette* annonce un conte ingénu de mère-grand. *Belle-Barbe* a de l'envergure : ce fut un maître imposant. Mais *Barbereyche* descend en droite ligne du paysan du Danube. Pour le *Turc* et pour la *Saxonne*, étrangers fixés dans le pays, ils se sont mis au patois comme tout le monde; et ils sont naturalisés depuis longtemps. Si vous le voulez bien, nous nous arrêterons à *Trottemenu*, si gentil qu'on le dirait extrait d'une fable du Bonhomme. Il faudrait, pour être juste, citer tous les domaines et toutes les terres, car on y respire, si petits qu'ils soient, l'âme de la race.

III

Que ce soit dans la montagne ou dans la plaine, la maison chez nous est toujours avenante et hospitalière. La plus

(1) Nom de famille très répandu dans le Midi.

basse, la plus rafalée n'en a pas l'air et garde le sourire sous l'épais sourcil de la vieille treille, et la bonté se lit sur sa figure tannée par les autans.

Frénétiquement exposées au midi, avec le châle fin des peupliers ou le simple fichu des cyprès aux épaules, nos granges prennent toujours le bon du soleil. Elles en boivent, elles s'en régalent tant qu'elles peuvent, jusqu'à la griserie. Elles ne s'enferment pas dans une enceinte comme en Beauce ou en Normandie. Elles n'ont ni hautes murailles, ni portes de Bastille et il n'est nul besoin pour y pénétrer d'en faire le siège. De l'air, de l'espace, de la clarté, et surtout de la confiance. Cependant, je les crois un peu curieuses, car elles regardent volontiers sur la route : c'est peut-être pour voir passer le bonheur.

Entrez-y sans méfiance. A l'ombre biblique d'un figuier centenaire, le puits est à droite dans la cour, le puits rustique, tantôt à ciel ouvert, et tantôt coiffé d'un capuchon de maçonnerie. Avez-vous soif ? Le seau de bois moussu est toujours plein sur la margelle. Pesez légèrement sur la corde humide qui le tient en laisse, inclinez-le ensuite avec précaution vers votre main, et buvez à la Diogène. C'est délicieux, je vous assure ; moins toutefois que de boire à même le seau comme font les bêtes. Si la jeune maîtresse du logis apparaît, la joue rose de vous avoir vu, et si elle s'avance, un chien loubet inoffensif et courroucé dans ses jupes, ne vous sauvez point : c'est le ciel qui vous envoie la Samaritaine. Minute adorable. Vous partirez fleuri peut-être d'un brin de verveine ou de basilic et ce souvenir ne vous quittera jamais.

Aimez-vous une cour de ferme ? C'est un monde quand on y regarde de près. J'y découvre avec les poules : caquetage, rosserie, sottise, dévergondage, gloutonnerie, égoïsme — tous les vices de notre chère humanité. Grasses, peureuses, imbéciles, elles font l'effet, quand elles courent, de grosses dames voulant rattraper la patache. *Chantecler*, Don Juan de la volaille, les domine de tout l'éclat de son ramage et de son plumage. Perché sur son fumier, qu'il pare d'un étendard vivant, il se congestionne à sonner la générale. La guerre, dont il vit autant que d'amour, il la ferait tout aussi bien au soleil qui, docile pourtant, se lève aux premières notes de sa voix de cuivre. On l'a promu emblème national — dignité qui semblait revenir de droit à l'alouette ou à l'aigle-faucon — et le voilà qui dardaille de tout son pouvoir sur nos pièces d'or. Ne va-t-il pas encore s'en accroire ? Le piquant, c'est que les poules, tout attentives qu'elles paraissent au monarque, grattent toujours, et tout en caquetant et potinant, n'en perdent pas un morceau.

> *Une poule sur un mur*
> *Qui picote du pain dur,*
> *Picoti, picota...*

répète la chanson enfantine, admirablement renseignée sur ces voraces toujours prêtes à se déchirer pour le moindre vermisseau. Insensibles, sauf à l'égard de leur progéniture, on les voit picorer partout, même dans la chair pantelante du lapin ou du poulet qu'on vient d'immoler, même dans le sang tout chaud du cochon étendu sur l'auge renversée. Mais il leur sera beaucoup pardonné parce qu'elles ont beaucoup pondu.

Jolis comme des œufs montés en neige quand ils sont sur l'eau, les canards blancs, comme tous les estropiés, inspirent la compassion quand ils sont dans la basse-cour. Et si, par hasard, ils poussent leurs cancans de mendigots, on a envie de leur jeter un sou. Moins pacifique, commère l'oie, quand on l'interpelle, a l'air de mettre les poings sur les hanches.

Les pintades, inconsolables depuis un temps immémorial, portent ostensiblement sur leur aristocratique livrée de veuves les larmes d'argent des Méléagrides. Sauvages, farouches, elles crient sans cesse leur désespoir. Quant aux dindons, c'est risible de les voir se gonfler à l'égal du Bourgeois gentilhomme, comme « s'ils allaient montrer leur habit par la ville ». Qu'on les moque tant soit peu :

> *Goulu ! goulu ! goulu !*

ou bien qu'on les flatte :

> *Gingarello*
> *Fai te bello*
> *Pren ta raubo de dentello...*

ils n'y tiennent plus, s'empourprent, se violacent, et tels des cabotins ridicules, lâchent tout à coup leurs glous, glous, — la seule tirade qu'ils aient jamais pu retenir. Entre eux, comme dans une Académie, ils se pavanent, s'adulent, pratiquent tous les procédés de l'admiration mutuelle. Le paon, ce miracle, ne s'inquiète guère de ces m'as-tu-vu. Il fait la roue, pourtant, lui aussi, mais avec une fierté et des sentiments religieux. Dans l'air sucré, encensé par les fleurs, il officie, ruisselant d'or et de gemmes, en l'honneur de Junon, reine du ciel.

Quelle fête pour les yeux, si mésusant de sa liberté, toute la basse-cour s'échappe sournoisement dans le beau jardin désordonné qui s'ouvre sur la pleine campagne ! O ces parures disséminées sur les plates-bandes parmi les gueules de lion, les pieds d'alouette, les amarantes, les ancolies, les soucis, jalousies et giroflées, les roses simples, fleurs aimables des flores anciennes qu'on appelle fleurs de curé et qu'on chasse de partout ; ô ces toilettes égrenées le long des allées aux buis massifs pareils à des bordures de bronze, comme elles font oublier les bas instincts, les rosseries, les vilenies de la bête... et de l'homme ! Nous assistons à un véritable garden-party. Des oiselets, invisibles là-haut dans la tribune verte d'un ormeau ont embouché, comme s'ils étaient commandés, haut-bois et flûtes, ce pendant que la foule emplumée parade, se pousse du col, flirte, se gave de friandises : groseilles à maquereaux arrachées à leurs buissons épineux, fruits tombés des arbres. Soudain, la ménagère, qui avait « une doutance » paraît la gaule en main. Emoi, cris d'angoisse et de rage, fuite éperdue et cocasse, course d'obstacles. Plus morte que vive, la volaille, avec un bruit de robes froissées, a regagné ses perchoirs. Hautbois et flûtes se sont tu, troublés par la panique. Seules, les cigales, étourdies de chaleur, chantent encore sur les amandiers. Il ne reste plus dans le jardin rendu à sa solitude qu'une myriade de moucherons valsant sans savoir pourquoi dans la lumière au-dessus d'une corbeille de soucis.

Des bâtiments qui, d'ordinaire, ferment la cour sur trois côtés, celui que l'on habite est le plus ancien, et aussi le plus vaste. Il a souvent un escalier extérieur et une loggia à l'italienne dont la toiture est supportée par des piliers de bois ou de maçonnerie. Les chambres s'ouvrent sur ce belvédère rustique d'où l'on voit, d'où l'on respire délicieusement le pays. C'est une volupté le matin, au sortir du sommeil, que s'y dégourdir des rêves et des ombres nocturnes. On se sent renaître à se tremper d'air pur, à prendre ainsi son premier déjeuner de soleil, tandis que le café, merveilleux de s'être fait goutte à goutte dans la dubelloy ventrue exposée à des braises modérées, vous espère en bas dans la vaste cuisine.

Les autres bâtisses s'appuient sur l'habitation comme à des épaules maternelles. Elles ont l'air de lui donner la main. Ici, l'écurie avec le cheval, les mulets, les bœufs, l'âne. Là, l'étable à plusieurs compartiments qui renferme les chèvres, les moutons, les porcs ; ceux-ci noirs, brusques et agiles comme des sangliers, dont la chair nourrie tout ensemble d'aliments chauds et de quêtes libres en forêt ou dans les luzernières, est incomparable. Ces cochonnailles du Midi, Daudet les honorait jusqu'à s'en rendre malade.

J'aperçois dans la grande remise qui sert entre temps à l'éducation des *magnots*, la « jardinière » propre, fine, élancée sur ses grandes roues qui font soleil quand le diable l'emporte sur la route blanche. C'est la favorite et cela se voit. Elle n'a pas l'air harassé de la charrette et du tombereau — ces domestiques — dont les bras pesants tombent d'eux-mêmes à terre sous le poids de corvées qui ne finissent plus. La jardinière attend, les bras levés. On dirait qu'elle veut embrasser. De fait, elle est aux caprices du maître : courses en ville, promenades, parties de plaisir. Sous le *calabert* voisin, il y a de tout : araires aux coutres d'argent, gerle, benons et baquets, brouettes, échalas, lochets, pelles, pics, fourches, râteaux, billots, haches, marteaux, scies, établi, enclume... car le rural est un homme universel et il a toutes les aptitudes. Il sera au besoin maçon, bûcheron, forgeron ou menuisier. La terre rend les hommes ingénieux et leur apprend à se suffire. Dans l'appentis qui fait suite au calabert, je me réjouis de voir pendre le « chaseirou » rempli de tomes qui ne demandent qu'à devenir fromages.

J'ai hâte de vous dire quelque chose de nos intérieurs. Quand la ferme est ancienne comme celles qui ont pris la suite de nos « Bâties, de nos Bastides », de toutes ces maisons-fortes, vrais bijoux de famille du vieux sol rhodanien, on éprouve à la visiter des joies d'antiquaire. Songez que Mistral a pu créer un musée d'une originalité sans pareille rien qu'avec les meubles et les objets anciens d'un intérieur provençal. « Après avoir assemblé les mots de sa race, écrivait Maurice Barrès, il en rassemble les objets. » Ces objets composent le Museon Arlaten dont le poète, paraît-il, se montre plus fier que d'aucune de ses œuvres. Toutes les semaines ne se rend-il pas à Arles comme un dévot à sa fondation pieuse, pour voir, pour adorer les images chères ? Aurons-nous un jour à Valence (1), ainsi que le proposait Maurice-Faure, l'équivalent de ce temple indigète, de cet autel dressé à l'amour d'une race et d'une terre ?

Mais ouvrons la porte massive de notre grange, et remarquons qu'elle est trouée de la chatonnière par laquelle les chats frileux et prudents, las de leurs longues méditations dans les cendres chaudes du foyer, se ruent soudain sans cause apparente dans la campagne, les yeux amenuisés de désirs.

Des deux pièces principales du rez-de-chaussée, l'une est immense : la cuisine. C'est que la cuisine, qui sert en même temps de salle à manger, est par essence l'endroit familial, le giron et le cœur de la maison. J'en connais où plus de cent personnes pourraient trouver place à table, ce qui permet de donner aux baptêmes, aux noces, aux reboules, aux événements grands et petits de la vie que l'on veut célébrer, toute leur ampleur. Là furent bercées les générations dont nous sommes et là commence réellement la patrie avec la source de la race. Vous voyez d'ici le cadre : murs blancs passés au lait de chaux, une ou deux larges fenêtres, rarement plus, enjuponnées à mi-hauteur de petits rideaux à damier blanc et rouge, solives apparentes peintes en gris et larges dalles ou mavons rouges. La cheminée dont le manteau touche quasiment au plafond, commande à elle seule le respect. A ses feux admirables, gais, ardents, parleurs, embellisseurs de choses, image mystérieuse du home, des agneaux, des cochons de lait, toutes les espèces de volailles et de gibiers se sont dorés comme des chapes, mêlant leurs encens pour flatter l'odorat et allumer l'appétit, — le seul bien qui console de tous les maux.

Dans son mur moussu de suie, je découvre l'ouverture de ce qui fut le four au temps bénin du pain de ménage. Hélas ! on n'y cuit plus guère que dans les grandes circonstances, et non pas le pain encore, mais les plats et les pâtisseries. Véritable réduit de l'hiver, la cheminée avec ses bancs, ses escabeaux, ses chaises basses aux dossiers hauts encadrés de montants amortis en poires, logeait toute la famille. Durant les longues veillées, on s'y endormait dans les délices ou les vertiges du merveilleux. Bien de ces histoires fantastiques, de ces contes bleus où excellait mère-grand, se

(1) Suivant l'exemple de la ville d'Arles, Grenoble a inauguré en 1912 un Musée Dauphinois.

sont enfuis avec la fumée subtile de l'âtre, et c'est peut-être grand dommage : il y tremblait parfois le rayon d'or des Mille et une Nuits. Crémaillère, chenets capables de maintenir des troncs d'arbre, « bouffet » robuste jamais à court de souffle pour ressusciter un feu, tournebroche à poids, bassinoires travaillées comme des bonbonnières, « caléu » de cuivre et de fer forgé, j'en oublie sans doute, tout cela constitue la dot de la cheminée. Sur sa haute tablette, entre les lampes d'étain à pompe où l'huile monte pourvu qu'on « sigogne », des cubes de savon de Marseille, culottés, durcis et parfaits ainsi pour la lessive, dressent leurs pyramides. Sur ses côtés, l'enfarinadou, et la boîte à sel bombent leur bois dur incrusté d'emblèmes.

A la suite, le potager aux carreaux de faïence, puis l'évier avec son bassin de cuivre *(lou ferrat)* qu'accompagne la coupe plate *(la casso)* à longue queue. Au-dessus et autour d'eux, les « tians », les daubes, les casseroles, les « toupis » s'amoncellent, se bousculent, ténorisent de leurs jaunes, barytonnent de leurs rouges. Simples, gais, naturels, inimitables ces « Dieulefit », ces « Marseille » auxquels doucement l'on revient après leur avoir préféré je ne sais quelle ferblanterie internationale. Rien ne les vaut pour une sauce, un jus, tout ce qui se mijote sans hâte sur une braise assoupie. Qu'est ceci ? C'est le cuillerier dont les poches bessonnes recèlent les couverts que l'on vient de rincer. Et cela, qui est suspendu par une anse unique ? La seille ou « la mousière ». Et qu'y a-t-il dans ce placard ? Les pots de graisse et les « truchiers » à l'huile, vernis au rouge sourd et tatoués comme des Indiens.

Adossé en face, le pétrin en vieux noyer, vaste et beau comme un sarcophage, dure toujours, mais il garde une mélancolie. Il sert de huche ou de garde-manger. Le vaisselier appelé *estanié* ou *escandié* le surmonte, un de ces vaisseliers de l'époque du Bien-Aimé, pleins de détails charmants, et sur lesquels le moindre ouvrier savait mettre le sceau artistique. Les plats, les assiettes, égayés de jetées de fleurs dont la graine s'est perdue, s'y penchent sur chaque tablette comme à un balcon, retenues par les bandes d'appui, légères et fines comme des rubans. Avant de passer au salon, accordons un coup d'œil aux armoires monumentales où s'empile le linge bis inusable, un peu « rufe », filé par nos aïeules et fleurant fortement le coing ou la lavande. Enfin, saluons le vieux « reloge » dont le cœur bat comme à vingt ans. Majestueux et auguste quoique un peu perclus, il règle le temps et les hommes et il a l'air de le savoir. On n'aura jamais assez de respect pour ce témoin de nos générations, qui vit la maison à son origine, et encouragea le travail de son pouls régulier. Autour de lui les pensées se groupent comme les moutons autour du berger. Il anime le silence, réchauffe le cœur, accompagnant de sa grave sérénité la fuite des heures. Et qui resterait insensible à son timbre clair, ces gouttes de musique tombant dans la salle avec la douceur des angélus versés par le clocher sur la plaine contemplative?

Le salon. C'est assurément la pièce la plus banale du logis. Salon, parce que ses contrevents sont presque toujours clos et que l'on s'interdit d'y aller. Rien ne l'anime d'ailleurs et on s'y ennuie. Serrées autour du guéridon bébête, les chaises neuves essaient de le faire parler. Vainement. Il est obtus et sans esprit. Aux murs, des lithographies de colporteurs entre de vastes garde-robes. Sur la cheminée de pierre ou de marbre, glace de bazar répétant une pendule baldaquin à colonnes torses. Des photographies de gens endimanchés, béants, mal à l'aise. Quelquefois, un lit haut comme les paillers qui s'espacent autour de la grange, et recouvert « d'un travail au crochet » se bombe dans les profondeurs de la pièce, mais on y couche peu ou même pas, et « l'appartement », comme disent aussi nos ruraux, demeure à certains égards, le mystère, l'endroit inviolé que les chiens, les chats, les poules et les enfants trop curieux souhaitent d'explorer, sans presque jamais y réussir. C'est là, cependant que l'on vous reçoit pour vous faire honneur si vous êtes tant soit peu qualifié. Déclinez l'offre et acceptez de boire le vin blanc ou le vin cuit à la cuisine, simplement. Dans ce cadre heureux, parmi les choses de ce musée « qui sert », il vous paraîtra meilleur.

IV

Ayant raconté la maison, comment ne pas esquisser les êtres ? Taille moyenne, épaules larges, fortes assises, teint coloré, œil gris et lèvres primes (serrées), l'homme est brave — interprétez brave homme. Le soleil donne de la sagesse et de la philosophie. Cependant, à se nourrir de lumière, on finit par contracter un rien d'insouciance et de fatalisme et ce n'est pas ce côté du caractère qui charme le moins chez notre rural. Il vous salue en passant à côté de vous sur le chemin, non pas par servilité, mais parce qu'il est courtois et qu'il a le respect des usages. Bon vivant, il choque le verre à la foire, et écoute le dimanche le beau parleur à la ville ou au village, mais ne se livre pas. Si vous discutez avec lui, il est rare qu'il vous désapprouve, mais n'en concluez pas pour cela qu'il vous approuve et que vous l'avez conquis. Engoncé dans sa blaude neuve qu'on dirait en tôle bleue, tel a pu le croire sans malice qui l'a trouvé plein de bon sens et même d'esprit. Il parle haut, par rapport au mistral, et il est vaniteux. Il est fier de sa grange, de ses fils, de ses bœufs, de ses mulets. Quand il vous fait goûter de son vin, il n'attend pas votre compliment, mais il fait clapper la langue et il dit : « Est-il flac celui-là ? » ou « il vous coupe la figure, hein ! », ou encore : « il réveillerait un mort ». Interrogé sur la valeur de sa terre, l'un d'eux répondait : « Si elle est bonne, ma terre ? Oh coquin... mais on y sèmerait des sous qu'il en sortirait des louis ! »

Eh bien, l'avouerai-je, quelles que soient ses qualités, je lui préfère la maîtresse de la maison. L'homme a beau dire de sa femme, en plaisantant, d'ailleurs : « qu'on ne sait pas ce qui bout dans son gésier » ou « que quand elle est bien portante, il y a toujours quelque chose qui brante », elle est la fleur du domaine, la grâce, la flamme du foyer. Qu'elle disparaisse, et la grange se languit, se meurt, car tout dépend d'elle comme d'une providence, et les gens et les bêtes, et la fortune et le bonheur. Ces femmes des champs, quand j'en parle, je revois aussitôt ma nourrice dont les bons yeux bleus reflétaient là-bas, près des bords du Rhône, la délicatesse de l'âme en même temps que la douceur du ciel. Elle m'enveloppait d'une tendresse telle que j'en suis ému jusqu'aux larmes en y songeant, après tant d'années... La bonne, la digne femme ! Pour elle, à trente ans et plus, j'étais encore le « drôle », et elle prenait pour m'accueillir et m'exprimer sa joie, une voix de tête, une de ces voix hautperchées qui impressionnait les moutons, et faisait se « ruquer » les chèvres au fond de leurs étables. Elle m'exprimait aussi ses craintes touchantes et cocasses, redoutant « qu'il m'arrive quelque chose » dans ce Paris terrible où elle n'était jamais allée, mais où elle savait très bien que « les gens courent dans les rues comme des chiens empoisonnés ». N'avait-elle pas raison au fond ? Est-ce vivre que s'agiter sans cesse, que rechercher quand même des frissons nouveaux ? Et ces hombances ! Elle ne pouvait comprendre que je n'eusse pas perpétuellement faim ou soif, m'ayant jadis si copieusement allaité et dorloté ! Ses meilleurs œufs, sa plus belle saucisse, son poulet le plus gras, sa tome la plus immaculée et ses figues les plus rebondies, ornaient chaque fois la table. Elle eût au besoin saccagé sa basse-cour pour plaire à l'enfant prodigue. De défaut, je ne lui en connaissais pas, sauf qu'elle m'adorait, et qu'elle était un peu curieuse, qu'elle aimait « savoir » comme on dit. Mais la chose ne tirait pas à conséquence, car elle avait, je le répète, toutes les vertus. L'immense majorité de nos paysannes est, j'en suis sûr, à peu près ainsi.

Ah ! les heureux, les beaux marmots qui volètent et se culbutent autour de la grangère comme autour de la poule ses poussins ! En vous voyant pousser la claire-voie de l'entrée, ils courent se cacher, ou, s'ils n'en ont pas le temps, ils viennent se blottir avec des mines renfrognées dans les jupes maternelles. « Ils sont *vergogneux* comme ça, dit la grangère, mais qu'ils sont vifs, mais qu'ils sont braves ! » Sans doute ils ne ressemblent guère aux babys que leurs gouvernantes promènent au Luxembourg ou au parc Monceau et qui, mignons et musqués, évoquent de fragiles porcelaines. Mais ils sont tout de même appétissants ainsi, dorés comme un fruit de plein vent, et l'instinct qui les mène jette ses lueurs dans leurs yeux de jeune bête. On aime à les embrasser en dépit de leur résistance et de leurs cris de poulets qu'on va saigner.

Jadis, beaucoup de femmes trop crédules laissaient les mouches et la crotte couvrir le visage de leurs enfants afin qu'ils parussent moins beaux et n'attirassent pas ainsi sur eux le mauvais œil. N'est-ce pas un us sarrasin et sûrement oriental demeuré après les invasions dans le pays ? Je laisse aux malins que le Malin protège le soin de le chercher.

Des gens, qui n'ont pas la pratique de nos pays, ont pu s'étonner, en entrant dans une ferme à l'heure de la soupe, de voir le père et ses fils ou ses domestiques à table, tandis que la femme et ses filles restaient debout, occupées à les servir. Il n'en va pas de même ainsi partout, je le sais, mais l'usage, ancien comme nos terres, est encore assez fréquent. On en a conclu que les femmes, réduites en Dauphiné et en Provence à une condition inférieure, subissaient une sorte d'esclavage détestable dans l'état actuel de nos mœurs. Certains, pour expliquer la chose, ont fait intervenir les Arabes ou d'une manière générale les Orientaux, d'autres y ont vu une application de l'adage cinglant de l'Ecriture : « Tu seras sous la puissance de ton mari. » En réalité, dans aucun autre pays de France, la femme n'est plus estimée et plus respectée que dans le nôtre, et nulle part elle ne jouit plus complètement de ses prérogatives. Elle ne travaille pas aux champs comme dans une foule de pays où Eve, accablée par les tâches les plus rudes, courbée même sur la charrue, mais fumant la pipe si cela lui chante, s'imagine être l'égale de l'homme. Chez nous, dans une certaine mesure, l'on ménage ses bras frais et sa taille souple, et ce respect de la faiblesse semble perpétuer les grâces d'un culte très lointain. Après cela, par soumission ou par coquetterie, elle peut bien manger sa soupe debout ou assise au dehors sur le banc rustique... Nul n'y attachera d'importance.

Donc, notre grangère ne sort pas de la ferme sur laquelle elle règne en souveraine absolue. Elle prépare les repas de la famille, donne le « boire » aux bestiaux et le grain à la volaille, reçoit les visiteurs ou la voisine, traite en l'absence du maître de mille et une affaires, et tout ce qu'elle fait est bien fait. Elle « en est » tout le temps, car on n'en a jamais fini dans une ferme, mais comme elle passe la moitié de sa vie chantante dans l'azur et le soleil, elle sent qu'elle est heureuse, parfaitement heureuse. Même en déclarant le soir qu'elle est lasse, après une journée bien remplie, elle éprouve une sorte de béatitude secrète, un contentement de l'être qui n'attend le bonheur que de soi-même et des présents de la nature infinie.

Villes sous le Vent

VALENCE

A Valence le Midi commence.

A Victor Colomb.

I

Valence ! trouvez-vous pas le nom joli et sonore tout ensemble, agréable et doux à prononcer comme un nom de femme ? Il signifie vaillance (1) dans la langue de Mistral, et nous savons tous qu'à Valence où le *Midi commence*, sont aussi, selon l'adage flatteur, *les plus belles filles de France*...
Voilà bien des séductions dans un seul vocable. Mais quiconque a traversé Valence, garde de son site grandiose et de son horizon d'or un souvenir ineffaçable, comme celui d'une peinture unique ou d'un chant triomphal.
On a beaucoup critiqué — et les Valentinois plus que personne — cette statue de Bancel, que l'on voit au sortir de la gare. On l'a beaucoup critiquée, je crois, parce qu'elle est fort originale et qu'on ne rencontre guère sa pareille. Suivant les données de l'art à la mode, une redingote doit bien tomber, fût-elle de bronze. Ici, le tailleur d'images (2), on le sent bien, fut moins préoccupé de la coupe du vêtement que de

(1) *Valenço*, vaillance en provençal.
(2) Le sculpteur Amy.

LES BORDS DU RHONE A VALENCE : STATUE DE SAINT NICOLAS, PATRON DES MARINIERS

l'état d'âme. J'aime pour ma part cet homme et son beau geste de banni, foulant soudain, après de longues années d'exil, le sol sacré de la terre natale, et revoyant par delà Valence, tout au bout de la rue familière, le Rhône libre, large, majestueux, et Crussol beau et chimérique à l'égal d'un conte d'Orient. Bancel a vu et il n'a pu retenir le cri d'admiration et d'amour monté de son cœur à ses lèvres, et il a ouvert les bras comme pour étreindre sa patrie, ce pendant que la bise, enthousiaste à sa manière, soulevait les pans de son manteau. En vérité, n'est-ce pas admirablement local et sincère ?

Comme l'auteur des *Révolutions de la Parole* (1), je retrouve toujours cette ville avec une joie nouvelle, et le dirai-je ? souvent avec la bise dans mon manteau. En Valence, je salue le Midi ardent, l'air transparent et léger, le soleil fervent dans

(1) C'est le principal ouvrage de Bancel.

l'horizon clair. L'olivier va frémir bientôt de toutes ses feuilles d'argent et déjà crépitent les cigales aimées d'Apollon. Il y a comme une jubilation dans le ciel et sur la terre, un magnificat de la couleur et de la vie.

Tournons un instant nos regards vers le passé. De ce que l'on ignore tout, jusqu'au nom lui-même, de la Valence gauloise, on ne saurait en déduire sa non-existence avant la conquête romaine. Le Rhône, pratiqué, nul ne l'ignore, dès la plus haute antiquité, et semé sans doute de distance en distance de relais, de gîtes, de ports embryonnaires, et bientôt d'agglomérats, nécessités par les échanges de plus en plus considérables entre les navigateurs de la Méditerranée et les autochtones, a toujours été *le chemin des peuples*, et ses nautes hardis, infatigables, durent avoir comme cliente, sinon comme amie l'aïeule vénérable dont le vocable ne nous a pas encore été révélé.

« Il semble peu admissible, dit fort à propos M. Etienne
« Mellier, — l'homme qui connaît le mieux son Valence,
« — qu'à cause de sa merveilleuse situation topographique,
« et pour ainsi dire exceptionnelle, sur les bords très acces-
« sibles du Rhône, la grande et unique route des temps an-
« ciens, fréquentée depuis plus de 600 ans avant l'ère chré-
« tienne, et de son emplacement entre deux grandes vallées
« peuplées et fertiles, débouchés naturels et productifs d'une
« grande partie des Alpes, avec en face, de l'autre côté du
« fleuve, des vallées moins importantes, mais beaucoup plus
« nombreuses, s'évadant des Cévennes, il paraît peu admissi-
« ble que la cité qui devait plus tard être dénommée Valence,
« n'ait pas été, même avant les Romains chez elle, une ag-
« glomération d'une certaine grandeur (1). »

Assise entre l'Alpe et les Cévennes, à la rencontre des peuples, sur le Rhône, à l'endroit même où le tronc puissant du fleuve pousse sa dernière grosse branche, l'Isère, notre bourgade *Segalaune* dut, après la sanglante bataille de l'Isara (121 avant J.-C.) où *Bituit* et ses alliés furent taillés en pièces, partager le sort des vaincus. Ce carnage s'était accompli à ses portes.

Deux siècles plus tard, Valence est une cité considérable. Elle formait, continue M. Mellier, une agglomération d'une importance beaucoup plus grande que celle que certains

(1) *Les Ponts anciens et modernes sur le Rhône, à Valence*, par Etienne; Paris, Mellier; Valence, J. Céas.

historiens, même locaux, ont bien voulu condescendre à lui accorder. Au sein de la colonie florissante, appelée alors *Julia Valentia*, en mémoire de César, les tauroboles — nouveau culte introduit de l'Asie, — dégouttent du sang des victimes offertes à Cybèle, ce pendant que le christianisme, qui exalte l'âme du peuple, va se glisser dans le panthéon latin et en chasser un à un les dieux immortels.

Comme toute colonie qui se respecte, la cité est alors une image de Rome, une miniature de la Ville Eternelle. La foule y discute au *Forum*, devenu depuis *Place des Hommes*, ce qui signifie la même chose. On y voit un *Cirque*, vaste amphithéâtre noyé maintenant dans le décombre, et dont le boulevard du *Cire* porte encore témoignage ; un *Panthéon* que, sans le transformer, l'Eglise appelle tout bonnement *Notre-Dame de la Ronde* ; un *Grand Palais*, siège du pouvoir central ; la *Grande voie d'Agrippa*, de Lyon à Arles, traversant la ville du nord au midi et flanquée, à l'entrée et à la sortie, de *Portes triomphales* ; la grande voie des Alpes par le col de Cabre, s'amorçant sur la première, et gagnant aussitôt la plaine : c'est plus particulièrement la voie de prédilection de la société gallo-romaine, sa *Via Sacra*, ses *Champs-Elysées*, que bordent des tombeaux, que décorent des monuments de toutes sortes, la *Tour d'Aïon*, depuis *Tourdéon* ; la *Tour de Constance*, tête et défense d'un grand pont sur le Rhône, ouvrage qui a fait bien des fois se gourmer les antiquaires, et dont le vieux quartier de *Pont-Péri* semble victorieusement perpétuer le souvenir. A s'en rapporter aux seules inscriptions des vieilles pierres, la ville compte : un *décurion*, un *pontife perpétuel*, un *sévir augustal*, sans parler des magistrats subalternes. On y trouve une *corporation de dendrophores* (1), et jusqu'à un *dégustateur public*.

La campagne, aussi bien sur la rive droite que sur la rive gauche du Rhône, se couvre de villas, de demeures, si vastes, si opulentes, qu'elles occupent des esclaves par milliers. Est-ce un *Valentinus*, dont on peut lire l'épigraphe au Musée, qui créa le magnifique domaine du *Valentin* ? Peut-être. Mais, mieux que tout cela, la *Vénus pudique de Valence*, dont Madame de Flandreysy nous restituait naguère les traits charmants dans un travail (2) qui est, comme la plupart de ses ouvrages, un hymne à la Beauté, peut témoigner de la grandeur de la colonie sous les Romains. Quelle

(1) Corporation d'artisans.
(2) *Les Vénus gréco-romaines de la vallée du Rhône* ; Paris, Lemerre.

plus jolie découverte que celle de ce brave propriétaire de Saint-Marcel-les-Valence, qui, *provignant* sa vigne, se trouvait tout à coup en présence d'une villa gallo-romaine, et faisait ainsi surgir de terre, entre une Minerve et un Cupidon, Vénus issue jadis des flots ? Notre sol sacré renferme peut-être tout l'Olympe.

II

Pour ne pas être en reste avec Rome, Valence a aussi ses martyrs. Félix, prêtre, Fortunat et Achillée, diacres, envoyés par saint Irénée, évêque et apôtre de Lyon, accourent y confesser Jésus-Christ. Le préfet Cornélius, qui vient de faire son entrée solennelle dans la ville, apprend qu'ils prêchent au mépris des édits de l'Empereur (1), et les envoie au supplice (an 202). Une tour, sur leur passage, ayant fait, dit-on, la révérence, en resta penchée, gardant ainsi avec le nom de saint Félix, pour l'édification des siècles, son attitude miraculeuse. L'église de Valence est fondée, et saint Apollinaire, l'un de ses plus grands évêques, se flatte d'extirper les derniers restes du paganisme, au v° siècle.

Valence, ville hors de pair dans la Viennoise à côté d'Arles et de Vienne, dit Ammien-Marcellin, le plus impartial des chroniqueurs latins, et qui parcourt les Gaules à la suite de l'empereur Constance, ne pouvait manquer à ce titre de tenter les Barbares. Nulle ville n'a plus souffert. Vandales, Goths, Alains, Burgundes, Sarrasins, pirates normands, tour à tour la pillent et la brûlent. En vain. Elle renaît toujours de ses cendres. Les Lombards, Zaban à leur tête, vont la détruire en 576, quand, raconte la légende, sainte Galle, une jeune vierge, la délivre miraculeusement. Après Paris, Valence a eu sa sainte Geneviève. Un village de la Drôme atteste encore la vierge et la légende par son nom à peine altéré (2).

A coups de francisque, Clovis s'est taillé dans la Gaule romaine un empire auquel Charlemagne donnera en quelque sorte une ampleur illimitée. Mais le Midi, brillant, insouciant, raffiné, libre, heureux de vivre, répugne d'ins-

(1) Septime-Sévère.
(2) Sainte-Jalle (arrondissement de Nyons, Drôme).

tinct à la domination franque qui symbolise à ses yeux la barbarie — et qui l'est. Il demeure, en dépit du malheur des temps, le fils de la Grèce et de Rome, le pays privilégié des divins empereurs. Aussi l'on tremble de Marseille à Vienne la Belle, à Vienne surtout, cité molle et dépravée dont Martial, nous l'avons vu, se flattait jadis d'avoir fait la conquête par ses épigrammes licencieuses. Qui sauvera le Midi? Affolés et sans force devant l'horrible torrent des hordes ripuaires, nos peuples appellent à leur secours les Arabes de l'Espagne et de la Narbonnaise! Ils ont alors deux ennemis sur le dos. Arles et Avignon sont pris, puis Uzès, Viviers, Valence, Vienne et Lyon. Charles Martel accourt, et rejette les Sarrasins sur les rives de la Durance; mais s'il *martèle* furieusement les mécréants, il n'en brûle et saccage pas moins nos malheureuses contrées. Charles Martel était chrétien. A cause de cela sans doute, la seule fureur sarrasine est restée proverbiale en France.

Mais déjà l'Eglise a fait courber la tête aux plus fiers Sicambres, — et justement, car elle mérite, dit Bancel, le pouvoir qu'elle s'arroge. Dressé contre la bestialité des rois francs, il semble qu'une flamme miraculeuse illumine parfois le regard de l'évêque élevant la voix au nom de la morale et de la justice. Ces barbares chrétiens restaient en effet des barbares, et comme l'on dit encore chez nous naïvement d'un malfaiteur ou d'un criminel, ils n'avaient que le baptême de trop. Quel prestige pour l'Eglise de voir, en deux ou trois siècles, les loups ramper devant sa faiblesse auguste, et pour l'évêque, que sa mission dépasse ainsi étrangement! En ces époques farouches, aux instincts débridés, les mitres rallient les humbles, les opprimés, tout ce qui peine et tout ce qui souffre. Elles symbolisent l'idéal humanitaire et fraternel.

Nous abordons l'âge sacerdotal, où le spirituel et le temporel se confondent tellement dans la brume des annales, qu'il semble à peu près impossible de les séparer. Jusqu'au seuil du XVe siècle, l'histoire de Valence sera l'histoire de ses évêques.

Il y a eu huit conciles à Valence, un au IVe siècle, un au Ve; deux au VIe; deux au IXe; un au XIIe, et le dernier au XIIIe en 1248. Ils ont eu leur importance, bien qu'ils n'aient pas fait grand bruit. Celui de 855, notamment, convoqué par l'empereur Lothaire, condamna la doctrine de Gottschalk le théologien, en même temps que les actes d'un certain Agilde, prélat peu recommandable. Mais ne peut-on considérer comme un concile, et l'un des plus célèbres qui aient existé, la fameuse assemblée du château de Mantaille, situé à quelques lieues de notre ville (actuellement commune d'Anneyron), où Boson se fit proclamer roi d'Arles et de Vienne par les évêques et les seigneurs du Dauphiné et de la Provence? Boson, beau-frère de Charles le Chauve, avait obtenu, dix ans plus tôt, en 869, le gouvernement de ce pays. Une autre assemblée, réunie à Valence, déférait en 890, à Louis IV, fils de l'usurpateur, le titre de roi d'Arles et de la Bourgogne cisjurane, titre dont les empereurs d'Allemagne n'oublieront pas de se parer. En effet, Rodolphe III dit le Fainéant, roi d'Arles, étant mort en 1032, Conrad le Salique, empereur d'Allemagne, hérite des Etats de ce souverain. Nos contrées seront ainsi, pendant une longue période, qualifiées terres d'Empire par opposition aux pays situées sur la rive gauche du Rhône appelés Royaume. Ces désignations : *Royaume*, *Empire*, se sont, — chose fort curieuse — perpétuées dans un jeu de billes, auquel, enfants, nous nous sommes livrés à l'envi et que pratiquent encore sans doute les écoliers dans la vallée du Rhône.

Sous Rodolphe, les seigneurs, mais surtout les pontifes, se rendent à peu près indépendants, et la féodalité triomphe, une fois pour toutes, des velléités de résistance du roi fainéant. Sous la réserve de l'hommage à l'empereur, l'évêque de Valence devient le souverain temporel de la ville, puis seigneur d'Alixan, Beaumont-les-Valence, Châteauneuf-d'Isère, Cliousclat, Livron, Loriol, Mirmande, Montvendre. Il prendra dans la suite le titre de comte de Valence et de prince de Soyons, et il en jouira jusqu'en 1396, date à laquelle ses sujets, ayant obtenu la protection du roi-dauphin, la commune conquit des franchises et des libertés, reconnues solennellement, en 1456, par Louis XI.

Ce Moyen âge des châteaux forts, des abbayes et des églises ne se reposait de l'action que par la prière. Il nous surprend encore quand nous cheminons dans la moindre vallée, au détour du torrent, au passage d'un pont. Il n'est pas une colline, pas une gorge, pas un site qui ne lui doive quelque chose. Quand on songe que Richelieu fit raser tout ce qui pouvait ressembler à un vestige féodal, quand on revit par la pensée les guerres de religion qui portèrent le fer et le feu dans les abbayes et les chapelles comme dans les vieux manoirs, on demeure confondu de la puissance de cet incomparable génie bâtisseur. C'est vers l'époque où fut fondée l'abbaye de Saint-Ruf, de filiation avignonnaise, en 1050, ordre puissant qui donna plusieurs papes, que dut être construite la cathédrale actuelle. Mais c'est seulement en 1095, le 5 août, que le pape Urbain II, passant les Alpes, vint consacrer solennellement l'édifice, sous la dédicace des SS. Corneille et Cyprien. Le nom de Saint-Apollinaire leur fut substitué dans la suite. Gontard, évêque de Valence, à qui est due sans doute la sévère basilique, suivit le souverain pontife à Clermont, où Adhémar de Monteil, ancien chanoine de Valence, devait être proclamé, au milieu d'un immense concours de peuple, chef de la première croisade, Bernard, autre chanoine, natif de notre cité, compagnon et secrétaire d'Adhémar, devenait, à la suite de la campagne, légat du pape et patriarche d'Antioche.

Sans doute, il serait fort intéressant de faire revivre ces existences d'évêques, si fatalement partagées entre les choses de la terre et les affaires du ciel. Ils levaient des troupes, déclaraient la paix ou la guerre, rendaient la justice, battaient monnaie, jouissaient de revenus énormes pour l'époque et recevaient même toutes sortes de dons en nature. Après le coup d'état de Mantaille, que ne pouvaient oser ces pontifes, qui venaient d'élire un roi et sauver la patrie ?

III

Les bourgeois comptaient aussi pour quelque chose dans cette société féodale dont les hommes d'armes haut casqués nous dérobent trop le spectacle.

On se fait d'ordinaire une idée bien fausse de ce pauvre bon vieux temps. Il fabriquait des saints certes, mais aussi des moines enclins à la bagatelle non moins qu'à l'oraison. Croyez que l'abbaye de Thélème et l'excellent Frère Jean des Entommeures ne sont pas tout à fait une entité psychique. Si, par la sagesse malicieuse, le scepticisme, le bon sens, la tolérance, la sûreté de ses diagnostics scientifiques et littéraires, Rabelais annonce des temps nouveaux, en revanche, par la prodigalité du verbe et du rire, l'audace héroïque, le goût de la facétie, la jubilation débridée de la chair et de la chère, il appartient au Moyen âge sans conteste. Il est ignoble parfois, mais la crotte qui est sur le parvis n'empêche pas d'admirer la cathédrale.

Nous laisserons à d'autres le soin de faire la somme des libertés concédées jadis à nos Valentinois. Disons seulement que l'administration des évêques aussi bien que celle des seigneurs de tout poil, était en ce Bas-Dauphiné, rarement tyrannique, parfois paternelle, le plus souvent supportable. En réalité, apanagistes et bourgeois, étroitement liés par le contrat féodal, ne pouvaient guère se passer les uns des autres : d'où l'obligation *d'y mettre chacun du sien*, comme le veut la sagesse populaire. C'est beaucoup plus tard, à partir de François Ier — le roi du bon plaisir (1) — que, sous un gouvernement personnel et arbitraire, les populations devinrent *taillables et corvéables à merci*.

Dans nos provinces méridionales surtout, la communauté, inspirée du municipe romain, était comme le reflet d'un Etat minuscule, jouissant, sous certaines conditions, de privilèges et de franchises affirmés toujours solennellement. Beaucoup de ces libertés furent confisquées par le pouvoir royal — *l'Etat c'est moi*, dira Louis XIV — le reste fut emporté par le tourbillon révolutionnaire. On en retrouve à peine trace aujourd'hui dans notre organisation municipale.

Les Valentinois, à l'exemple de leurs voisins, les bourgeois de Crest, de Saillans, de Die, de Romans, etc., se montraient fort jaloux de leurs privilèges. Dans les moments difficiles, ils recouraient au Pape, à l'empereur d'Allemagne, au roi de France. Parfois, *inspirés par le démon* ainsi que le rapporte une vieille chronique, ils chassaient leur évêque, comme ils firent en 1144 et en 1229. Leurs syndics et leurs procureurs, choisis parmi les plus fermes citoyens, ne mettaient rien au-dessus de la commune après Dieu, et ils se cabraient quand ils sentaient par trop la bride épiscopale.

Avec le dauphin Louis II (depuis Louis XI), la féodalité, épuisée par des luttes séculaires, s'abat presque sans défense, comme une énorme bête frappée au cœur.

C'est à l'occasion d'un voyage accompli par Charles VII, en Languedoc et en Dauphiné (1437), raconte Pilot de Thorey, que Louis, son fils aîné, commença à s'immiscer dans l'administration de notre province. Il avait quinze ans à peine, mais il était dévoré d'ambition. Révolté contre son père en 1440, Charles VII, pensant le réduire, ou mieux,

---

(1) Il ajoutait au bas de ses actes sous sa signature : « Car tel est mon bon plaisir. »

le préparer au trône, lui confie le gouvernement du Dauphiné. Déjà, en 1419, Louis de Poitiers, criblé de dettes, avait, dans des circonstances analogues à celles du Dauphin Humbert II, légué à la France les comtés de Valentinois et de Diois.

Louis, avant tout, entend être le maître. Après avoir fait reconnaître par le roi que le Dauphiné forme un Etat séparé et distinct de la France, ayant ses libertés et ses franchises particulières, il enjoint à tous les grands qui détiennent un fief de venir lui prêter dans Grenoble hommage et fidélité. Puis, ayant flatté le pape, qui le nomme gonfalonier de la sainte Eglise romaine, il oblige sans scrupule l'archevêque de Vienne, les évêques de Grenoble, de Gap, de Valence et de Saint-Paul-Trois-Châteaux, à lui céder la plupart de leurs droits seigneuriaux, si péniblement édifiés, ajoute Pilot, sur les ruines du royaume d'Arles et de Vienne. Il parcourt ensuite la vallée du Rhône, dénichant dans ses repaires la noblesse afin de l'humilier, ramassant au contraire sur sa route quantité de petites gens dont il fait ses familiers et « qui lui parlent quand ils veulent ». Le monde semble à l'envers.

Son activité prodigieuse — Commines le surnomme *l'universelle aragne* — ne dédaigne aucun objet. Il crée un grand Conseil qui deviendra le Conseil Delphinal, justement célèbre dans les fastes de notre province ; il organise en les séparant les pouvoirs administratif et judiciaire, faisant de Valence le siège d'une sénéchaussée ; il solde des compagnies de gens d'armes et d'arbalétriers ; il ouvre des routes sur lesquelles il inaugure les premières postes ; il établit à Valence, à Montélimar, à Romans, à Gap et à Briançon des foires franches ; il s'inquiète de la déforestation au point d'instituer un maître général des eaux et forêts et comme l'élève du bétail le sollicite à son tour, il désigne un maître châtreur de toutes sortes de bestiaux. Qui nous rendra ce haut fonctionnaire ?

Louis se tient peu à Grenoble où la cour et les obligations mondaines l'obsèdent. Nous le voyons souvent à Valence, à Romans, à Vienne, à Montélimar, à Crest, à Die. Mais il affectionne plus encore de tout menus lieux, retirés au loin dans les bois ou dans les montagnes, tels la Côte Saint-André, Peyrins, Marsanne, Sauzet surtout d'où il date quelques-unes de ses lettres. Là, au milieu de compagnons dévoués jusqu'à la mort, il se sent libre, là il médite ses coups de ruse ou de force, et là aussi, entre deux chapelets, car il est très dévot, il s'abandonne aux bras de ses maîtresses. L'une d'elles, noble Felize Reynard, originaire de Die, eut de lui deux filles, qu'il légitima et dota princièrement, en mariant l'une avec Louis de Bourbon, amiral de France; l'autre avec Aymar de Poitiers de Saint-Vallier, son chambellan.

Louis était fort estimé des populations dont il avait diminué les charges et favorisé les aspirations commerciales. Il exemptait temporairement d'impôt les habitants des pays dépeuplés, ou bien ceux des localités atteintes de fléaux inattendus : peste, incendie, inondations, etc. Voulant à tout prix faire du Dauphiné un État prospère et modèle, il alla même jusqu'à faire appel aux étrangers, leur assurant, s'ils fixaient leur séjour dans ses terres, l'exemption pendant dix ans de toutes tailles.

A l'occasion, il eût renouvelé pour son peuple l'enlèvement des Sabines.

En 1451, il se marie contre le gré de son père avec la fille du duc de Savoie dont l'amitié lui est nécessaire, mais comme dit Commines, « l'épouse n'est pas de celles où l'on doit prendre grand plaisir », il chasse sur les terres du prochain, vivant et faisant siennes peut-être quelques-unes des histoires salées (1) racontées à sa table par des compagnons facétieux et libertins.

Louis se plaisait fort à Valence, où voulant être chez lui comme à Grenoble, il avait édifié le *Manerium Delphini*, sorte de palais qui surveillait la ville et la campagne. « Quand il eut goûté, dit Nicolas Chorier, durant son séjour dans cette ville, la douceur des mœurs de ses habitants et les beautés de son territoire couvert de prairies et arrosé de fontaines innombrables, il se persuada que Valence serait favorable aux lettres. » Il y établit en conséquence la douzième Université du royaume le 26 juillet 1452. Les lettres patentes publiées à cette occasion ne manquent pas de rappeler les nombreux avantages de la cité : *Et quia inter cœtera civitates nostra Valentia in situ primatum habet...*, puis elles exposent dans tous ses détails l'organisation de la fondation qui jouira des mêmes privilèges que les Universités d'Orléans, de Montpellier et de Toulouse.

En 1498, les Valentinois s'écrasaient autour d'une cavalcade splendide entourant César Borgia, leur nouveau maître

(1) *Les Cent Nouvelles nouvelles.*

par la grâce de Dieu et la volonté de Louis XII. On sait quelle âme vénéneuse cachait le sire sous sa joliesse de faune. Mais en 1504, Louis XII révoquait sa donation.

IV

L'Université, installée dans l'ombre dévote de la cathédrale, en un logis « avantageux pour les études », était au XVIe siècle l'une des plus célèbres de l'Europe. On y venait de toutes les provinces, et aussi d'Allemagne, de Belgique et d'Italie. Ses maîtres avaient nom : Decius, Jean Coras, François Duaren, Antoine de Govéa, Antoine de Dorne, Claude Rogier, Cujas, Hottoman, Claude Frère, Jehan le More, Laurent Joubert, Roaldès et Pacius, et parmi ses élèves on comptait : Scaliger le fils et de Thou, deux des lumières de la Renaissance. Cependant la Faculté de droit, civil et canonique, l'emportait de beaucoup sur les trois autres (1). Comme l'on sait, « Pantagruel, voulant *estudier*
« *en loix*, Epistemon, son bon pédagogue, le tira d'Avi-
« gnon, et le mena droit à Valence au Dauphiné : mais il
« vit que les marroufles de la ville battoient les escholiers ;
« dont eut despit, et ung beau dimanche que tout le monde
« dançait publicquement, ung escholier se voulut mettre
« en dance, ce que ne permirent lesdictz marroufles. Quoy
« voyant, Pantagruel leur bailla à tous la chasse iusques
« au bord du Rhosne, et les vouloit faire tous noyer : mais
« ils se mussarent (cachèrent) contre terre comme taulpes,
« bien demie lieue soubz le Rhosne. Le pertuys encore y
« apparoist. » Est-ce une de ses propres aventures que raconte Rabelais, est-ce fantaisie de rieur éternel entre deux vins ? Il serait bien difficile de se prononcer. Mais, à coup sûr, Maître François, homme d'humeur voyageuse, bouffonnant et allégorisant sans cesse, et trouvant partout de quoi faire merveilleux élixir de philosophie, séjourna dans notre ville où il dut se mêler à la troupe turbulente de ses escholiers. C'est même à l'un de ces enfants sans souci que du Verdier attribue la paternité gaillarde du cinquième livre

(1) Faculté de théologie, de médecine, de philosophie et des arts libéraux.

de Pantagruel, tout plein de moqueries à l'égard de Rome, intitulé l'*Isle sonnante*, et paru en effet assez longtemps après la mort du curé de Meudon. On a beaucoup disputé là-dessus. Mais si le fait était démontré, et mieux encore si l'on découvrait le nom de l'auteur, voilà qui vaudrait un regain de gloire à notre vieux Valence où, précisément, dès 1548, on éditait *Gargantua et Pantagruel, pour la récréation des bons esprits*.

Les consuls de Valence, afin de maintenir son éclat à l'Université, s'imposaient les plus lourds sacrifices, tirant du sang de toutes les veines. Ce beau rayonnement, dû en partie à Cujas, pâlit à peine durant l'horreur des guerres religieuses. Déjà, dès 1550, la Réforme était dans l'air. On se sentait remué comme dans l'attente d'événements sans pareils. Les idéologues, au nom de la pensée; les écoliers, par soif d'inconnu et aussi par ce besoin inné chez la basoche d'*épater* le bourgeois; les uns par ambition, les autres par misère, et les meilleurs par simple bonne foi, inclinaient aux idées nouvelles. Le prêche d'un ministre, le dernier jour de mars 1560, en pleine église des Cordeliers, mit soudain le feu aux poudres. La ville, prise une première fois en 1562 par des Adrets, était saccagée de nouveau en 1567. Une très curieuse gravure, d'après l'original peint par Pierre Prévost « maistre painctre de Grenoble », et conservée au Musée, nous montre « l'aïeule » sous des traits dont le charme ancien fait oublier les douleurs et les ruines. Que de tristesses pourtant dans les détails du tableau : « Saint-Apollinard, ruiné, explique la légende; Saint-Jean, ruiné; les Cordeliers, les Jacobins, ruinés; Saint-Jacques, ruiné; Notre-Dame de la Ronde, ruinée; Saint-Pierre-du-Bourg, ruiné; Saint-Ruf, ruiné; Saint-Félix, ruiné; la Magdeleine, ruinée; Saint-Vincent, ruiné... » Aucun établissement religieux n'avait trouvé grâce devant les briseurs de pierres et d'images.

A cette époque, Jean de Montluc, frère du fameux Blaise, gouvernait l'église de Valence. Que faut-il penser de ce singulier pontife, dont l'orthodoxie, suspectée et attaquée par ses contemporains, a trouvé de nos jours, dans M. l'abbé Hector Reynaud (1), un défenseur aussi attardé que chaleureux ? J'ai entre les mains la reproduction photographique d'un portrait de Montluc, peinture fort dégradée de l'ancien palais épiscopal. Les épaules, revêtues de l'aumusse,

(1) Thèse de doctorat ès lettres.

portent si gauchement la tête, qu'elles ne semblent pas appartenir au même personnage. Mais quelle intelligence dans le front haut et vaste, sous l'herbe drue des cheveux, et quelle dissimulation dans les yeux qui ont l'air de fuir dès qu'ils se posent ! Ces yeux seraient inquiétants n'était le nez aristocratique, mais surtout la bouche qui s'ouvre sensuelle au-dessus d'une barbe grave de patriarche. « Fin, délié, trinquat, rompu et corrompu autant pour son savoir que pour sa pratique », ainsi nous le dépeint Brantôme, qui s'y connaissait au moins autant en hommes qu'en belles et honestes dames.

Ami et conseiller intime de Catherine de Médicis, confident de toutes les manigances de cette femme sans vergogne, mais trop décriée tout de même, et qui crut pouvoir gouverner la France selon la politique florentine, Montluc demeure malgré ses vices l'une des plus grandes figures du XVIe siècle. Il remplit successivement huit ambassades et fit élire le duc d'Anjou (depuis Henri III) roi de Pologne. Un diplomate, un aïeul de Talleyrand, ce Montluc qui favorisait secrètement la Réforme, ne sachant pas comment cela tournerait.

Valence lui doit la fondation d'un collège où l'on enseignait la philosophie, les humanités et la théologie et auquel il assura une pension de 300 livres sur sa cassette personnelle (ce fut l'embryon du séminaire).

En 1575, il ouvrit un autre établissement auquel il promettait sans rire le concours de son chapitre « pourvu que les maîtres n'y parlassent point pour le fait de la religion, mais tant seulement instruisissent les jeunes gens des bonnes lettres ». Ce collège, qui observait si bien la neutralité, s'appela Collège des Arts, puis Collège Montluc.

Jusqu'en 1598, date de la publication de l'édit de Nantes par Henri IV, Valence gémit et saigna, vainement rappelée à elle-même par ses escholiers rieurs et dissolus. Le vieux François Joubert (1), l'historiographe de ces temps d'anarchie, en a parfois gros sur le cœur malgré l'habitude, et des pitiés lui viennent comme au vénérable l'Hospital : « Il fait si piteux, dit-il, voir les chrestiens avec deux sectes se regardant les uns les autres sur l'espaule, avec si peu de charité et concorde, que rien pis. » C'est l'époque, observe-t-il, où « chascun de Vallence s'est accoustumé de porter des

---

(1) Examinateur de l'Université et juge-mage, à Valence.

chappeaux en lieu de bonnets ». Mais, si l'habit ne fait pas le moine, comment le chapeau changerait-il les mœurs ?

Laurent Joubert, frère de François, notons-le en passant, révolutionnait alors le monde par l'originalité de ses méthodes et la hardiesse de ses idées. Médecin du roi de Navarre, puis d'Henri III, dont les ressources de son art essayèrent en vain de conjurer l'impuissance, ce Valentinois célèbre n'était pas seulement un grand praticien, expert comme Ambroise Paré à la « curation des arcbusades », c'était aussi un philosophe à sa manière, un de ces hommes dont le génie inventif ne se croit jamais quitte envers la science et la pensée. Il affirme dans sa *Question vulgaire*, — comme s'il venait de tâter le pouls aux hôtes du Paradis terrestre — que la parole a été révélée à Adam par Dieu lui-même, qu'elle n'est point innée, et se montre ainsi le précurseur des grands systèmes philosophiques du siècle à venir. Il a détruit, dit Adolphe Rochas, une foule de préjugés qui avaient acquis la sanction du temps, et par là il a fort relevé la médecine. Deux de ses nombreux ouvrages, le *Traité du ris* et les *Erreurs populaires*, écrits de façon licencieuse, sont dédiés plaisamment par l'auteur à Marguerite de Navarre « l'une des plus chastes et des plus vertueuses princesses du monde ». Professeur à l'Université de Valence en 1561, il mourut chancelier de l'Université de Montpellier, en pleine renommée, à l'âge de cinquante-trois ans.

Revenons à François Joubert. Il ne dit rien de sa ville natale à propos de la Saint-Barthélemy. Grâce à Gordes, gouverneur du Dauphiné, il n'y eut nulle part de boucherie. Mais, deux ans plus tard, au mois de juillet 1574, « M. du Mestral, gouverneur de Valence, sortit de la ville avec cent ou six-vingt arquebusiers et surprint le chasteau de Crussol, à une heure devant jour, et trouva endormis tous ceux qui estoient dedans, qui furent mis au fil de l'espée, excepté Capestain, le gouverneur, qui fut print prisonnier ». Cette même année, Henri III descend le Rhône, entouré de ses mignons « godronnés », et suivi de quelque cent bateaux. Parti pour châtier Livron, on l'en débusque honteusement : les hommes à coups de canon, les femmes à coups de gueule. La ville est toujours dans les alarmes. En 1579, on y voit la reine mère et en 1586, la peste, sans que les huguenots cessent pour cela leurs « entreprinzes ».

V

Le XVIIᵉ siècle va réparer dans une certaine mesure les ruines du XVIᵉ. Ce n'est pas encore tout à fait la paix et la concorde, mais on est las de pourfendre, mais on n'a plus le feu sacré. Lesdiguières lui-même, devenu catholique, se livre à des *capucinades* : la connétablie vaut bien une messe sans doute.

LESDIGUIÈRES

Si les *chrestiens avec les deux sectes*, comme les a vus le bon Joubert, se regardent encore avec méfiance, du moins ils ne s'égorgent pas nécessairement. Tout se borne d'ordinaire à des quolibets ou à des actes que nous appellerions maintenant des *rosseries*. En 1609, Mlle de Bonnefoy, huguenote, coupe une chasuble dans l'église Saint-Jean. Trente ans plus tôt, n'eût-elle pas occis l'officiant ? Vers la même époque, les catholiques vénèrent comme sainte une veuve, Marie Teissonnier, dite aussi Marie de Valence. Saint François de Sales et Louis XIII, qui l'avaient en grand respect, viennent, tout exprès, lui rendre hommage. Eglises et chapelles de surgir, couvents de se relever ou de se fonder. La ville redevient *sonnante* comme au Moyen âge. Saint-Apollinaire réédifié scrupuleusement dans le style primitif par des hommes *entendus* (1), impose de nouveau son autorité romane à l'horizon rasséréné. Enfin, un séminaire diocésain est placé sous la direction de Christophe d'Authier de Sisgaud, évêque de Bethléem, fondateur des missionnaires du Saint-Sacrement, et c'est le premier établissement de ce genre institué en France.

Une autre création importante fut celle d'un Présidial et

---

(1) Saint-Apollinaire fut rebâti en 1604 sous l'épiscopat de Pierre-André de Leberon.

d'une sénéchaussée, réclamée bien des fois par les habitants « espérant ainsi passer avec plus de tranquillité le reste de leurs jours, sous la protection de la justice royale ». Les naïfs ! Ils n'eurent pas plus de justice, mais des juges comme s'il en pleuvait. Présidents, lieutenants civil et criminel, assesseurs, conseillers laïques et conseiller clerc, procureur et avocats du roi, commissaires et examinateurs, receveur des gages, contrôleur des consignations, greffier civil, criminel, d'appeaux, des présentations, des affirmations et des insinuations, etc., en tout plus de cent magistrats, officiers de justice et auxiliaires, sans compter cet ineffable chauffe-cire de la chancellerie ! Après cela, nos bons aïeux ne vous semblent-ils pas à croquer, telles les grenouilles qui demandent un roi ?

Louis XIV. Le Roi-Soleil. Un soleil qui éblouit sans doute, mais qui pompe et qui sèche. De la gloire à revendre et des conquêtes à faire crever de misère au chant des *Te Deum*. Un pouvoir personnel abusif. Versailles, but et fin de la noblesse qui abandonne ses lares, ses terres, ses vieilles traditions, qui se désaffectionne et qui se déracine pour le plaisir de faire des courbettes. Qui sait si la Révolution eût été sans Versailles ? Le roi fascine et éblouit à l'égal d'Apollon. Tellement que lorsqu'il exile, on meurt souvent, non de l'exil en lui-même, mais de la privation de le voir. Ne dit-on pas que Racine succomba à cette nouvelle peine du dam ?

Puisque le nom du tendre, de l'harmonieux poète d'*Andromaque* nous vient sous la plume, nous devons mentionner son séjour ici. C'était en 1661. Il avait vingt-deux ans et il allait de Paris à Uzès. « J'avais commencé dès Lyon, écrit-il à La Fontaine, à ne plus guère entendre le langage du pays, et à n'être plus intelligible moi-même. Le malheur s'accrut à Valence, et Dieu voulut qu'ayant demandé à une servante un pot de chambre, elle mit un réchaud sous mon lit. Vous pouvez vous imaginer les suites de cette maudite aventure, et ce qui peut arriver à un homme endormi qui se sert d'un réchaud pour ses nécessités de nuit... Mais c'est encore bien pis dans ce pays. Je vous jure que j'ai autant besoin d'interprète qu'un Moscovite en aurait besoin dans Paris.

« Néanmoins, je commence à m'apercevoir que c'est un langage mêlé d'espagnol et d'italien, et comme j'entends assez bien ces deux langues, j'y ai quelquefois recours pour entendre les autres et pour me faire entendre... »

Racine blague, comme un Parisien de la Ferté-Milon. Il fait si bon faire rire à distance ses amis. L'aventure venait à point. Et elle arriva sans doute, car fût-on logé au *Chapeau-Rouge*, au *Lion d'Or* ou aux *Trois Conils*, les chambrières valentinoises n'étaient pas toutes des Marton, je veux bien le croire. Mais comment admettre le fait de ne pouvoir se faire comprendre dans une ville universitaire et épiscopale, sans cesse traversée de voyageurs, de troupes, de grands personnages ? Racine nous en conte, et Mme de Sévigné, si friande d'histoires, de ridicules, et en un mot si parisienne, est autrement accommodante. Elle est à Valence douze ans après l'aventure du pot de chambre, en 1673, et elle mande à sa fille : « Monsieur de Valence (l'évêque) m'a envoyé son carrosse. J'ai été droit chez le prélat : il a bien de l'esprit... J'ai soupé chez Le Clerc avec Montreuil; j'y suis logée. M. de Valence et ses nièces, fort parées, m'y sont venus voir... »

Cet évêque de tant d'esprit était Daniel de Cosnac, en possession du siège depuis 1655. Il fonda l'hôpital général, publia des ordonnances contre « *la licence des libertins* », contre cette vieille confrérie de Saint-Jean-Baptiste « devenue païenne » et dont les revenus passaient en des mangeailles, mais surtout il poussa le roi à la révocation de l'Edit de Nantes. Il ne craignait point, dit-on, de monter à cheval à la tête des dragons pour aller convertir les huguenots. Transféré à l'archevêché d'Aix, le roi rétablit à son départ le siège épiscopal de Die, uni à celui de Valence depuis plus de quatre cents ans (1275 à 1687).

Et l'Université ? Elle brillait toujours d'un vif éclat à la fin du XVIIe siècle. Professeurs de choix, élèves studieux et nombreux, elle comptait encore parmi les meilleures du royaume. Elle déclinera lentement sous Louis XV et sous Louis XVI, puis sera confisquée par Grenoble qui ne la lui a pas encore restituée.

VI

Le siècle amoureux et léger, ce XVIIIe siècle, dont Talleyrand déplorait amèrement la perte, à en juger par sa fameuse phrase : « qui n'a pas vécu avant 1789, ne connaît pas la douceur de vivre », est à la fois le plus familier à notre esprit par le nombre et l'ampleur des ouvrages de toutes sortes qui en ont dépeint les traits et les mœurs, et l'un des plus dépourvus quant à l'histoire particulière des provinces. M. Brun-Durand, dont les travaux d'érudition sur la Drôme sont de véritables monuments (1), constate à ce propos que les successeurs de Nicolas Chorier et de Guy-Allard (2) ont consacré tout juste quelques pages à la grande période qui va de la suspension des États généraux du Dauphiné, en 1628, à la *Journée des Tuiles* (3). On croirait, ma parole, que la consigne est de se taire.

Versailles continuait donc à résumer la France, mais sans le prestige du Grand Roi. Et le monarque qui lui avait succédé s'appelait en réalité *le Plaisir*. La société spirituelle et libertine, qui semblait avoir pris le Régent pour modèle, consommait sa vie galante avec frénésie, pressentant peut-être obscurément l'agonie future. *Courte et bonne*, telle rêvait l'existence cette facile duchesse de Berry, digne fille de Philippe d'Orléans. *Après nous le déluge*, fait-on dire plus tard à Louis XV. Le mot, s'il n'a pas été prononcé, exprimait à coup sûr le sentiment de toute la cour.

En raison de ce mutisme concerté, dirait-on, et quasiment officiel de l'histoire locale sous le règne du Bien-Aimé, nous ne saurions à peu près rien de Valence sans un brave homme qui s'est plu à nous conserver le souvenir de *ce qui s'est passé de plus remarquable*, de 1736 à 1784, dans sa ville natale. Michel Forest (4) n'est ni un historien ni un critique. C'est un simple spectateur des choses et des gens qui passent, écrivant son journal, sinon pour soi, du moins pour une postérité de gens simples, et d'une plume tout à fait désintéressée. Marchand épicier, cela ne l'empêche pas d'être curieux et sensible, de mêler aux choses vues entre deux cornets de poivre ou de girofle le grain de sel et de philosophie.

Prêtons-lui l'oreille un instant, ne fût-ce que pour surprendre le vieux Valence dans quelques-uns des moments de sa vie tiède et peu chargée. — En 1736, il suit la mission du Père Bridaine, dont ses auditeurs disent que plus on l'entend, plus on le veut entendre, quoiqu'il prêche pendant trois heures et plus... « Son zèle fait de grands progrès sur les âmes. »

(1) Tels la *Biographie* et le *Dictionnaire topographique de la Drôme*.
(2) Historiens du Dauphiné.
(3) Mouvement populaire en 1778, à Grenoble.
(4) Michel Forest, né en 1721, à Valence.

En 1741, — l'année où l'on repave la ville à neuf, — il voit passez Zaïd-Effendi, ambassadeur du Grand Seigneur de Constantinople, et en 1744, dom Philippe d'Espagne, au souper duquel il assiste en cachette, grâce à la complaisance d'un garde du corps. Si le Turc le séduit avec sa « physionomie très majestueuse », et aussi le prince avec son « beau visage long », il n'en va pas de même de Mme l'Infante, fille de Louis XV, qui loge en 1749, au Gouvernement (1), où l'on consomme en une seule nuit douze charretées de bois et vingt quintaux de charbon. « Elle n'estoit pas des plus jolies, formant une grosse femme à larges épaules, assez brune, d'une taille assez haute. » — En 1747, « rien de si brillant que Valence », où l'on a fixé pour six mois un camp de cavalerie comprenant plus de 12.000 hommes et de 20.000 chevaux. — Au mois de mai 1750, la ville est toute remuée par une émeute bien originale. « Le bled étant extrêmement rare », les femmes descendent dans la rue, courent sus aux accapareurs qui n'échappent que par miracle, déchargent ensuite les charrettes et se partagent le grain. — En 1754, autre chanson. Tous les jours, on croit Mandrin aux portes. Il a pris Montbrison, le Puy, Seurre et Beaune, sans compter les bourgs et les villages. Il a pris tout ce qu'il a voulu, et il brave le roi. S'il allait se faire offrir ici le vin d'honneur par la municipalité terrorisée, comme à Beaune? En attendant, les grenadiers de Talaru (2) font des patrouilles continuelles. L'année suivante, hélas! Mandrin, « défenseur du pôvre peuple », fait à Valence une entrée qu'il n'avait certes pas méditée. Escorté des troupes de la Morlière qui le ramenaient de Savoie, où on l'avait pris en traître, « on s'étouffoit pour le voir passer... » Roué vif treize jours après, il montra, comme l'on sait, le plus grand courage, exhortant son confesseur : « Quoi! mon Père, vous pleurez? Moi, je ne pleure pas. Pleurez donc pour tous deux. » — « La gelée de 1758 fit tellement de mal qu'elle causa une misère des plus extrêmes. Une infinité de personnes qui fesoient la charité furent contraintes de la demander. Bien des familles se sont nourries avec des herbes, des pommes de terre. » Le beau malheur, allez-vous

---

(1) L'Hôtel du Gouverneur construit en 1710 et où mourut, en 1799, le pape Pie VI. Les nouvelles casernes d'artillerie occupent son emplacement.

(2) Nom du premier colonel de ce régiment d'infanterie, alors en garnison à Valence.

dire, des pommes de terre ! C'est que le précieux tubercule connu ici dès le début du XVIIIe siècle et dont l'évêque n'eût pas voulu pour ses chiens, n'avait pas encore été mis à la mode par Parmentier. Parbleu, il manquait à ce légume, comme à tout artiste qui se respecte, la consécration de Paris ! — « Entrée mémorable de M. le marquis Dumesnil, lieutenant général de la province de Dauphiné, 1761. » Ce Dumesnil, qui était originaire de Valence, songeait, dit-on, à y établir le gouvernement militaire de la province. D'où l'enthousiasme populaire. Il y eut des processions, des passes d'armes, des harangues, des réceptions, des feux d'artifice, des bals, des fontaines de vin, à rendre « les cervelles fumantes ». « Jamais Bacchus n'a eu plus de suite ni plus de gloire ; on trouvait de ses enfants étendus par bandes dans les rues, la pluie qui vint le matin n'ayant pas été capable de les tirer du sommeil où les avait jetés la liqueur de ce dieu. » Dumesnil étant mort trois ans après, les Valentinois le pleurèrent abondamment, en souvenir de ses vertus et de leur ribote. — En 1771, le marquis de Monteynard, un Dauphinois, remplace Choiseul au ministère de la Guerre. Valence, « qui possède sa sœur abbesse de Vernaison (1) », témoigne sa joie par de grandes fêtes. « Peut-être ne s'en repentira-t-elle pas. » — Au mois de novembre de la même année, mort de Mgr de Milon de Mesmes, évêque de Valence. Prélat magnifique et d'une charité inépuisable, il laisse 500.000 livres à l'Hôpital Général, après en avoir dépensé plus de 200.000 pour son église et pour les pauvres. — On commence la « Maison aux réflexions » (prisons), sur un emplacement acquis, détail bien suggestif, de M. de Planta, dit *Tête de Mort*. Ces prisons étaient destinées à enfermer les contrebandiers, attribués à ce sinistre tribunal appelé Commission du Conseil, chargé de juger souverainement, et dont la juridiction s'étendait sur le Dauphiné, la Provence, le Languedoc, l'Auvergne, le Quercy, le Rouergue et la Guyenne. « Heureux l'homme, dit à ce propos le bon Forest, qui connoissant la vertu est hors des coups de la justice humaine, qui quelquefois confond l'innocent avec le coupable ; plus heureux encore ceux qui se soustrairont à la justice divine. Fasse le ciel nous préserver de l'une et de l'autre. » — 1773 voit la suppression de l'ordre de Saint-

---

(1) L'abbaye de Vernaison, monastère de cisterciennes, ruiné au XVIe siècle par la guerre civile, avait été transférée de Châteauneuf-d'Isère à Valence en 1617.

Ruf, qui avait donné à l'Eglise des papes, des cardinaux, et surtout, des évêques sans compter. Ce fut un événement considérable pour notre ville où résidait l'Abbé, chef de l'ordre tout entier. « Cette perte nous sera toujours présente et nous a fait une plaie qui saignera à jamais... » L'évêque, désormais bénéficiaire des revenus des chanoines blancs (1), avait sans doute inspiré dans la circonstance le Conseil du roi dont l'arrêté portait que « vu le relâchement et l'inutilité de l'Ordre, il seroit éteint et supprimé ». L'Abbé, Jacques de Tardivon, conserverait toutefois, sa vie durant, ses revenus et son titre. — En 1778, on crée la promenade appelée Beauregard ou Champ-de-Mars, dont Valence se montre encore fière à juste titre. En 1779, des fêtes ayant été données à l'occasion de la naissance de la fille de la reine, le corps municipal et l'évêque décident de marier deux filles « accompagnées de leur vertu » et de les doter chacune de 300 livres. Le régiment de Béarn, « un des plus beaux de France, avec des figures à ravir », aidé de l'artillerie du rempart, prête son concours à la solennité. En 1783, la ville est éclairée aux lanternes, « ce qui donne la joie dans la saison la plus lugubre, outre l'utilité ». Au mois d'octobre de la même année, le régiment de la Fère, qui était en garnison à Metz, se rend à Valence, et M. de Bouchard, commandant de la nouvelle école d'artillerie, ordonne le tracé du vaste polygone où on fait, en 1784, les premières manœuvres.

L'honnête Forest a fini (2). Il mourra le 5 février 1788, dix-huit mois avant cette Fédération d'Etoile, si justement célèbre dans les fastes de la République, même après les assemblées de Vizille et de Romans. La Révolution se mitonne et ce n'est pas seulement un siècle, mais un monde qu'emportera la tourmente.

L'abbé de Tardivon, dont les fins dîners et les entretiens charmants régalent la province, tient dans son bel hôtel abbatial de Saint-Ruf (3), le dernier salon où l'on cause. A sa mort, survenue au mois de janvier 1791, le tout Valence de l'ancien régime, cette société aimable et légère à laquelle

---

(1) Les chanoines de Saint-Ruf portaient la soutane blanche et le manteau noir.

(2) En réalité, Michel Forest a écrit un second volume d'Annales, mais l'ouvrage est resté inédit.

(3) Aujourd'hui la préfecture de la Drôme.

devait se mêler Bonaparte adolescent, s'évanouit comme un rêve. Elle avait connu du moins *la douceur de vivre*.

Une lettre que n'eût pas désavouée la Sévigné, exprime admirablement la poésie de ces derniers moments du vieux Valence, et je n'hésite pas à la reproduire après quelques écrivains du crû, tant elle fixe la minute d'une époque, tant la pensée s'y abandonne aux regrets du couchant dans l'inquiétude de l'aurore.

« Enfin, Madame, écrit un tabellion à sa cliente, je me suis fait ouvrir le grand salon pour y enlever, selon vos ordres, le portrait de Monsieur l'abbé de Saint-Ruf. Personne n'y avait encore pénétré, et les choses s'y trouvaient comme à la veille de sa mort. Rien n'y était rangé : les fauteuils disposés autour de la cheminée gardaient encore sur leurs coussins la pression des personnes qui s'y étaient assises ; on aurait cru qu'elles venaient de se lever depuis un instant. Une dame avait oublié son éventail sur un sopha. Il y avait des journaux et des brochures, çà et là, sur les meubles ; on devinait le sujet du dernier entretien. Auprès du grand fauteuil de Monsieur l'abbé se trouvait encore sur la petite table ses lunettes posées sur la *Gazette Nationale*. J'avais si souvent entendu parler de ce salon que je n'ai pu, malgré moi, m'empêcher d'éprouver une émotion profonde à la vue de toutes ces choses, et vous m'excuserez, Madame, si je prends la liberté de vous en entretenir. La grande pendule de la cheminée était arrêtée à onze heures et demie, et marquait pour ainsi dire le moment précis où notre belle société de Valence a cessé d'exister pour toujours. Monsieur l'abbé en était l'âme, il animait tout par la grâce de ses manières, et je doute fort qu'après lui, elle puisse se reconstituer. »

VII

Valence a tenu plus de trois ans dans la vie de Napoléon. Pour être la moins connue de son histoire, cette période n'en est pas la moins attachante. Elle nous offre un homme si différent de celui qu'on imagine, si contraire à ce fatal génie de la guerre et de la conquête, déjà moulé en dieu, après 1804, au regard des peuples béants !

M. Frédéric Masson a raconté patiemment l'Empereur, le

suivant pour ainsi dire pas à pas depuis le polygone valentinois jusqu'à la colonne mirlitonnée de gloire de la place Vendôme. Mais, il néglige trop les débuts purement révolutionnaires de son héros, du chétif officier d'artillerie.

Dépêché de Brienne ici par les bureaux de la Guerre, au mois de novembre 1785, pour servir avec son grade de sous-lieutenant au régiment de la Fère, le jeune Napoléon Buonaparte y reste jusqu'au mois d'avril 1788. Durant ce premier séjour, son métier, les livres, les longues promenades à travers la contrée où le Rhône a creusé son sillon héroïque, sollicitent tout d'abord sa jeunesse bernée par les cadets de Brienne à cause de l'accent corse, de certaines bizarreries, et surtout de cet air concentré qui brave les élans spontanés des jeux et du rire. Libre enfin, mais pauvre d'écus et riche de désirs, il va devenir libertaire.

« Je n'avais que dix-sept ans, dit-il à Marco de Saint-Hilaire, « lorsque je composai une petite histoire de la Corse. Je la « soumis à l'abbé Raynal, qui en fit l'éloge et voulait que « je la publiasse, attendu que, selon lui, cet ouvrage me « ferait beaucoup d'honneur et rendrait un grand service « à la cause dont il était question alors. Je suis bien aise de « n'avoir pas suivi ses conseils, car il était écrit dans l'es-« prit du jour, époque où existait la rage du républica-« nisme et il contenait les plus forts arguments qu'on pût « employer en sa faveur. Je l'ai perdu depuis.

« En 1786, je remportai au concours le prix de l'Aca-« démie de Lyon, sur la question suivante : *Quels sont les* « *sentiments que l'on doit le plus recommander afin de* « *rendre les hommes heureux ?* C'était le même style que « l'ouvrage sur la Corse, abondant en idées républicaines, « en sentiments exaltés de la liberté, fruit d'une imagi-« nation ardente à une époque où la jeunesse et les passions « avaient enflammé mon esprit. »

Napoléon remémorant le rêve communiste de Bonaparte, quelle ironie !

Ces dissertations, ainsi que les fameuses *Réflexions sur l'état de nature*, inspirées de Jean-Jacques, sont écrites à Valence chez Mlle Bou, sa logeuse, où il prend d'ordinaire le café du matin. Elles ne semblent d'ailleurs d'aucune gêne pour la réputation du jeune officier, qui fréquente dans le meilleur monde. S'il entre à tout bout de champ chez Marc Aurel, le bon et complaisant libraire de la Grand'Rue, qui se montre inquiet parfois de le voir abîmé dans ses lectures comme Archimède dans son problème, il ne dédaigne pas d'aller à l'hôtel Saint-Ruf, au jour de M. de Tardivon. On le voit aussi, assure M. de Coston (1), aux cours de l'Université, déjà frappée à mort après avoir compté en ce XVIIIᵉ siècle : Bachasson (2), Planta (3), de Colonjon (4), Daumont l'encyclopédiste, Réalier, Dubessé, Planel et Dupré au nombre de ses recteurs. Mais sans doute se montre-t-il plus assidu aux cours de Dautel, professeur de danse (5). Entre temps, il discute ou dispute avec des camarades forts sérieux et d'une intelligence supérieure. Tels Sucy de Clisson et Bachasson de Montalivet, dont l'un deviendra ordonnateur en chef de ses armées, l'autre son ministre de l'Intérieur. Ce sont des Dauphinois, des tempérants d'idée et de langage, dont la mesure et la sagesse refrènent ses déclamations, « ce sang méridional qui, écrit-il dans ses correspondances juvéniles, va avec la rapidité du Rhône ». Les femmes ? C'est à peine s'il y songe. Une idylle, une seule, qui se passe aux Basseaux — dans les environs de Valence (6). On se voit, on s'aime, on se le dit avec un soupçon de rose sur la joue et un peu de tremblement dans la voix, et pour finir tout se bornera à s'attacher tour à tour d'une main innocente et espiègle des cerises en pendants d'oreilles, un

(1) Biographie des premières années de Napoléon-Bonaparte.
(2) D'une vieille famille de Valence, souche des Montalivet.
(3) Famille d'origine suisse, établie au XVᵉ siècle en Dauphiné.
(4) Michel de Colonjon, trois fois recteur, en 1764, 1765 et 1767, appartenait à une famille du Vivarais fixée ensuite dans notre province.
(5) Au mois d'octobre 1808, au moment où Napoléon se disposait à partir pour l'Espagne, le baron de Menneval, son secrétaire particulier, lui mit sous les yeux un placet en tête duquel se trouvait cette recommandation : « A Lui seul » :
« Sire, y était-il dit, celui qui a eu l'honneur de faire faire les pre-
« miers pas dans le monde à Votre Majesté, est aujourd'hui avancé
« en âge et malheureux. Il se recommande à son inépuisable généro-
« sité. Il est avec le plus profond respect, etc... Dautel, ancien profes-
« seur de danse à Valence, présentement à Paris, rue Saint-Roch.
Après avoir lu cette courte supplique, Napoléon dit d'un ton d'intérêt à M. de Menneval :
« Le pauvre diable ! je le croyais mort depuis longtemps ; mais
« puisqu'il n'en est rien, j'en suis bien aise. Je doute cependant qu'il
« soit aussi bavard qu'autrefois, à en juger par le laconisme de son
« épître. »
Et Napoléon écrivit en marge : « Envoyer mille francs et dire au
« pétitionnaire qu'il me fasse une demande d'emploi en rapport avec
« ses moyens. »
(Mémoires de Menneval).
(6) Commune de Beauvallon, canton de Valence.

jour ensoleillé de mai. Mlle Grégoire du Colombier s'en est-elle jamais consolée ? Comme ces mots doivent sembler cruels à une femme : « J'aurais pu être impératrice ! »

Paul Adam a écrit une belle et forte page sur Bonaparte anarchiste. Le fait est que, à partir de 1791, date de son second séjour à Valence, le jeune lieutenant d'artillerie prétend tout à coup mettre sa morale en action et passer de la parole aux actes. « Chose singulière, remarque l'éminent
« écrivain, ce stratège qui doit étonner le monde par son
« génie militaire, ne marque alors aucun goût pour son
« métier. Il passe dans les rangs le moins de jours possi-
« ble, sollicite le congé de semestre qui lui permettra de se
« livrer à la politique, sa seule préoccupation essentielle. »
En Corse où l'a précédé Buonarrotti, farouche, mais honnête révolutionnaire que nulle puissance ne put jamais séduire, et dont il est, pour l'instant, l'ami intime et même l'obligé, il révolutionne les villes et les villages « en retard sur les événements ». Sur les places publiques, comme dans les clubs, son œil ardent, sa joue creuse d'ascète, sa parole imagée, sa face illuminée pour ainsi dire par le rêve intérieur, courbent la foule superstitieuse et soumise. Il conservera vingt ans et plus encore l'ascendant « sublime ».

Tous les Valentinois connaissent le fameux épisode de Napoléon et de la mendiante. Un jour, Napoléon qui se rend avec le corps des officiers de son régiment à l'église Saint-Jean, sa paroisse, à une messe solennelle, est accosté sur le seuil par une pauvresse qui lui demande l'aumône avec des pleurs dans la voix. Le jeune lieutenant, l'ayant regardée, tire un écu de sa poche et le lui met dans la main. Emue d'une telle générosité, la mendiante le fixe à son tour et lui jette : — « Merci, mon lieutenant, vous aurez un jour une couronne ! » — « C'est bien possible, répond simplement Napoléon en entrant dans le temple. » Si la chose est arrivée, l'homme avait, on le voit, le secret du geste et de l'attitude.

Nous ne suivrons pas plus avant le César en apprentissage. Rappelons toutefois que la fameuse brochure égalitaire et sans-culotte, connue sous le nom de *Souper de Beaucaire*, fut imprimée à Valence en 1793. Alors déjà la plupart des bataillons héroïques de la Drôme étaient aux frontières. De simples volontaires, François Pie et Martin Vinay y trouvaient une mort glorieuse, célébrés à l'envi par les poètes et les artistes de l'époque. D'autres, couverts de dorures et de lauriers, entraient dans l'histoire. J'ai nommé : Argod,

Point, Claude-Victor Perrin, plus connu sous le nom de Victor, duc de Bellune, dans l'armorial des maréchaux de France (il avait quitté son comptoir de marchand pour s'engager); et enfin Championnet, dont Maurice Faure a marqué la belle figure en traits ineffaçables — le plus pur et le plus illustre de tous et dont le grand cœur repose dans un des temples de sa ville natale.

C'est dans la citadelle de Valence, démolie en 1867, que mourut le pape Pie VI, prisonnier du Directoire, le 29 août 1799, à l'âge de quatre-vingt-deux ans.

Valence, à l'issue du même siècle, voyait donc finir un pape et commencer un empereur.

VIII

Assurément, s'ils revenaient, ni Bonaparte ni Pie VI ne reconnaîtraient Valence. On a tant nivelé, comblé, restauré, agrandi, embelli et surtout démoli! Le mur de François 1er, construit en gros cailloux du Rhône, n'est plus, et les trompettes d'artillerie résonnent où fut l'Hôtel du Gouvernement. La ville, hâtivement, en amoureuse, s'est décorsetée tout à coup, et la voici qui s'offre à son fleuve, l'amant généreux dont elle a trop méconnu la grande âme.

Naguère, il me souvient d'avoir gémi quelque peu sur cette métamorphose. Est-il besoin, disais-je, de se donner des airs de capitale (1), de paraître au-dessus de ses moyens, quand on a un passé et quelques monuments bien à soi, quand on jouit d'un des beaux panoramas du monde ? A quoi bon ces boulevards de soixante mètres, copiés sur les avenues les plus réputées de l'Europe, et ces places immenses, ces espaces libres et vides? Sans doute l'on pensait y appeler la foule — et c'est le vent qui est venu... Eh bien! dût mon amour-propre en souffrir, les Valentinois avaient raison, et moi j'avais tort. Faire grand quand on est petit, c'est prévoir, c'est songer aux générations futures :

Mes arrière-neveux me devront cet ombrage.

L'avenir est assuré aux villes comme aux femmes qui ne doutent de rien.

(1) *L'Art français*, 1er janvier 1898.

Est-ce à dire que tout soit parfait dans cette transformation ? Non certes. Mais les fautes de goût — dont Paris lui-même n'est pas exempt, hélas ! — ne doivent pas nous empêcher de reconnaître le bienfait de l'œuvre. Par un bonheur rare, la cité, élargie et rajeunie par l'effort constant de ses édilités successives, semblait avoir atteint la limite des sacrifices compatibles avec son honneur, quand un Mécène lui vint mettre galamment sous les pieds un admirable tapis de six hectares. C'est le parc Jouvet (1), qui, reliant par une descente triomphale la terrasse du Champ-de-Mars à la route bleue du fleuve, — enjambé maintenant d'un nouveau pont — prête à la ville une apparence fastueuse, l'accorde de la façon la plus naturelle et la plus noble à son cadre de beauté. Du haut de la terrasse insigne — ces jardins suspendus de notre Babylone en miniature — on assiste véritablement, de l'aube chaste au soir pathétique, à toutes les fêtes de la lumière. Jadis, avant l'aménagement de l'avenue Gambetta, l'œil, en fouillant la vallée en amont, reconnaissait Saint-Jean-de-Muzols, à six bonnes lieues de distance, et quelle joie de voir s'évertuer et grossir, si lentement ! le bateau à vapeur d'abord soupçonné là-bas, là-bas, dans les gazes d'argent de l'horizon ! De superbes maisons de rapport — en voilà une erreur, par exemple, — interposent maintenant leur écran utilitaire. Du moins, l'aval, qui est déjà la campagne, paraît sauvegardé.

Entre Vienne, métropole descendue au rang d'ouvrière mal décrassée, et Avignon, nimbé de gloire apostolique, Valence claire et blanche, avenante et coquette, prépare à cet italianisme qui, le long du Rhône, d'escale en escale, va gagner la nature et la race. Nous sommes déjà en plein pays du soleil, où le souci valentinois de paraître comme il faut, n'empêche pas les interminables palabres au café ou en plein air. Une affabilité extrême, et avec elle la vantardise, le besoin inné, *de se la couler douce*, quoi qu'il arrive. Nous sommes aussi dans le pays où le commissionnaire reluit et fait reluire à tous les coins de rue.

Des places, des boulevards qui se respectent veulent être ornés. Et l'ornement, à ce qu'on croit trop aujourd'hui, c'est la statue. Valence en compte pour l'instant une demi-douzaine. J'ai parlé, en commençant, de Désiré Bancel. En sortant de la gare, il nous montre le chemin qu'il faut suivre pour voir ses collègues immortalisés. Il y en a deux au

---

(1) Du nom du donateur, Théodore Jouvet.

Champ-de-Mars : Championnet et Louis Gallet — l'héroïsme et la poésie — et à une centaine de pas, entre d'étincelants cafés, sur une perspective de capitale, Emile Augier en redingote, perché avec son cabinet de travail à dix mètres et plus sur un socle qui barre la vue du Rhône et de Crussol.

Devant son piédestal profilé dans l'espace,
Peut-être il sourirait d'un hommage aussi haut,

disait le bon Gallet lui-même à l'inauguration du monument de son ami. Il était si simple de représenter cet homme simple, très bourgeois, sur une petite place aimable, le front de marbre ou de bronze dépassant la foule d'une ou deux coudées. Mme la duchesse d'Uzès, dont l'œuvre d'ailleurs n'est pas sans mérite, a dû se laisser trop impressionner par le paysage romantique de Crussol dont la roche ouvragée dote la plaine d'un monument que la statuaire ne saurait dégoter.

Trop haut aussi Montalivet, l'un des fourriers de l'épopée impériale. Entre le poète dramatique et le plus probe des serviteurs de Napoléon, une svelte fontaine égaie heureusement le boulevard. Au Parc Jouvet, c'est un buste de Chabre-Biny, sanctionnant avec un à-propos charmant, une fantaisie exquise, la modeste gloire du donateur.

Si nous faisions un tour dans le vieux Valence ? Car il y a tout de même un vieux Valence que la jeune cité n'a pas dévoré, préférant — ce qui est la sagesse même — se jeter sur la fraîche et bonne campagne sans résistance. Inutile de vous dire que je l'aime de tout mon cœur, ce vieux Valence très comprimé et très archaïque. Là se dresse, reprisée, rapiécée et retapée, la bonne cathédrale mastoque dont le chevet à chapelles rayonnantes prend jour sur la place des Clercs, principal organe de la vie ancienne, où l'évêque avait son banc de justice, où tout Valence se pressait pour voir jouer les Mystères, et plus tard pour voir rouer Mandrin. Le carrefour a gardé sa couleur locale, fort pittoresque encore un jour de marché. Saint-Apollinaire, réparé en 1604, a conservé dans son ensemble la sobre et grave ordonnance romane, mais la basilique offre çà et là des touches byzantines, des truffages jolis et discrets de basalte d'un noir bleu. En visitant cette métropole singulière, où passe souvent sous les portes, et, dirait-on, à travers les murs, la voix douloureuse du mistral, le sentiment païen vous effleure. Il me semble que c'est un Dieu plus familier, parent — éloigné certes — des Olympiens, qu'on doit adorer sous le berceau sonore des nefs de ce genre. Les églises gothiques sont toute effusion, les églises romanes tiennent à la terre. Aussi bien, l'art roman n'a guère persisté que dans le Midi où nos populations gardent ineffaçable l'empreinte latine et vivent encore pour ainsi dire dans l'atmosphère du génie ancien. Saint-Apollinaire, tout en se rapprochant du style auvergnat, majestueux et sévère, offre des détails qui feraient croire à un art tout local. Regardez la colonnade du chœur. Dirait-on pas une pièce détachée de la mosquée de Cordoue ? Et quels vitraux de flamme pour éclairer le charme frais de cette abside! Le clocher, qui surmonte un porche d'un très grand mérite, vaut surtout par sa carrure colossale.

Il faut sortir de la cathédrale par le portail nord, celui vers lequel le pape Pie VI, œuvre de Canova, tourne son regard de marbre. On se trouve tout à coup sur une placette silencieuse, aux vagues relents de cloître, qui montre une sorte d'oratoire funéraire dont la voûte originale a fait type en architecture, d'où le nom de Pendentif de Valence. C'était le tombeau de l'ancienne famille parlementaire de Mistral à laquelle on rattache, sans preuves certaines, l'origine du grand poète provençal. Voici tout près, les bâtiments qui furent l'Université, et à quelques pas, dans cette étroite et tortueuse Grand-Rue, — l'artère par excellence il n'y a pas cent ans — la fameuse Maison des Têtes, délicat bijou Renaissance, vieille turquoise qui passe et qui meurt. Cette façade, l'une des plus curieuses du XVIe siècle tout entier, traitée par les sculpteurs de François Ier avec une verve étourdissante, a malheureusement subi les pires outrages. Parmi les personnages en ronde-bosse qui l'adornent, on a cru reconnaître Homère, Hésiode, Hippocrate, Aristote, Pythagore, Marc-Aurèle, Louis XI, un abbé de l'époque et peut-être l'architecte de la maison. Sous la toiture, les têtes énormes représentant les quatre vents classiques, sont ici d'un haut symbolisme. Enfin, les sept Sages qui protègent le vestibule, confèrent à l'édifice un renom du meilleur aloi. La ville s'honorerait d'acquérir la Maison des Têtes, dont Maurice Faure rêvait de faire un Musée de Cluny dauphinois.

Rue Pérollerie, où Bonaparte prenait ses repas à l'auberge des Trois-Pigeons, une porte intérieure de la maison Dupré-

Latour n'est pas moins remarquable. Le fronton y raconte amoureusement le jugement de Pâris et l'enlèvement d'Hélène. Aux deux extrémités de la frise, sont deux figures du XVIe siècle, que l'on considère comme les portraits du maître et de la maîtresse du logis. « L'hôtel Dupré-Latour est, dit « M. Marcel Raymond (1), comme un résumé de toutes les « formules de Florence et du Nord de l'Italie. De Florence « viennent les motifs des enfants tenant des guirlandes, la « coquille ornée d'un bas-relief, la frise historiée, les bustes « coupés à mi-corps ; de Milan ou de Bologne, pays des « décorations surchargées, les pilastres tout couverts d'orne-« ments. » Jamais porte ne fut entourée de plus de câlineries artistiques. On la franchit avec la crainte d'en froisser les tendres bousillages.

Ici, c'est l'Hôtel de ville tout battant neuf, sur lequel pèse un beffroi roman, richement décoré à l'intérieur, illustré de panneaux symboliques par le très grand artiste, trop ignoré, qu'est M. Ollier, et par d'autres peintres du crû. De la place où il est assis en face d'un théâtre fort médiocre, M. François Roux (2) avait songé à faire, il y a quelque vingt ans, un carrefour d'art, un cœur de cité à la manière des Flandres, plein de monuments divers et magnifiques, et tous appropriés cependant au climat de Valence, à sa nature mi-provençale et mi-dauphinoise. Mais que de dépenses ! L'éminent architecte dut rentrer dans ses cartons son projet grandiose.

Derrière l'Hôtel de ville se carre l'église Saint-Jean, reconstruite lourdement, sans le moindre souci de l'esthétique religieuse. Mais elle a gardé son porche trapu et sa tour romane, jaune d'avoir bu les soleils de huit ou dix siècles.

A proximité de Saint-Jean s'élevait autrefois la Citadelle, tournée — je vous le donne en mille — non pas en dehors vers l'agresseur, mais bien au dedans, vers le défenseur ! Le rusé François Ier l'avait fait construire ainsi, paraît-il, « pour servir de bride aux esprits échappés des factieux. » Dans son enceinte, on admirait l'Hôtel du Gouvernement, résidence assignée à Pie VI prisonnier, et ses merveilleux jardins dessinés par Le Nôtre. Ce quartier, où les archéologues asseoient d'ordinaire le Cirque et le Forum de Julia Valentia, devait avoir les destinées les plus singulières. C'est

---

(1) *Les Villes d'art célèbres: Grenoble et Vienne.*
(2) Architecte du gouvernement, originaire de Valence.

le Suburre valentinois. On y voit, à côté de casernes monumentales, qui comptent parmi les plus belles de France, tout un lacis de rues étroites, bordées de petites maisons à l'air honnête, et aussi chaudes, aussi mal famées que pouvait l'être la côte de Baise-béguine — cette voie sans peur, sinon sans reproche du bon vieux temps gaillard.

Le Palais épiscopal désaffecté a hérité récemment de la Bibliothèque, riche de quarante mille volumes, ainsi que des collections artistiques de la ville. Soit le voisinage impur de la Citadelle, soit la façade rébarbative du logis, on ne se risquait guère à l'ancien Musée, dont les tauroboles faits pour le plein air des baptêmes rouges chers à Cybèle, achevaient si tristement leur destinée dans un jour de cave. Les voici, dans un milieu décent, fiers de réveiller l'intérêt qui s'attache aux mythes de l'Orient, à cette obscure rédemption dont ils symbolisent le sacrifice (1). Une multitude de pierres ornées leur font cortège, que l'admirable mosaïque romaine, découverte à Luc en 1892, fait paraître insignifiantes. Il faut retenir comme sculpture, dans la curieuse salle, dite chambre du Roi, une *Jeune captive*, marbre palpitant de Debay. A la Peinture : un Paul Huet, deux Jean de Bologne, un Janssens, deux Snyders, un Guerchin, un David, un grand Devéria *(La Mort de Jeanne Seymour)*, un Rubens et un Greco douteux, sans compter un panneau ancien, très probablement de l'Ecole de Sienne, représentant le *Couronnement de la Vierge*. Le Musée que dirige Adrien Didier, l'un des maîtres de la gravure moderne, possède encore une sépia de Nicolas Poussin, et surtout des dessins d'Hubert Robert, fougueux, négligés, charmants, inestimables, et qui sont un peu pour notre ville ce que les pastels de La Tour sont pour Saint-Quentin. Outre ces ruines d'apparat dévorées par des jardins à l'abandon qu'affectionnait l'artiste, ces éparpillements de feuillages et de fleurs parmi des colonnades qui s'effritent sur un pourpris abandonné, il y a trois ou quatre intérieurs (Salon de Mme Geoffrin), qui sont des documents hors de pair pour les annales littéraires du XVIIIe siècle.

Çà et là, dans des salles parfaitement arrangées, d'intéressants modernes : Courbet, Corot, Ribot, Granet, Daubigny, Clément, etc...

Je laisse de côté les souvenirs chers à l'amour-propre local, telle la vitrine renfermant les armes d'honneur du

---

(1) Ces tauroboles ornent maintenant le Parc Jouvet.

brave Championnet, ainsi que les souvenirs laissés par Bonaparte à Mlle Bou, sa logeuse de la Grande-Rue.

On peut se faire une idée de la grandeur de l'abbaye de Saint-Ruf, à considérer seulement la Préfecture. Elle était, au XVIIIe siècle, nous l'avons dit, l'Hôtel de l'abbé de Saint-Ruf, chef de l'Ordre, et elle ne constituait qu'une faible partie de l'espace conventuel. Il y avait là des bâtiments de toute sorte, des cours, des jardins, sans compter la chapelle, construite sous Louis XIV et d'apparence princière, comme la chapelle du château de Versailles. C'est l'édifice religieux le plus intéressant de Valence après la cathédrale. Il a été attribué, en 1801, au culte protestant. La Préfecture, monument très simple, a la belle ordonnance des grandes maisons bourgeoises du XVIIIe siècle, situées entre cour et jardin. De ses hautes fenêtres du couchant, le point de vue, qui n'est pas gêné comme au Champ-de-Mars, est un enchantement, une jubilation propice à tous les songes. C'est ce qui faisait dire à l'un de nos anciens préfets : « Ici, je suis un empereur. »

La Basse-Ville, pressée entre le quai du Rhône et le plateau qui porte tous ces édifices, est tout à fait irrégulière, et bâtie elle aussi en style paysan. On y trouve l'Arsenal et l'Hôtel-Dieu, et elle est fort pittoresque. Mais qui monte aujourd'hui ces rues aux airs de trahison, ces venelles en escalier, confondues ici sous le nom de côtes, et qui imposent tout à coup le Moyen âge ? La côte des Chapeliers est la moins terrible, parce que certains alignements lui furent imposés au XVIIIe siècle. Elle fut pourtant le théâtre de guet-apens et de combats atroces durant les guerres de religion. A la fenêtre de cette maison, où devait mourir Lesdiguières en 1626, fut pendu La Motte-Gondrin, gouverneur du Dauphiné, par les bandes de des Adrets, qui le déclarait « ennemy de l'avancement de la gloire de Dieu », et de ce carrefour, de ce tournant en pente raide, le sang a ruisselé jusqu'au Rhône. De beaux hôtels, construits au XVIIIe siècle, y montrent aujourd'hui des physionomies avenantes. Tels ceux de Bressac et de Sieyès. Parmi les bâtisses informes dont le quartier est encombré, ce sont des aïeules pleines d'esprit qui devisent entre elles de choses lointaines et légères, qui s'extasient sur les costumes aurore ou arc-en-ciel des petits marquis, et sourient des bons mots de M. de Tardivon.

Et cette côte Sylvante — la bien nommée — où l'on passe sous un tunnel de verdure ; et la côte Saint-Estève et la côte

Saint-Martin, qui font penser à quelqu'une de ces cités italiennes suspendues dans l'Apennin !

IX

J'arrive au terme de mon étude, et je n'ai pas parlé de la Valentinoise — véritable fleur de la vallée, élancée, capiteuse, avec sur la peau blanche ce soupçon de matité qui trahit les baisers du soleil. La Valentinoise, moins caractéristique que sa sœur Arlésienne, c'est le sceau de la grâce contemporaine sur un ancien type de beauté. Latin ?... Peut-être. En tout cas, plus latin que grec ou sarrasin, comme d'aucuns le pensent. Une simple promenade au Champ-de-Mars, un jour de fête ou de concert, ravira l'observateur, même s'il a vu la fameuse sortie de messe de Saint-Trophime.

Ce portrait de Valence esquissé, je voudrais avoir le loisir de m'étendre sur le charme de l'existence dans cette ville où l'on ne rencontre rien qu'agrément et facilité. Oui, il fait bon vivre ici, comme disaient gentiment nos pères. La cité, posée entre le Vercors aux gras pâturages et les Cévennes chargées de fruits, sous le confluent de l'Isère qui « coule à travers les paysages comme l'inspiration à travers les strophes d'un poème », est admirablement approvisionnée et desservie. Ses vins, est-il besoin de le dire ? sont les plus beaux du monde : Hermitage, Crozes, Larnage, Mercurol, Cornas, Saint-Péray. Rien que leur arome fait reconnaître leur origine. Et qui n'aimerait ce paradoxe, bien valentinois, de boire du Saint-Péray mousseux en croquant des copeaux biscottés dans une forteresse qui abritait jadis deux cents hommes d'armes et qui a gardé un chef, simplement armé d'une broche, car c'est un cuisinier. Ce château, située sur la rive droite ardéchoise du Rhône, s'appelle Beauregard et contemple un admirable panorama.

Fort intéressante aussi la promenade des Baumes dont les prairies et les belles futaies entourent l'un des vastes établissements hydrothérapiques du Midi.

La plaine, parsemée de villages anciens, présente le groupe féodal de Chabeuil, sur la Véore, avec sa vieille porte à mâchicoulis, son hôtel de ville, ses résidences ombreuses de *Saint-Pierre* et de *Rosier*, Beaumont, Montmeyran, qui presse de ses maisons grises le château de Montalivet, Montelier et Châteaudouble, dont le château, sorte de petit Versailles rustique, possède de fort jolies peintures de l'école italienne.

Sur le quai, commun à la ville et au Bourg-les-Valence qui la touche, se dresse, dans une niche, un Saint-Nicolas paterne, vénéré jadis par la marine très croyante aux images. Il n'y a plus ni bateaux, ni mariniers, ou si peu, et le pauvre saint se meurt d'ennui à regarder de loin les îles *Adam* et *Eve* embrassées par les bras du Rhône et où les gamins de la rive vont s'ébattre comme dans le paradis terrestre retrouvé.

Valence commande à l'Ardèche au moins autant qu'à la Drôme et l'on ne compte plus les *bedots* (1) âpres, patients et laborieux qui y ont fait fortune.

Savez-vous que Valence est aussi la ville de France où l'on mange le plus de pain ? Parfaitement. De ce beau pain doré et parfumé que les nombreux boulangers (des artistes) façonnent en grains de blé géants ou bien en couronnes friandes. Et l'on ne s'y passe pas plus de brioche que de pain, car la pogne est devenue ici un objet de première nécessité. Enfin, à peu près toute l'industrie, ma foi : pâtes alimentaires, distillation, charcuterie, réglisserie, se résume à la gourmandise. Les marchés, très importants, gagnent d'année en année, et cela explique l'animation de la cité. Il suffirait, d'ailleurs, de joindre le Bourg à Valence pour en faire une cité moyenne de près de trente-cinq mille âmes. Et c'est même une situation qui ne s'explique pas, le village ayant toujours lié destinée avec la ville, ayant même été compris dans son enceinte.

L'orgueil de la municipalité devrait être, outre cet accroissement, de faire de la ville le centre de tourisme indispensable des petites Alpes et de l'âpre et poignante Ardèche.

O ces tendres vers de M. Jean-Marc Bernard, dans lesquels on retrouve tout Valence :

Valence, qui descends doucement jusqu'au fleuve,
Dans la sérénité de la belle saison
Je te revois encore au bout de l'horizon,
Claire et blanche au milieu du ciel, ô ville neuve !

(1) Surnom des Ardéchois.

*Il n'est plus rien que toi maintenant qui m'émeuve.
J'évoquerai dans mon esprit la frondaison
Des platanes puissants du Parc et son gazon
Si paisible à mes pas en d'âpres jours d'épreuve.*

*O Valence, voici ton Champ-de-Mars, voici
Tes terrasses au bord du Rhône et puis aussi,
L'ombre apaisante, au soir, de tes larges allées;*

*Tes coteaux où la vigne est grise sous le vent...
— Et puis voici toutes mes larmes en allées
Vers la chaude clarté de ton soleil levant.*

Et voilà pour Valence, première ville sous le Vent.

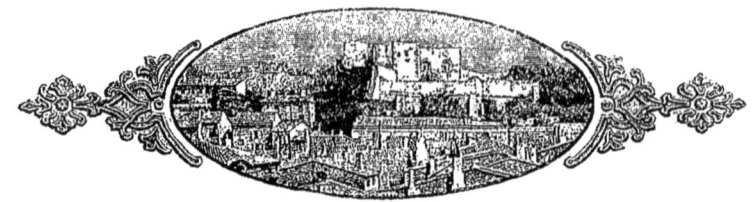

LE CHATEAU DE MONTÉLIMAR

MONTÉLIMAR

C'est de la terre natale que nous vient la sagesse, sinon la leçon d'amour...

A Morice Vtel.

I

La passe de l'Homme d'Armes franchie, on entre doucement « dans le plus beau pays et sous le plus beau ciel du monde ». J'ai nommé Montélimar. Jean-Jacques, venu passer trois jours ici en compagnie de Mme de Larnage, trois jours « comme il n'en est pas revenu de semblables », n'en dit pas plus long, et cependant ces mots me remuent toujours, comme s'ils grandissaient de moitié, comme s'ils rendaient célèbre par leur propre vertu ma petite ville natale.

Jean-Jacques la reconnaîtrait-il aujourd'hui, l'humble cité qui a fait peau neuve, qui a jeté bas ses murailles rehaussées de portes aux quatre points cardinaux, qui a bridé le Roubion et le Jabron dévastateurs, et tourné enfin son visage apaisé vers un parc dont les pièces d'eau répètent les frondaisons opulentes? Non, sans doute. Et Bonaparte, qui rêvait de finir en bon bourgeois dans la terre de *Beauserret* (1), ne s'y retrouverait pas davantage.

Mais la campagne n'a point changé. Elle est toujours douce, caressante, elle exprime la sécurité, la confiance, elle invite à jouir de l'heure.

L'horizon de la ville est large, sinon immense. Au nord, se dresse le cône de Savasse, dernier épanouissement d'un massif qui serre de près le Rhône entre le monastique et sévère Cruas et la Coucourde bénigne et frugale. Des villages branlants en retrait sur les hauteurs : Mirmande, Cliousclat, Les Tourrettes, La Champ, Condillac aux eaux bienfaisantes et au manoir parfumé de mythologie. Des bois sacrés où la chapelle remplace l'autel antique, comme à Marsanne, joli bourg où de jolies lèvres murmuraient à l'envi les prières qui délivrent de la stérilité. — A l'est, se déploient les lignes admirables de la Forêt de Saou, séparée de Couspeau, plus uniforme, par la forte dépression du col de la Chaudière; plus loin, très loin même, derrière la petite ville puritaine de Dieulefit, Miélandre et Angèle projettent leurs cornes, parfois neigeuses, à près de cinq mille pieds. Puis se déroulent les collines de Rachas, d'Aleyrac, de Rochefort, d'Allan, devant lesquelles s'étale, au premier plan, vis-à-vis du sanatorium de Bondonneau, Montceau, ventre énorme dont la tranche d'une carrière simule l'ombilic d'une manière si frappante. Au sud, dans la plaine, non loin d'une chapelle blanche édifiée par un pieux original, le lac de Gournier (2), d'un bleu sombre, s'ouvre à la lumière avec la douceur d'un œil de femme frangé de cyprès comme de cils noirs. Il court sur son compte les mêmes bruits fâcheux que sur le lac de Paladru, le lac Pavin, le lac de Saint-Andéol dans l'Aubrac et maint autre. Un couvent de nonnes trop distraites de leurs devoirs se serait abîmé jadis dans ses eaux bleues et à la Noël, si l'on a le courage de venir errer sur ses bords, on entend tinter, sur le coup de minuit, de lugubres cloches qui seraient celles du couvent maudit. Dans son horizon, Montchamp, sommé d'un oratoire, offre la grâce arrondie d'un sein, et plus bas, vers le Rhône, se dessinent les hauteurs aux cassures vives de Châteauneuf et de Viviers,

---

(1) Coteau à deux kilomètres de Montélimar.
(2) Gour-Nier (abîme noir).

qui pressent une dernière fois le fleuve. Enfin, à l'ouest, le Coiron, morne et noir, et toutefois admirablement tourmenté comme l'Auvergne, sculpté de maint Pavé des Géants.

Si l'on monte quelque peu et que l'on atteigne le plateau de Narbonne — du nom de la grosse tour carrée au dessin si dur qui s'y équilibre — on se retrouve comme sur un cap surveillant deux mers de cultures. Que de fois j'ai gravi cette côte ! J'y reviens chaque année avec la même curiosité fervente. Il me semble retrouver ici ma jeunesse, tant mon cœur et cette nature familière qui se connaissent depuis toujours, se pénètrent et se comprennent. Quelle joie pour moi de fouiller dans la double conque verte, de compter les acropoles féodales, d'appeler par leurs noms parlants les vastes auberges de jadis en bordure de la grande route qui fut la voie domitienne, de dénicher dans les vallonnements du large, parmi les pompons des mûriers déployés en tirailleurs, les granges amies où mon grand-père me menait goûter la tome fraîche et le vin nouveau ! Ici, la lumière pare d'allégresse innocente les bois, les collines, les torrents, les chemins égratignés par l'églantine, les drailles ensanglantées par les buissons de grenadiers en fleur, les maisons, tout, même les vieilles bourgades qui firent parler d'elles en leur temps : Châteauneuf-de-Mazenc, Sauzet, Savasse, La Bâtie, Rochefort, Puygiron, Rac, gris et graves, Allan tout enflammé, et par delà le Rhône, cet admirable Rochemaure, luisant et noir comme une création d'enfer — qu'il est d'ailleurs, car c'est un volcan qui l'a craché.

Cette tour de Narbonne et la citadelle aux belles fenêtres romanes qui l'accompagne, érigent dans le ciel léger de Valdaine une image d'histoire nuancée d'un peu de rêve. Le vieux Pontaimery (1), à condition de s'asseoir sur ses métaphores, donne sur la cité du XVIᵉ siècle qu'il défendit les armes à la main, des renseignements précieux. Des Adhémar, ses premiers seigneurs, la bonne ville, comme on l'appelait alors, passa successivement aux comtes de Valentinois et aux Dauphins. Elle appartenait par moitié aux papes quand Louis XI la réunit à la couronne moyennant une légère compensation. Le compère n'arrachait pas

---

(1) Auteur d'un poème intitulé: *La Cité du Montélimar*, écrit vers 1588.

toujours de force : parfois il donnait royalement un œuf pour avoir un bœuf.

Avant 1830, on voyait, paraît-il, sur les remparts la statue d'une femme, *Margot Delaye*, qui vaut Jeanne Hachette. C'était en 1565, Coligny était venu assiéger la ville après sa défaite de Moncontour. Au plus fort de l'action, Margot, échevelée, terrible, paraît tout à coup sur la brèche et tue, de sa propre main, l'un des assaillants. Ceux-ci, pris de panique, lèvent le siège.

D'une forteresse déclassée, Grenoble a fait un jardin merveilleux : le jardin des Dauphins.

A peu de frais, on pourrait faire ici même chose : suspendre au-dessus de la plaine enchantée le Jardin des Adhémar. Il suffirait d'acquérir la citadelle — prison démodée, — d'aménager la tour de Narbonne en belvédère, de semer des fleurs et des arbustes autour de ces vieilles pierres. Ainsi la ville, diadémée de grâce aérienne, se souviendrait, s'ennoblirait, doublerait ses attraits. Et le tourisme, qui ne demande qu'à payer le tribut de son admiration en espèces sonnantes, ferait le reste. La province sera sauvée, écrit André Beaunier, quand elle saura s'éprendre d'elle-même.

Mais que va penser de moi la bourgeoisie régnante et qui fait de son indifférence esthétique une vertu théologale ? On m'apprit jadis à respecter son pot-au-feu égoïste et morne, à m'incliner devant les principes sur lesquels on la voyait alors à cheval, à pratiquer la bienséance, et voilà que je prétends lui donner des conseils, et bouleverser la ville, moi qui n'y suis plus ! Mais, l'avouerai-je, je n'ai plus grand'peur de la vieille masque, encore qu'ayant fait un Président de la République, elle ne le regarde plus aujourd'hui. Le XXe siècle semble d'ailleurs avoir quelque peu amendé ces gens couards, fiers, faux et courtois, qui ne disent jamais la vérité, sauf à en imiter l'accent. Parlons-en mieux. Nous leur devons le seul épisode mouvementé de l'histoire locale au XIXe siècle, cette querelle des *Dragons* et des *Répugnants*, Montaigus et Capulets moins tragiques et plus burlesques sans doute, qui espère un historiographe. Vers la fin de l'Empire, durant plusieurs années, Montélimar connut l'effervescence d'une foule injurieuse et salisseuse, vaine de ses bannières, jalouse de ses collèges et de ses musiques, ruée à ses haines, à ses folies. On s'en voulait d'autant plus qu'on n'avait aucune raison. Spasme subit d'une société dépourvue de plaisir et lasse de sa langueur? Peut-être. Quoi qu'il en soit, *Dragons* et *Répugnants* se couvraient d'ordures — *au propre* si j'ose dire non moins qu'au figuré. Ces gens, habituellement sans imagination et sans élan, imaginaient tous les jours cent mauvais tours, quand ils ne se provoquaient pas dans les rues, les cafés et sur les places publiques. Ni titre ni parenté ne trouvaient grâce devant eux. Comme Saturne, cette bourgeoisie dévorait ses propres enfants. O ces gens comme il faut de petites villes, ces dévots du qu'en dira-t-on et de l'honneur du monde, quand le diable les pousse!... Entre le petit clan patricien, très digne et très chevaleresque, et la plèbe mal parlante, mais vive, enjouée, pleine d'abandon et déjà très provençale, cette bourgeoisie semble ne pas avoir mêmes racines. On dirait d'une pousse d'aventure, d'apparence plutôt dauphinoise, dans un sol du Midi flambant. Et voilà pourquoi peut-être dans son vieux Dauphiné, où se trouvent si savoureusement analysés l'esprit et les énergies d'une race, et si joliment campée la figure belle et grave de cette province, M. Léon Barracand (1) n'est pas descendu jusqu'à Montélimar. En bon Dauphinois, il n'a pas cru devoir franchir la Drôme, ce Rubicon qui, sur la route de Marseille et de l'Orient, creuse, dit-on, le dernier fossé entre le Nord et le Midi.

Sans doute, en descendant en ville après avoir admiré le panorama de la tour de Narbonne, on pourra n'avoir que des yeux distraits pour ses monuments. L'art s'est montré ici moins prodigue que la nature. Pourtant, si l'on en croit les contemporains, la cité présentait au XVIIIe siècle une belle physionomie guerrière. J'ai connu un « ancien » qui me parlait de ses remparts qu'avec attendrissement, m'assurant qu'ils *donnaient de l'air* à ceux d'Avignon. Parbleu! J'ai su depuis qu'ils avaient été commencés vers 1392 par le pape Clément VII, ce qui me fait regretter quelque peu leur disparition, et garder pieusement le souvenir du vieux. Il y avait aussi avant la Révolution onze églises ou chapelles, dont il ne subsiste guère que l'ancienne collégiale Sainte-Croix. C'est la paroisse flanquée d'une tour carrée à l'italienne, et terminée par un chœur élégant du XVe siècle; des tribunes ornées de fenêtres ogivales, délicieusement légères, imitées du Palais Foscari, essayent depuis 1860 d'atténuer le fâcheux effet de la nef

---

(1) *Le vieux Dauphiné*, par Léon Barracand; Nouvelle Librairie nationale, rue de Médicis; 2 francs.

unique, sans style, ajustée tant bien que mal à l'abside après les guerres de religion.

La maison dite de Diane de Poitiers évoque la Renaissance. Des tours carrées et massives en forment les angles et prêtent tout d'abord au logis une tournure austère que démentent, par ailleurs, les ornements de la façade, ses bandeaux et ses larges fenêtres à meneaux délicatement fouillés. A l'intérieur, au centre d'une fresque s'étale sur une banderole tenue par des amours la fière devise de la favorite :

Ma foy ny mon amour ne ce peut esbranler.

A quelques pas de ce sobre et charmant édifice, le plus curieux de la ville, et dont naturellement les guides ne soufflent mot, le bel et loyal hôtel Dupuy-Montbrun, qui est un sourire du XVIIIe siècle naissant, donne quelque physionomie à la place d'Armes, ornée d'une fontaine, et sur laquelle les monuments officiels : mairie, palais de Justice et sous-préfecture font chacun une moue de laideur. L'hôtel de Chabrillan, Grande-Rue, a pu être galant en son temps. Il n'y paraît guère. Dans la cour d'honneur où évoluaient les carrosses, des ouvriers taillent, rageusement, lugubrement, des pièces tombales (1). J'en frémis pour les ombres de ces Moreton, illustres comme pas d'autres en France, qui furent les compagnons de Philippe-Auguste, de Du Guesclin et de Gaston de Foix. *Antes quebrar que doblar* (plutôt rompre que ployer) : autre devise invincible tirée de la réponse qu'un Reymond de Moreton, sommé de se rendre, fit un jour aux Castillans. Vers 1366, ceci le prouve, l'honneur était au moins aussi escarpé en France qu'en Espagne.

Le joli musée de ville à faire là si on voulait ! Comme les quelques débris archéologiques tassés à la Mairie, et surtout la fameuse table gothique des coseigneurs Girault et Lambert Adhémar, y seraient plus agréables à voir que les « monuments » funéraires, fussent-ils en véritable chomérac comme le prétend l'enseigne ! La peinture, la sculpture, le médailler, les objets d'art y gagneraient encore davantage. Montélimar possède, je le dis sans ambages, le chef-d'œuvre de Louis Deschamps. Sa *Petite Cribleuse* est

---

(1) L'hôtel, ayant reçu depuis peu une destination nouvelle, a vu disparaître ces parasites.

une révélation pour ceux qui ne connaissent de ce peintre, trop adulé ensuite et trompé sur lui-même, que ses productions parisiennes de la seconde période, toutes d'un art hébété et vacillant. A côté de ce ravissant morceau, peu de choses se laissent voir : le Clément (*Italienne implorant saint Antoine de Padoue pour son enfant malade*), les Grellet, le Charles Drivon, le Patricot... J'allais omettre une toile de Philippe Lattard, ravi à nos espérances, — ce *Golfe de Beauduc* plein d'une admirable détresse. A la sculpture, Premier chagrin, enfançon attendrissant de Bouval, et les médaillons de Chaumartin, l'incurable et doux bohème.

II

Au pied de sa colline héroïque, Montélimar s'étale et cancane : les peuples heureux vivent d'histoires. Un étranger s'y ennuierait peut-être au bout de deux ou trois jours. Moi je me sens à sa merci dès que j'y débarque. Les rues, les maisons, les gens, les animaux, les préjugés, les ridicules, les commérages, tout y semble bon à mon appétit insatiable de flâneur amusé. Ah ! les braves heures passées à errer sans but dans la ville et dans les faubourgs, à voir partir les courriers chargés de commissions matérielles ou verbales et dont chacun est un peu cause qu'ils « ne partent plus », à causer sur les portes avec Pierre et avec Paul, à entendre des énormités ou des mensonges ! Si je passe dans telle rue, je sais par exemple que le rideau de telle fenêtre va se soulever à demi. On se cache, mais on veut voir. Et cela ne m'empêche pas de surprendre la bonne petite âme pharisaïque à l'affût, la bonne petite âme qui a des yeux de jais. Si je traverse le matin telle placette où piaillent, dans la joie du réveil, des commères en négligé, « en gounelle », une paix soudaine s'établit dans le groupe sur ces mots : *Avise, avise*, prononcés par la revendeuse qui pousse le coude à la matelassière, qui le pousse à la marchande de café au lait. Puis, la partie de langues reprend sur mon dos. Et cela me fait l'effet d'une douche glacée qui caresse autant qu'elle irrite. Que je me retourne en riant et que je m'amuse à compter les commères d'un index narquois, je les voir rire à leur tour d'un rire saccadé qui leur fait tenir le ventre et mouiller peut-être leur chemise. Elles sont désarmées et elles me feront la révérence la prochaine fois. Chemin faisant, je dis bonjour à mon épicière qui m'apprécie parce que je ne suis pas fier, et qui en profite pour me faire ses confidences, pour dauber sur la municipalité qui a délaissé son quartier. Une dame distinguée, en grand deuil, passe. Je demande machinalement son nom. Mon interlocutrice qui connaît tout le monde, laisse tomber ces mots amers : « Je n'en sais rien, c'est une qui ne se sert pas chez moi. »

Je revois d'anciennes connaissances : la converse des trappistines, courte, ronde, bonasse, familière et réjouie, qui vient d'une demi-lieue faire les courses de son couvent rustique. Elle parle à son âne comme à un chrétien qui serait dans la mauvaise voie. Et l'âne, attentif à son salut, de braire sur ses fautes, horriblement.

Voici le patairé à la g... bouche d'empeigne, la stricte romaine tintinnabulant sur son épaule chargée de peaux de lapins ; la grand Ma et son cabas plein de *baumettes* : « C'est pour les dames de la ville qui sont échauffées, » dit-elle, si seulement on la regarde ; la marchande de *coques* (1), béate et doucereuse comme ses gâteaux ; la Phrosine, le bras fatigué par sa corbeille bondée de fromages incendiaires ; la Gouton et son panier rempli de *mayoques* et de *valences*. Elle a un cri haut-perché pour les naturels du pays : *Quàu voù d'arangé ?* Un autre moins lyrique pour les « franchimans » les barbares qu'elle flaire à la descente du train : *Qui veut de bons aranges ?* Emerveillé, je lui ai dit un jour qu'elle était bilingue. Eh bien, elle s'est fâchée tout rouge et j'ai dû lui acheter une douzaine de ses pommes d'or pour qu'elle ne me les jette pas à la tête.

Et que de types curieux encore ! Le *nabe*, par exemple, cet homme admirable, à la fois commissionnaire, trimardeur, décrotteur, portefaix, scieur de bois, connu de tous sans qu'on sache exactement son nom, toujours en plein vent, qu'habillent trois aunes de droguet à trame inusable et qui gîte n'importe où. A certains angles, le nabe (de l'allemand knabe?), fils de la Savoie, attend sa clientèle ; sa place est déterminée et ses compagnons la respectent, il est d'une honnêteté scrupuleuse, et soit dit à sa louange, nul ne cire plus parfaitement vos bottes et ne garde mieux vos secrets.

(1) Coques, à rapprocher de la coque belge, brioche du Nord.

A côté du nabe, vit aussi dans la rue et de la rue le simple, le stropiat. Les innocents joyeux ou héroïques ont de tout temps germé dans le sol prédestiné du vieux Montélimar, patrie légendaire des sorciers. Les rois avaient un fou, rarement deux. Montélimar en a eu jusqu'à douze, de quoi fournir toutes les cours d'Europe, les grandes et les petites. Ils s'agitent encore dans nos mémoires avec leurs grelots et leurs oripeaux : Loudet, boulimique désarticulé, Quasimodo de province, apte à faire tour à tour l'ange et la bête; la mère Lise, tombée dans l'innocence « rapport à l'amour » et roucoulant le soir aux lanternes ses chansons céladoniques; Neste, à la voix de chèvre ramassant autour de lui les femmes, les fillasses et les fulobres vers le Fust ou le Chapeau-Rouge. Le sournois ! Attentif surtout, à travers ses polkas *ponchues*, à la vie des seins, des seins des jolies fabriqueuses, on le voyait allonger la main vers ces friandises. Et filles de rire et de crier dans leur fuite éperdue. Mais le comte de Chastan les dépassait tous. Il était d'ailleurs surhumain, et jamais entrée de monarque n'a soulevé comme lui la vague populaire. Rien de lui ne s'est décoloré dans mon souvenir. Je le vois haranguant les masses, coiffé d'un bicorne rehaussé d'un plumet en saule pleureur, vêtu d'une lévite sur laquelle des bouchons de carafe, des miroirs en zinc et cent autres décorations ineffables se balancent en reflétant des soleils. Et de sa bouche véhémente tombent en successives cascades des mots grandioses, des mots amers, des mots fous, mêlés comme le flot du Rhône des paillettes d'or de la sagesse. A la fin, la foule énervée, devenait immonde. Elle huait le dieu et ne trouvait pas assez de pommes d'amour aux étalages pour le lapider. Je lui lançai une fois, moi aussi, le boulet rouge. Cet âge est sans pitié. Et je demande à son ombre chevaleresque humblement pardon de cette offense. Lui, impavide et admirable sous le feu, bravait la canaille et recevait les coups en héros, en martyr. Je crois bien que, à travers sa folie des grandeurs, il entrevoyait des retours de fortune, il attendait obscurément de la sédition elle-même son triomphe, sa montée sur le pavois... Une âme charitable l'arrachait enfin à la tourmente en le poussant dans un corridor. Il s'ébrouait, vidait d'un trait le verre de vin spontanément offert, et, rasséréné, remerciait en promettant un château pour le jour de gloire. Puis il saluait comme devait le faire Louis XIV. Pauvre comte de Chastan !

Les pompiers, eux, m'en imposaient comme des personnages épiques. Ils marchaient à un certain pas accéléré qui faisait sourire, tant il était lent et cadencé. Lourd, luisant, magnanime sous son casque à la Thémistocle, le capitaine popularisait une image de l'Apoplexie sous les armes. Les sapeurs porte-haches, la clique et les gradés comptés à part, il ne restait pas vingt hommes pour le gros de la troupe, mais comme ils défilaient deux par deux, cela faisait tout de même la longueur d'une brave compagnie.

Et je n'ai rien dit des bigotes, qui me faisaient jadis les gros yeux à la messe, des bigotes bigotement fagotées *in nigris* — camail chanoinesque et robes en cloche trop larges et trop courtes. Pechère, beaucoup ont disparu. Celles qui restent ressemblent toujours à des gerboises lorsqu'elles sautent le trottoir du temple en se hâtant vers leurs terriers.

Mais les jours de foire et de marché, c'est la noce, la forte cuite de sensations, de toutes les sensations ! Entraîné par une sorte de magnétisme obscur, je plonge jusqu'au cou dans la foule, dans ses appétits, dans sa fièvre. Cela grouille, braille, grogne, plaint, sue, pue. Sont-ce les gens qui crient comme les bêtes, ou bien les bêtes qui crient comme les gens ? Dans la mêlée confuse des fouets pètent, cruels comme des armes qui partent, faisant tressaillir chaque fois les chevaux et les femmes, et c'est à peine si l'on perçoit à travers le vacarme le son des cloches versant languissamment sur la ville quelque glas de riche. Ce qu'on voit et ce qu'on entend dans une foire ! Il y a matière au livre, qui n'est pas encore écrit, des mille nouvelles nouvelles. Que de visages et que de mentalités ! Et surtout quelle cocasserie ! A côté de moi, devant un marchand de ferraille dont la voix terrible fait tinter les casseroles étalées, une femme minuscule, mouche obsédante, pose ses pattes sur tous « les articles ». L'homme s'impatiente. Alors, elle, d'un air candide : « Vé, je cherche une soupière qui ne craigne pas le sale ! »

Dans les rues, animées dès le matin de paysans en veste, en blaude tantôt longue comme une robe de chambre, tantôt courte comme un boléro, je note les échantillons de la plaine et de la montagne, des figures de tout poil et de tous yeux. Il y a des visages qui semblent pétris de la même argile que les casseroles de Dieulefit. Des femmes portent de petits cochons dans leurs bras comme elles feraient d'un enfant; d'autres, empoignant des brebis par leurs pattes de derrière, marchent en poussant devant elles ces brouettes vivantes et bêlantes. Des bœufs, des mulets, des ânes, visiblement ennuyés qu'on les regarde, circulent par la ville en tabliers bleus comme s'ils allaient faire le ménage. L'essuie-main s'explique sans doute : il est là « par rapport aux mouches », mais quel déguisement ! Cependant, ce n'est rien encore. N'ai-je pas vu un âne portant, outre le tablier domestique, des culottes, oui des culottes coupées au-dessus des genoux, comme j'en portais avant ma première communion ? Ma parole, cette fois, j'ai ri d'un rire douloureux. Assimiler ainsi une pauvre bête du bon Dieu à un chrétien !

III

Je ne manque jamais non plus de rendre visite à ce qui fut mon vieux collège. C'est tout en haut d'une rue étroite et plébéienne au nom pourtant expressif : la rue Montant-au-Château. Je ne suis pas plus tôt devant la porte, fort banale, surmontée jadis d'un Saint-Joseph débonnaire, qu'il me semble, comme le docteur Faust, redevenir jeune, et mieux que cela encore, tout enfant. Incontinent, le *De viris illustribus* et l'*Epitome* me remontent à la gorge. Je me souviens, comme d'hier, de mon arrivée boudeuse, dans la cour pleine de tumulte et de cris. — Amusez-vous avec ce « grand petit ! » me fit le principal en me présentant, sans autres préambules, à un garçon long et sympathique, mon nouveau mentor. Celui-ci, en me prenant par la main, me dit simplement : « Viens, et tu sais, je te *pare*. » Mot touchant, en dépit des apparences puériles, engagement sacré de protection de la part du fort vis-à-vis du faible, et qui résume pour moi tout le charme de cette lointaine époque.

Quel homme cet abbé Chapuis, le directeur ! Beau à force d'être laid, disert, plein d'esprit, très ouvert, le cœur prompt et la main leste, il allait dans son courroux jusqu'à la gifle plus persuasive qu'aucune réprimande. *Qui bene amat bene castigat*, ajoutait-il une fois calmé. On l'aimait dans le public pour sa faconde et plus encore pour sa combativité. Tout seul, n'avait-il pas dressé un collège Chapuis en face du collège Municipal, évitant ainsi aux fils des *Dragons* de se commettre avec ces espèces... les fils des *Répugnants*. Sans le surfaire, c'était une sorte de phénomène ajoutant à la science infuse le don d'ubiquité. « A tous et partout », voilà sa devise. Il était en effet directeur, censeur, économe, professeur de philosophie, de rhétorique, d'histoire, que sais-je encore? Il était à lui seul tout le savoir, tout le collège. Et il avait encore le temps de dire sa messe, de lire, de faire des visites et de l'esprit, de jouer aux cartes et au tric-trac, d'élever des serins... sans nous offenser. Ses collaborateurs et ses pions comptaient à peine. Ai-je dit qu'il prisait furieusement et qu'il était myope comme une taupe? Peu préoccupé d'arrêter dans sa chute la goutte de café perpétuellement suspendue à ses narines, il la laissait choir doucement comme une larme de la science sur nos cahiers, nos livres, nos blouses, et quelquefois sur le pain de notre goûter. Il lui arrivait d'expédier sa classe dans la cour, remettant ainsi en honneur le péripatétisme d'Aristote tombé à nos époques dans un si fâcheux discrédit. Par malheur — ou par bonheur — il s'absentait à chaque instant, arraché à son cours par des soins domestiques, et la leçon, par une pente fort naturelle au jeune âge, se transformait trop souvent en parties de barres ou de saute-moutons. Quels élèves reverront jamais ces temps heureux? On était censé travailler, censé cultiver le latin, le grec ou les sciences, censé préparer l'avenir. Mais on vivait dans un si joli rêve lointain sous l'ombre légère des deux jujubiers balançant dans la cour supérieure leurs branches chargées de fruits... qui étaient défendus! Les arbres, devenus la propriété d'un ami, existent encore et rien ne m'a semblé plus doux que d'aller leur rendre un jour l'hommage de ma piété tardive.

Que l'excellent abbé qui doit diriger quelque classe dans le ciel sous l'œil amusé des Trônes et des Dominations me pardonne, mais je n'ai pas appris grand'chose à son collège. C'est peut-être un bien, et ne croyez pas à des remords. J'ai connu tellement de prodiges et de forts en thèmes qui depuis... En revanche, j'y pris goût à scier du bois comme Gladstone, car il fallait bien nous rendre utiles à la rentrée de l'hiver, et j'y inventai un attrape-mouches pour lequel j'ai négligé de prendre un brevet. Enfin, j'y cultivai — chose infiniment plus précieuse que la science — la divine amitié, « fleur du paradis » si l'on s'en rapporte à la vieille chanson provençale.

Et voyez comme les dieux disposent! Ce collège plein de fantaisie qui, d'après ces données, n'aurait dû semer que l'ivraie, a fourni des plus précieuses boutures le beau jardin de l'intelligence française.

IV

Roubion et Jabron s'unissent à Montélimar en face du pont de pierre, achevé sous Napoléon Ier. Ils arrosent deux vallées fort inégales, mais toutes deux verdoyantes, fertiles et pittoresques. Roubion, si l'on n'y prend garde, emportera quelque jour Montélimar, mais l'on n'y prend garde...
Bourdeaux et son tertre sur lequel titubent des ruines étranges, et Pont-de-Barret sont les deux grandes étapes de son cours fantasque. Jabron qui n'a guère que la moitié de sa taille l'égale presque dans ses rages. C'est à son flot agile et clair, autant qu'à l'esprit industrieux des Morin (1) et de ses potiers que Dieulefit a dû sa longue prospérité, qui décline un peu maintenant, mais que quelques encouragements pourraient lui rendre. Un petit chemin de fer qui fait joujou dans les rues de Montélimar, se glisse dans cette jolie vallée, s'éloignant ou se rapprochant du torrent selon les caprices de la route départementale. J'ai cité quelques-uns de ses plus jolis villages dans un coup d'œil jeté du haut de la tour de Narbonne. De tous, la Bégude de Mazenc où M. Loubet a établi sa résidence d'été dans un manoir devenu après maint avatar établissement thermal, est le plus vivant et le plus faraud. Par un petit chemin rustique on atteint de là le village d'Aleyrac par où l'on peut descendre dans l'immense plaine barrée au levant par la Lance, dont l'échine puissante rappelle les formes du Ventoux. On voit à Aleyrac une adorable petite église romane en ruines dont un brigand fut le curé au commencement du XIXe siècle. Faut-il croire que sa messe dite, Raymond — c'était le nom de ce prêtre — courait sus aux citoyens investis par la nouvelle république des fonctions municipales, et les égorgeait? Sans doute, comme le pense M. André Lacroix, la tradition populaire a dû enfler beaucoup les faits mis à sa charge. Il n'en reste pas moins ac-

(1) Ancienne et illustre famille de drapiers.

quis que Raymond, à la fois curé et agent municipal d'Aleyrac, fut dans le district le chef avéré de l'insurrection fiscale de thermidor. Il inspirait aux paysans une admiration, une vénération profondes. Désintéressé comme Mandrin, il donnait tout à ses ouailles et ne dépouillait ses ennemis que dans une intention louable. Il faisait le mal pour faire le bien. Très attaché à son ministère de prêtre, il croyait ingénument se purifier de ses brigandages en célébrant la messe, en donnant les sacrements, en brûlant sur chacun de ses méfaits un grain d'encens liturgique. Comme ces moines espagnols, il eût assommé les gens de la maréchaussée à coups de crucifix. Quoi qu'il en soit, il eut tôt fait de s'approprier le pays et ses habitants. Pendant plusieurs années, son influence sur ces populations simplistes, dans ce pays retiré et montueux choyant comme un trésor ses traditions séculaires de contrebande, fut celle d'un souverain.

Naturellement, Raymond n'opérait pas seul. Il entretenait des relations suivies avec d'autres chefs de bande, notamment avec Saint-Christol, qui commandait les insurgés du Comtat. M. de Roussillac, sous-préfet de Montélimar, ayant sous la pression du Consulat, mis à prix la tête du curé d'Aleyrac, personne ne voulut d'abord remplir le rôle de traître. Pourtant, après bien des pourparlers, un familier de Raymond, un nommé Jardin, finit, dit-on, par se laisser gagner, et consentit à trahir son maître.

Un soir, Jardin frappe au presbytère et prévient le curé qu'un de ses paroissiens, à toute extrémité, réclame les secours de la religion. Jardin s'offre à servir de clerc et de guide, car la grange est à plusieurs kilomètres dans un endroit isolé. Le temps de revêtir un surplis et d'aller quérir à l'église hostie et saintes huiles et l'on part. Mais tout en marchant, le prêtre, méfiant et pour cause, observe son compagnon. Bientôt, avec cet instinct sûr des races terriennes, il sent l'embarras de l'homme, et tout à coup, sortant un pistolet de sa poche, une arme qui ne le quittait jamais, même au pied de l'autel, il dit d'un ton goguenard : « *Ei luèn Jardi?* » (C'est loin, Jardin ?). Mais, l'autre, menacé dans sa vie, ne croit pas devoir attendre les gendarmes postés sans doute sur la route de Mazenc, et, sortant à son tour un pistolet de sa blouse, il fait feu à bout portant. Telle fut la fin du curé rouge. J'ai vu au Pas de la Croix l'endroit du crime. Peu de villages aussi perdus ont une aussi grosse histoire avec d'aussi jolies ruines.

Au delà de la Bégude de Mazenc, le val du Jabron se resserre au point de former une véritable gorge qui s'espace autour de Poët-Laval, site charmant avec son donjon et son colombier seigneurial. Des potiers jalonnent et illustrent le bord de la route de leurs cuvettes, de leurs toupins et de leurs tians. Il y aurait là de quoi faire toute la cuisine de Paris (qui est un cerveau, certes! mais qui est aussi un ventre). On passe devant le beau domaine de Rejaubert assis là-haut sur les rondeurs de sa colline et déroulant jusqu'à la route le velours de ses pelouses, et l'on entre à Dieulefit par un champ de Mars étroit et ombreux. C'est une petite ville dans un horizon de montagnes grises dont aucun monument : tour, clocher ne s'essore dans le ciel et qui paraît ainsi sans passé.

Les rues n'en sont pas trop tristes pourtant, certaines animées par les métiers, d'autres par les groupes familiers des femmes aimant à travailler aux portes et à raconter leurs insomnies ou les menus incidents de leurs ménages. Les hommes sont potiers ou tisserands. Des boutiques désuètes, des cafés vides la semaine et bourdonnants le dimanche avec, à la porte, un long rideau frangé jouant dans l'air qui passe. Ça et là, des immeubles à M. un tel, et à M. un tel, parmi les maisons étroites ou basses laissant apercevoir parfois à la fenêtre l'éclair d'un fin visage entre les chastes pots de verveine ou de réséda. Ces immeubles, froids, honnêtes, rigides sont l'image de la bourgeoisie protestante qui a toujours présidé aux destins de Dieulefit. Cette petite ville a tant travaillé, elle a tissé tant de drap et façonné tant de pots dans l'argile dont elle possède des montagnes, qu'elle en semble lasse et elle espère, avec un flegme philosophe, le beau magicien qui lui rendra son renom et sa prospérité.

J'ai donné à ma ville natale un sobriquet : *Nougatville*. Qu'elle se garde d'injustes représailles. C'est par le nougat, ce tendre émail qui appelle une bouche de déesse, que Montélimar, à l'égal de Cognac, est illustre de par le monde. Le nougat, les fruits confits, l'épicerie en gros, une fabrique de pétases, une minoterie modèle, des fours à chaux, voilà les éléments de son commerce et de son industrie. Point sale d'usines, salubre, donnant par-dessus tout l'impression de la vie facile, elle pourrait devenir la terre promise « des trente ans de service et des soixante ans d'âge », ainsi que des militaires en retraite de tous grades. Elle compte déjà bon nombre de ces oxydés, braves gens qui se rencontrent sur le boulevard ou au jardin public, digne d'une capitale, qui cache de ses massifs sa modeste gare, et là ils se content parmi les oisifs qui les envient, les heures tendres, terribles ou même vides du passé, tandis que chantent les oiseaux dans les arbres et que fuient, ébranlées d'un bon gros rire de monstre, les locomotives emportant ceux qui ne savent se fixer nulle part.

ORANGE

> Orgue de pierre ! Mur sonore qui proclames l'immortelle hauteur d'un âge souverain.
>
> (Marie de Sormiou.)

A Maurice-Faure, citoyen d'Orange.

I

Orange : un mur avec une ville autour. Un mur derrière lequel, par la grâce des dieux immortels et des félibres, il se passe enfin quelque chose.

Ce mur, de trente-six mètres de haut, de cent trois mètres et demi de large, et dix-huit fois centenaire pour le moins, domine la cité modeste à laquelle il prête de loin superbement le front têtu de Rome, et il est si imposant que tout paraît misérable et provisoire à côté de lui. Il est là survivant à l'histoire sur cette longue place mal aplanie que de pauvres maisons aux attitudes serviles, une église naine et comme accroupie, et un groupe aux blanches indécences essayent d'animer et de moderniser. On a peine à croire devant ce réel travail de Romain que l'on appartient à l'orgueilleuse agitation du XXe siècle. Il est là défiant en effet nos âges de son âge, regardant gravement nos architectures vacillantes et maquillées, nos foules qui ont perdu le goût du grand et du sublime et qui s'enferment dans des bonbonnières pour se divertir. Rome, quand il s'agissait de distraire ses peuples, prenait une montagne et y adossait un théâtre. Ainsi, huit mille spectateurs et plus, pouvaient s'asseoir sur les gradins d'Orange. Et la scène, quasiment intacte, et sans égale ailleurs, était vaste comme un forum, accessible à de fabuleux cortèges. Enfin, n'avons-nous pas vu soixante musiciens tenir à l'aise sous le fameux figuier dont l'ombre mouille ses dalles roses de fraîcheur et de rêve ?

Vraiment, cette façade est unique et plus on la regarde, plus on se sent de respect pour le génie de Rome qui élevait des édifices si calmes et si grands, simplement, et sans jamais, comme nous le souffle Stendhal, chercher à étonner. Au XVIe siècle, on pouvait voir encore la galerie qui précédait l'édifice, percé comme aujourd'hui de trois grandes portes. Au-dessus, règne une rangée d'arcades pleines surmontées d'une corniche, puis viennent deux lignes de corbeaux ; dans quelques-uns de ces corbeaux s'enfonçaient les mâts destinés à supporter le velarium, immense voile de pourpre qui allumait doucement les visages tout en les protégeant contre les ardeurs du soleil.

Sans doute, l'immense muraille usée est admirable en pleine lumière quand ses tons fauves, formant opposition avec le ciel de cobalt, composent une de ces vues aux couleurs implacables où se complaisait la sincérité des primitifs. Mais peut-être impressionne-t-elle davantage vers le soir, quand son ombre démesurée, glissant sur la place en quadrilatère, totalise son effet et sa puissance, efface çà et là les marques d'ignominie de notre époque : ces portes de sapin, ces barrières d'immeuble en construction, et surtout cette loge de concierge, hideuse au point de faire hésiter sur le seuil le pas du visiteur.

Au dedans, un toit abritait la scène sans cependant gêner la vue, et c'était une particularité de ce théâtre rhodanien. Quant à la partie semi-circulaire réservée au public, ou autrement dit la salle, elle avait été taillée par rangs de gradins à même la colline — ce Mont-Crève-Cœur si cher aux princes de la maison d'Orange. Ils y avaient leur donjon construit sans vergogne à l'aide des matériaux arrachés au théâtre, et le mur servait tout naturellement à la forteresse d'ouvrage avancé. Plus tard, de même que pour les arènes d'Arles et de Nîmes, toute une population parasite avait élu domicile dans les décombres. On était si bien dans ce creux sacré, isolé du monde, où Crève-Cœur abritait du vent de mer, et le Mur du vent terral ! Auguste Caristie, l'architecte si populaire dans la région du Rhône, employa dix ans de sa noble existence à chasser ces coucous de leur nid pouilleux, et son beau visage de marbre placé, comme il l'eût souhaité, dans le promenoir réservé au public du vieil Arausio, a l'air de surveiller qui rentre et qui sort.

L'Hippodrome tout voisin, à peu près disparu sous la ville (il n'en reste que quelques pans du mur), était, dit-on, plus grandiose encore que le théâtre. Il s'étendait, à ce qu'on croit, jusqu'à la Meyne, riviérette qui donne ses limites à la cité sur une partie de son cours, et il pouvait contenir plus de vingt mille spectateurs.

Nous savons quelle foule s'asseyait sur ces gradins. Elle était fort mêlée : il y avait là, outre les Cavares autochtones, des Tricastins, des trafiquants phocéens, des nautes du Rhône et de l'Ouvèze, des fonctionnaires, des riches et des pauvres, des courtisanes et des mères de famille, en un mot tout le pays, devenu la principauté d'Orange, augmentée vraisemblablement de faibles territoires devenus les domaines du Gard et de la Drôme. Mais qu'y venait-elle voir ?

Longtemps la tragédie grecque ou ses adaptations, alternant avec la comédie latine, suffit à contenter l'esprit et le cœur du monde romain. Moins épris que le Grec des beautés pures de la pensée, moins sensible et plus positif, il gardait pourtant la santé morale. Il savait frémir au spectacle d'une action grandiose, ou bien s'éjouir au répertoire de Plaute et de Térence, habiles tous deux à lui faire voir sa propre image à travers leurs scènes robustes, d'un réalisme savoureux. A l'égal de ces distractions de choix, par exemple, il goûtait la farce et ses joies énormes, il aimait s'esclaffer aux *Atellanes* où déjà parade Arlequin qui sautera par-dessus les siècles pour venir rosser Cassandre et régner sur les types éternels de la comédie humaine par l'impudence et la friponnerie. Et longtemps, j'imagine, nos Cavares vifs, gaillards, heureux de vivre, durent faire leurs délices de ces « matinées classiques ». Puis, la société romaine, avilie par les empereurs, oublieuse des vieilles disciplines qui avaient fait sa grandeur, n'aima plus le plaisir que pour le plaisir, descendit la pente fatale des instincts. Histrions, gymnastes, baladins, danseurs, belluaires, de prendre le pas sur les comédiens de race et sur les poètes. On ne souffre plus la tragédie, et l'on n'écoute plus la comédie que d'une oreille distraite. A Orange, comme ailleurs, le théâtre devient une exhibition, le lieu de parade des courtisanes aux yeux agrandis de noir ou de bleu dans le visage pâle, aux pieds blancs légèrement rosis de carmin, et attachés par une perle à des sandales de cuir rouge ou de cuir d'or. Attentives à leurs toilettes qui ruissellent sur elles ou qui les ennuagent de mystère, elles sont là comme des idoles dans un temple d'Orient. Elles fascinent la foule qui se passionne à leur sujet et sur laquelle elles s'amusent à essayer l'éclat d'un bijou neuf, la puissance d'un parfum. On ne vient pas pour voir, mais pour être vu et souvent la scène se passe dans la salle où se nouent mille intrigues à la faveur des rires et des caquets; *Panem et circenses*, le mot de Juvénal, résumant si exactement les aspirations de chacun, a fait maintenant le tour de l'univers, assujetti au plaisir comme à une loi par ordre des divins empereurs. Ce mot, c'est le mot de la fin, de la fin d'un monde. Et les dieux, encore un coup, n'ont plus à défendre une société qui crève de peur sous l'œil des Barbares. Ils s'en vont alors sans hâte, chassés par la croix qui brille à l'horizon de Rome annonçant les temps nouveaux, et ils laissent croire qu'ils sont morts. Mais en Provence on a comme une idée qu'ils dorment seulement.....

Ces monuments d'Orange contre lesquels vinrent buter tour à tour les hordes d'Alains, de Vandales, de Wisigots, de Sarrasins, et dont le Moyen âge en perpétuelles alarmes s'était fait un bouclier, on les croyait trop voués au néant. Ils renaissent. On les relève. On les honore. Une humanité, qui par ailleurs étale des mœurs anarchiques, s'est assez éprise de quelques-unes de ces pierres glorieuses pour méditer d'en faire un temple d'art exceptionnel, aux assises périodiques et solennelles. Depuis cinquante ans, des savants, des érudits, des dilettanti, n'ont cessé de donner leurs soins et leurs pensées à cette scène unique sur le destin de laquelle Maurice Faure, en fils pieux des Muses, obligeait enfin l'Etat à se pencher; Paul Mariéton, un Lyonnais tumultueux comme le Rhône, y attirait Paris et voici que les poètes, adaptant leur âme à son décor, y viennent chanter les beaux mouvements de la passion, y ressusciter les mythes des anciennes théogonies. Qui donc a parlé de Bayreuth à propos d'Orange, comme si ces deux choses se pouvaient rapprocher ou comparer ? Bayreuth, pauvre salle en briques consacrée par Wagner à son propre génie ne fut et ne saura jamais offrir qu'une spécialité rare. Mais Orange semble réservé par une sorte de protection divine à tous les grands frissons d'art sans exception. C'est le théâtre des théâtres dont les fondations plongent au cœur d'Athènes et de Rome, et dont le rayonnement doit s'étendre sur tous les peuples qui gardent dans leur sang un peu de l'azur des flots qui bercèrent Aphrodite.

Allez-y quelque mois d'août, un de ces soirs bénis où l'amphithéâtre rempli de foule ronfle comme une ruche formidable en pleine activité, et vous aurez l'émotion d'une fête grecque et latine, d'un de ces spectacles d'autant plus beaux qu'ils ne semblent plus à nos tailles. Dans cette coupe sonore où — n'était-ce pas admirablement de circonstance — j'ai ouï chanter la *Coupo santo*, ce magnificat du félibrige, les musiques délicieusement s'exaltent et s'éthérisent, les cris d'angoisse ou d'amour retentissent jusqu'aux étoiles. Quelqu'un disait à côté de moi : « On s'immatérialise. » Que les dieux soient loués !

II

L'Arc de triomphe est à plusieurs centaines de mètres du théâtre, isolé sur une esplanade, presque indifférent à la ville. C'est le plus parfait qui soit hors de Rome. Il s'élève, majestueux décor de l'histoire, au bord des campagnes rafraîchies par la Meyne et les dérivations de l'Aygues. L'Aygues, Eygarus ou Araus, aurait même, suivant certains, fait honneur de son nom à la ville appelée d'abord Arausio, puis Auringe sous les Nassau, et enfin Orange sous Louis XIV. Les trois pommes vermeilles qui se détachent sur son blason au-dessous du fameux cor de Guillaume au Cornet, ou au Court-Nez, compagnon de Charlemagne, ne seraient donc qu'un aimable larcin de ses princes dans le jardin des Hespérides.

L'Arc de triomphe est, selon la tradition classique, percé d'une arcade principale flanquée de deux autres plus petites. Il enjambait la grande voie d'Agrippa tracée sur la rive gauche du Rhône, et si l'on en juge par le détail des sculptures sauvées du temps et des hommes, et qui le chargent encore de tant de grâces, il devait être l'orgueil de la cité que Pomponius Mela range parmi les villes somptueuses de la Narbonnaise. Ses quatre façades, ornées d'élégantes colonnes sont décorées de trophées d'armes, de fruits et de fleurs, d'attributs militaires et religieux, et de combats où Gaulois et Romains s'attaquent corps à corps. La façade nord, exposée pourtant aux assauts furieux du mistral, a le moins souffert. Elle offre, ainsi que le côté donnant à l'est, à peu près tout l'intérêt artistique du monument. Les dégradations de la façade sud et celles du côté ouest seraient dues beaucoup moins aux pluies et aux coups de soleil qu'aux tirs à l'oiseau qu'y pratiquaient les princes d'Orange. N'avaient-ils pas fait un donjon de l'édifice en le surélevant d'une tour de pierre et en l'entourant de murailles ? La forteresse était devenue ainsi le château de l'Arc. La tour finit par crouler, et ce qui reste des murailles se cache de honte dans le sous-sol de l'esplanade.

Tous les archéologues ont dit leur mot touchant cet admirable édifice appelé vulgairement encore l'Arc de Marius. Les uns le font naître, en effet, sous Marius ou sous Jules César, d'autres sous Domitius ou sous Auguste, d'autres enfin sous Tibère qui l'aurait conçu au lendemain de sa victoire sur Sacrovir. Et je crois bien que la plupart des archéologues ne l'aiment qu'en raison de leur acharnement à résoudre ce problème d'état civil. Joseph-François Artaud, directeur du musée et de l'école des Beaux-Arts de Lyon, ayant pris sa retraite en 1830, vint se fixer à Orange où il se fit construire une maison à proximité du monument, — la passion de sa vie. Dès l'aube, il accourait palper la noble pierre et essayer de sonder son énigme. Un jour, Alexandre Dumas père, qui voyageait dans le Midi, s'étant levé un matin de fort bonne heure afin d'examiner à loisir les antiques, surprit le bonhomme en train de se démener autour du chef-d'œuvre.

« Que pensez-vous de cet arc de triomphe ? dit le vieillard à qui Alexandre Dumas, émerveillé de rencontrer un admirateur si matinal, venait de faire la révérence.

— Mais je pense que c'est un beau monument.

— Oui, sans doute, et ce n'est point cela que je vous demande. Je vous demande à quelle date vous croyez qu'il remonte ? »

La question était de bien peu d'importance pour un artiste. Dumas devait y répondre avec l'habituelle fantaisie de son esprit, et la dispute fut charmante. J'en rapporte l'incident le plus joyeux. Artaud ayant prétendu que le Phébus représenté sur le côté oriental témoignait d'Octave, qui aimait, comme Louis XIV qu'on le comparât au dieu du jour, Dumas soutint qu'il était bien plus naturel de penser qu'on l'avait sculpté afin que les premiers regards du dieu en se levant rencontrassent son image. Vous rangeriez-vous du côté du savant ou du romancier ? Moi, du romancier, et comme lui j'adopte par avance tous les systèmes : la naissance sous Domitius, sous Octave, ou sous

Marc-Aurèle, pourvu qu'ils ne diminuent en rien mon admiration. Quand nous sommes en présence d'une belle femme, ou d'une œuvre d'art remarquable, attendons-nous pour l'admirer de connaître son état civil ?

Peu d'années après sa rencontre avec Dumas, le pauvre archéologue mourait, les yeux fixés sur l'énigme de pierre apparue à travers les fenêtres grand'ouvertes de sa chambre. Si les morts ne sont pas morts, peut-il faire autre chose que de disputer de son arc de triomphe parmi la douceur des champs élyséens ?

III

Que dire des autres monuments d'Orange après ceux-ci ? Il faut plaindre le Raimbaud de pierre, compagnon de Godefroy de Bouillon, héros chanté par le Tasse, réduit à contempler l'Hôtel de ville pour l'éternité. Des gens fort honnêtes croient de style Renaissance cette bâtisse assez médiocre sur les épaules de laquelle grimpe un gentil beffroi comme un gamin curieux sur un mur. Elle est plutôt d'un style sans malice. Dans une des salles, il y aurait, dit-on, le portrait de Guillaume le Taciturne, tuteur malheureux et illustre de ces gueux qui défiaient le roi d'Espagne. Ce serait là pour Orange une précieuse relique.

Pour les monuments religieux, il semble que l'art chrétien, découragé par l'Antiquité, n'ait rien osé faire. Pourtant, une porte latérale de l'ancienne cathédrale Notre-Dame, détruite une première fois par les Barbares, n'est pas sans mérite. Le clocher, carré, massif et nu, semble offrir aux anges invisibles une barre de pain d'épices. L'église Saint-Florent est cette voisine accroupie et effarée du théâtre romain. La chapelle des Pères de Saint-Jean, de construction bizarre, rappelle la commission de sang qui, pendant la Terreur, coupait, coupait des têtes avec l'entrain, l'ivresse féroce de la légalité assise dans un temple où avait enfin pénétré la raison. Il y eut en moins d'un mois et demi à peu près autant de victimes que l'année compte de jours et encore on se reposait, sinon tous les dimanches, au moins les décadis.

Sur le cours Saint-Martin, doté récemment d'un parc aux nobles allées, se dresse la statue du comte de Gasparin, parfait agronome, distrait un moment du labourage et du pâturage par des préoccupations politiques.

Çà et là, dans les rues, aux enseignes des boutiques, des noms chantants et chauds dont les syllabes tambourinent comme des cigales. Des cigales, ai-je dit ? Un parfumeur les distille ici, oui, mes amis. N'ai-je pas lu sur un mur : *Odor cicadæ ?* Le joli hémiptère n'était qu'un emblème, le voilà devenu un parfum ! Avis à nos femmes, à nos filles, à nos sœurs. J'ai acheté de ce *sent-bon*. Il fleure surtout le thym et la lavande. Il grise, il donne la cigale...

Du haut de la colline Saint-Eutrope, située derrière le théâtre, la vue est magnifique quoique très inférieure pourtant à celle dont on jouit de la tour de Narbonne à Montélimar. Au nord, le rocher tragique de Mornas ; à l'ouest, la coulée du fleuve, léchant le pied des collines du Gard, sèches et monotones, la plaine de Caderousse ; à l'est, l'échine énorme du Ventoux, et ces montagnes de Gigondas, si bien nommées les Dentelles ; au midi de fortes protubérances cachant la splendide huerta d'Avignon. Dans la plaine séparée au loin par l'Ouvèze du beau domaine agricole de Carpentras, quelques bois hirsutes, des prairies, des vignes, des vergers, des mûriers, des oliviers, des cyprès nets, droits et graves comme des légionnaires romains. La Meyne, d'abord ruisseau clair, se souille à faire la vaisselle de la ville ; l'Eygues sauvage et pétrée imprime un sillon désertique à la masse des cultures.

On tient d'ici sous le regard toute la principauté d'Orange, ce petit État souverain primitivement constitué comme on sait par Charlemagne, en faveur de Guillaume au court nez, pourfendeur des Sarrasins, passé ensuite aux Baux, aux Chalon, enfin aux Nassau, d'où le nom de princes d'Orange que portent encore les « dauphins » des Pays-Bas. Si l'on cherchait, on retrouverait çà et là dans la pierraille quelques débris de la forteresse d'où ils pouvaient contempler leur force : cette ville et cette plaine un peu houleuse, vaste de quatre cent cinquante lieues carrées, aire plus ou moins égale à l'un de nos arrondissements moyens, et cernée de toutes parts, sauf du côté du Rhône, par le Comtat. Maurice de Nassau n'abandonna jamais à lui-même ce beau domaine dont le nom était écrit dans son cœur. C'était, on le sait, le plus illustre ingénieur militaire de son temps, et dès 1622, en dépit des soucis graves que lui donnaient les Provinces-Unies, il avait mis la Principauté d'Orange en état de résister au roi de France.

On doit gravir ce plateau sec, que par un noble sentiment d'amour-propre, la ville d'Orange a parsemé d'ifs et de buis, a verdi et ordonné sans détruire le charme rustique ni gêner la libre vue. On doit le gravir si l'on veut se faire une idée du site choisi par les Romains pour une ville destinée à exercer, selon Camille Jullian, une sorte de suprématie sur cette région d'entre Durance et Rhône. Après Arles, dit-il, Orange était en effet la plus célèbre des colonies rhodaniennes.

Sur le rebord du plateau, on a élevé une statue colossale à la Vierge. On ne pouvait lui donner une situation plus fâcheuse ni plus en vue. Elle penche, en effet, ses regards miséricordieux sur le théâtre béant où les foules, qui sentent les dieux s'agiter autour d'elles, lui tournent le dos et communient d'amour avec le paganisme.

AVIGNON

*Quàu se levo d'Avignoun
se levo de la resoun.*

A Léopold Richard.

I

J'ai vu Avignon tout en rose. C'était le matin au pied des tours de Châteaurenard — vous savez, ces tours étranges placées comme deux bougeoirs de pierre sur la table rocheuse qui domine la cité maraîchère. L'astre montant, déjà chaud, débarrassait joyeusement la plaine des dernières mousselines de l'aube. Au loin, la ville avec ses verdures de fête, avec son entour de collines vaporeuses, qu'on eût dit de nacre ou de lapis, semblait un surnaturel reposoir n'attendant plus que le soleil.

Et j'ai vu Avignon tout en or. C'était le soir. Du haut des garrigues parfumées de Villeneuve, Phœbus, avant de disparaître, lui envoyait son baiser, un baiser d'adieu et de dieu, lent, ardent, immense, et comme alangui de passion et de regret. Minute exquise et douloureuse tout ensemble. C'était trop beau et ce qui est trop beau contriste l'âme. En présence du miracle, je sentais mon cœur battre puis se serrer. Si le soleil, pourtant, songeai-je malgré moi, n'allait plus revenir ? Si ses rayons divins allaient manquer à cette ville et à cette terre en extase ? Mais le soleil qui se rit de nos hantises et de notre infirmité revient toujours dans cette vallée heureuse qu'il *poutoune* éperdument au lever et au coucher.

Mon ami Pétrarque l'a vu au contraire tout en noir, et cela m'afflige pour un si beau génie. « Je n'ai trouvé dans cette ville, dit-il, que la boue et le vent... Tout y donne du dégoût et des nausées... Tout ce qu'on a écrit des deux Babylone, celle d'Assyrie et celle d'Égypte, des quatre labyrinthes, de l'Averne et du Tartare, n'est rien en comparaison de cet enfer... » Il va plus loin. Dans trois sonnets dont seules peuvent donner l'idée les imprécations de Camille, du grand Corneille, il souhaite que « le feu du ciel pleuve sur ses tours... Source de la douleur, abri de la colère,... Rome de dérision, Babylone d'impudeur... Prends garde ».

Il n'est pas moins dur vis-à-vis des papes, ses bienfaiteurs. « On y trouve ce Nemrod, puissant sur la terre (Clément VI) qui entreprend d'escalader le ciel, en élevant des tours superbes... Point de fil qui aide à sortir du labyrinthe, ni Dédale, ni Ariane. On ne peut se sauver que par le moyen de l'or. Ici, l'or apaise les monstres les plus cruels, amollit les cœurs les plus féroces, fend les rochers et ouvre toutes les portes, même celles du ciel. Pour tout dire en un mot, avec de l'or, on y achète Jésus même. » Ailleurs il nous montre les cardinaux en grand apparat, oublieux de l'origine évangélique, marchant couverts de pourpre, fiers de la dépouille des princes et des peuples. On les voit « montés sur des chevaux couverts d'or, rongeant l'or, et bientôt chaussés d'or, si Dieu ne réprime ce luxe insolent... ».

Que dira de plus le fougueux Luther emporté furieusement contre la cour de Rome ?

Mais Pétrarque venait d'être arraché à sa patrie, il était exilé, malheureux,... mais surtout il était fervent chrétien, et son cœur ne pouvait se résoudre à accepter l'irréparable : Rome découronnée, l'Eglise en tutelle, le Pape assis de force à Avignon par la rude poigne du roi de France. D'ailleurs, il apparaît à beaucoup que le démon ricane en ce XIV° siècle, tourmenté et pervers. C'est lui qui a déplacé la chaire de Pierre pour la fixer dans la cité la plus corrompue de l'Occident. Il se venge du XIII° siècle, plein de foi et de grâces surnaturelles par la seconde captivité de Babylone (1). Durant ces soixante-dix années, les patriotes italiens usèrent leurs voix à injurier et à vilipender les papes d'Avignon, les traitant d'apostats, de monstres et d'antéchrists, eux qui n'avaient pas su conjurer l'anarchie de l'Etat romain, eux qui n'avaient pas su rendre la maison habitable aux successeurs de Pierre ! Pétrarque, non moins patriote, et, de plus, involontairement déraciné de sa chère Toscane par les malheurs du temps, ne pouvait manquer de faire chorus. Furieux, il clame, lui aussi : *Romano lo volemo*, il crie à l'abomination de la désolation. On le voit, un moment, aidé de Rienzi, partisan fougueux plus tard emprisonné dans la tour de Trouillas (2), essayer de ramener le Saint-Père dans la Ville Eternelle. En vain. Il reprend alors ses invectives. Juvénaliser lui était aussi indispensable qu'aimer.

N'importe. La munificence des papes d'une part, de l'autre l'image de Laure, cet ineffable présent d'amour du Comtat, eussent dû le préserver des paroles méchantes. Il faut, disent les Arabes, savoir le goût de ses paroles avant de les prononcer.

Mais Avignon, ville chantante et amoureuse, a depuis longtemps pardonné au poète et à l'amoureux. Elle célébrait le 18 juillet 1874 le cinquième centenaire de sa mort. Pétrarque est depuis lors une gloire française.

II

Qu'on arrive à Avignon par le Rhône, la route ou le chemin de fer, on sent toujours que l'on aborde quelque chose d'étrange et de formidable.

Le Palais des Papes, auquel les siècles ont donné un teint de safran, rayonne dans l'étendue, écrase la cité de sa masse cyclopéenne. Une aire de près de seize mille mètres carrés, des tours de quatre-vingts mètres, des courtines à peine moins hautes où s'inscrit l'ogive en quinte-points, jaillie du pavé jusqu'aux créneaux — courtines presque sans fenêtres et partant sans regard sur la vie extérieure —

(1) On a appelé ainsi la période de soixante-dix ans environ durant laquelle les papes ont occupé le siège d'Avignon.
(2) Tour du Palais des Papes.

des mâchicoulis par où l'on pouvait faire crouler sur l'assaillant des quartiers de roche et des poutres enflammées, une porte claustrale ouvragée en haut d'un escalier de granit, un art colossal et confus narguant la symétrie, tel est ce palais-forteresse que Froissart appelait la plus forte et la plus belle maison de France, et qui reste l'une des œuvres les plus originales du Moyen âge et de tous les temps. Ailleurs, une ville s'annonce d'ordinaire par sa cathédrale qui ramasse et concentre ainsi l'effort des siècles de piété et d'énergie. Ici, rien de pareil. La métropole, enchâssée entre le Palais et les fameux jardins suspendus du Rocher des Doms, se fait toute petite. A peine la remarquerait-on si ce n'était le calvaire qui la précède surmontant le légendaire escalier du Pater (1), et surtout une colossale statue de la Vierge érigée le 24 octobre 1859 sur un clocher trapu, rebâti au XVe siècle sur le modèle ancien.

En dépit de ce Palais de Nemrod, comme dit Pétrarque, et d'apparence si peu religieuse, la ville, admirablement faite, toute ronde, moulée dans une ceinture de remparts adorables que festonne à l'envi l'entaille de la croix comtadine, est extérieurement très chrétienne, voire mystique à l'égal de ces Jérusalem étincelantes des vieux missels de la liturgie. Elle l'est par ses églises et ses chapelles sans nombre fleuries de ces délicieuses flèches à peigne de Provence qui agacent le ciel bleu; par ses carillons et ses trois cents cloches; par ses madones porte-bonheur nichées dans l'angle vif de ses demeures; elle l'est jusque dans son étrange pont-rompu — le Pont d'Avignon ! passé à bon droit dans les cantilènes populaires — ce pont dont la sveltesse aérienne s'agrémente d'un oratoire. On connaît son origine, on sait comme un pâtre de quinze ans, Benezet, le fit construire afin d'obéir à ses voix, aussi douces, aussi divinement irrésistibles que celles que devait entendre Jeanne d'Arc. « Voilà pour les fondations », dit-il en posant à terre une pierre de cent quintaux qu'il avait chargée tout seul, pécaïre, sur ses faibles épaules, après avoir fait sa prière, en présence du viguier et de la foule assemblée. On crie au miracle et on se prosterne aux pieds de l'enfant. Cinq mille sous d'or recueillis dans la même journée permettent d'entreprendre aussitôt la construction du pont qui devient le joyau de la cité et la merveille du Rhône. Ceci se passait en 1177.

(1) Il comptait, dit-on, jadis autant de marches qu'il y a de mots dans l'*Oraison dominicale*.

On a jeté sur le fleuve un nouveau pont, mais l'autre reste pour le rêve.

III

J'aime ces Papes d'Avignon chantés tour à tour par Mistral, Aubanel et Roumanille. Félix Gras lui-même, qui nous affirme que Clément V était un fameux lapin, les aurait-il blagués s'il ne les avait aimés ? Je ne le pense pas. Ils ont fait Avignon. Je veux dire qu'ils lui ont laissé leur empreinte, qu'ils ont façonné sa figure éternelle. Sans doute Avignon, l'Avenio d'avant et d'après les Cavares, avait une existence certaine. On dit même que César fit alliance avec ce vieux repaire du Rhône, alors pertuisé de cavernes et mal réputé. Au siècle suivant, sainte Marthe arrivait auréolée de lumière céleste et fondait son église (Notre-Dame des Doms), gouvernée longtemps par saint Ruf, le propre fils de Simon le Cyrénéen. Changement de maîtres. Puis, les Gots, les Vandales, les Lombards, les Bourguignons, les Sarrasins. Puis rien. Avignon gît béant comme une tombe saccagée sur le bord de la route antique. Sous Charlemagne, et plus tard sous les rois de Bourgogne, les comtes de Provence et de Toulouse, le pays se reprend à vivre. Nous le trouvons en République en 1137 — une république, il est vrai, beaucoup plus théocratique que populaire. A elle revient, nous l'avons vu, l'honneur du pont. Comme la ville, alliée de Raymond VII de Toulouse, a l'air d'en tenir pour les Albigeois, Louis le Lion, roi de France, l'assiège au passage, et en s'éloignant la regarde flamber comme un punch dans sa coupe de pierre. Nous sommes en 1226. La République en a encore pour vingt-cinq ans de douleurs et de tourments. De nouveau, Avignon passe de main en main, comme un lopin de terre. En 1274, voici le Comtat au Saint-Siège par donation de Philippe-le-Hardi, qui conserve cependant la moitié de la ville, l'autre moitié appartenant alors au comte de Provence, Charles II, roi de Naples. Charles II le Boiteux finit par réunir les deux moitiés. Robert le Bon lui succède et meurt en 1343, laissant son vaste domaine sans tenants ni aboutissants et, de plus, bigarré comme un habit d'Arlequin à Jeanne de Naples, cette reine peut-être criminelle et assurément adorable — expression à jamais énigmatique et troublante du sphinx féminin.

J'aime ces Papes d'Avignon. Ils n'y sont plus et on les sent chez eux encore. A demi vivants après cinq siècles, je les retrouve partout dans le paysage avec leurs gestes d'orgueil ou de pardon, et je m'attends, le soir en courant la ville, à rencontrer leur ombre auguste au coin de cette rue ou de ce carrefour. Sans doute, ils ne furent pas des saints, mais comme on leur doit de reconnaissance pour avoir été simplement des hommes ! Sur sept, trois au moins étaient fils d'humbles artisans, et cela explique peut-être bien des choses : leur humeur gaie, leur mansuétude, leur largesse de cœur et d'esprit, leur entrain à la vie, leurs égarements même. C'était l'âge d'or. Sous leur souveraineté paternelle, on pouvait tout dire et tout faire, et surtout l'on pouvait danser en rond comme le clame la chanson enfantine. Dans leur palais, si nu, si redoutable à l'extérieur, si aimable, si fastueux au contraire à l'intérieur, ces pontifes, beaucoup plus Français que nos rois de France, présidaient d'ailleurs à des fêtes splendides, et persuadés, eux aussi, que le diable est triste, couvraient la joie et le gai savoir d'indulgence, voulaient Dieu glorieux, mais attrayant.

Etonnez-vous après cela que ce vieil Avignon, sensuel et mystique, baigne toujours dans une atmosphère de gaieté ? C'est une des rares villes de la terre où l'on s'honore de rire et de faire du bruit, de laisser à l'on ne sait quel lendemain les affaires sérieuses.

Taureau de Camargue
Chanteur d'Avignon.

Le proverbe ne ment pas. Cette ville qui bourdonne, sonne, égoutte à tout propos dans la sérénité du ciel les perles de ses carillons, a peur, une peur bleue du silence. C'est la terre promise des m'as-tu-vu de province, la grande cuve où mijotent ténors et comiques, et d'où les beuglants du Midi, le printemps venu, tirent comme une écume, leurs attrape-sous. On y engage lutteurs, paillasses et scaramouches, violons, pistons et trombones de fêtes votives. Beaucoup de ces musiciens sont des pieds-terreux de Sorgues, de Courthézou, de Bédarrides, de Bollène, de Mondragon, de la Palud ! Quand ils lâchent l'araire, ils font de la musique. Ce sont les maître-jacques de cette autre comédie réelle qu'est la vie populaire. Chanter, rire, blaguer, voilà donc la grande affaire. Mais ce n'est pas tout. On tient également à Avignon boutique d'esprit. Et ces gloires retentissantes de la langue provençale : Aubanel, Roumanille, Félix Gras, confèrent à la cité un prestige à part, ce quelque chose qui en fait l'un des points lumineux de l'humanité.

Daudet a décrit (1) avec une verve qui ne sera pas dépassée, l'Avignon des Papes. « Pour la gaieté, la vie, l'ani-
« mation, le train des fêtes, jamais une ville pareille. C'était
« du matin au soir des processions, des pèlerinages, les
« rues jonchées de fleurs, tapissées de hautes lisses, des
« arrivages de cardinaux par le Rhône, bannières au vent,
« galères pavoisées, les soldats du pape qui chantaient du
« latin sur les places, les crécelles des frères quêteurs;
« puis, du haut en bas, des maisons qui se pressaient en
« bourdonnant autour du grand palais papal comme des
« abeilles autour de leur ruche; c'était encore le tic-tac des
« métiers à dentelles, le va-et-vient des navettes tissant l'or
« des chasubles, les petits marteaux des ciseleurs de bu-
« rettes, les tables d'harmonie qu'on ajustait chez les lu-
« thiers, les cantiques des ourdisseuses; — par là-dessus
« le bruit des cloches, et toujours quelques tambourins
« qu'on entendait ronfler là-bas, du côté du pont. Car
« chez nous, quand le peuple est content, il faut qu'il
« danse, il faut qu'il danse, et comme en ce temps-là les
« rues de la ville étaient trop étroites pour la farandole,
« fifres et tambourins se portaient sur le pont d'Avignon,
« au vent frais du Rhône, et jour et nuit l'on y dansait,
« l'on y dansait... Ah! l'heureux temps! l'heureuse ville!
« Des hallebardes qui ne coupaient pas, des prisons où l'on
« mettait le vin à rafraîchir! »

N'est-ce pas trop beau pour être tout à fait vrai? Dans la réalité, ces papes eurent bien leurs misères : démêlés avec les empereurs d'Allemagne, marchandages horribles avec les bandes d'Arnaud de Servole et les Grandes Compagnies, sans compter la famine, la peste et les inondations. Mais ils dominèrent le sort. D'ailleurs, grâce à leur esprit de fiscalité étonnamment subtil, ils avaient le trésor le plus riche de l'Europe et ils prêtaient volontiers de l'argent aux souverains dans l'embarras. C'est ainsi que Jean XXII laissera à son successeur Benoît XII un héritage voisin du milliard.

(1) *Lettres de mon moulin* : La mule du Pape.

IV

Chacun sait comment Avignon devint l'œil spirituel du monde. Philippe le Bel, pour en finir avec les papes italiens qui rêvaient de la domination universelle, osa installer de force en France le pape qui succédait à Benoît XI. C'était Bertrand de Got, ancien évêque de Comminges, puis archevêque de Bordeaux, élu en 1304 par le conclave de Pérouse. L'élection, où l'on sentait la main du roi, paraissait si peu naturelle qu'elle surprit chacun, aussi bien en France qu'en Italie. Détail piquant, Bertrand était, dit-on, l'ennemi mortel de Philippe! Le roi, quelque temps avant l'élection, aurait assigné une entrevue au prélat, aux environs de Saint-Jean-d'Angeli, dans une abbaye perdue au milieu des bois. « Archevêque, dit Philippe en le voyant, je puis te faire pape si je veux, pourvu que tu t'engages à m'accorder six grâces que je te demanderai. » Bertrand, tombant aussitôt à genoux, lui répondit : « C'est maintenant, Monseigneur, que je vois que vous voulez me rendre le bien pour le mal. Commandez et j'obéirai. » A-t-elle jamais eu lieu, cette « conversation » qui donnerait pourtant à elle seule une fière idée du caractère de Philippe? Le secret en est demeuré entre le roi et le pontife. Malheureusement pour l'historien Villani qui rapporte ces paroles, rien n'est moins prouvé que la prétendue hostilité des deux personnages. Une chose plus sûre, c'est que le pape, souvent excédé par la tyrannie du monarque, ne se départit jamais envers lui de la plus extrême bienveillance.

Clément ne s'établit à Avignon qu'en 1309 ou 1310. Inquiet, scrutant l'horizon, il ne sait d'abord où faire aborder la barque de Saint-Pierre, si furieusement ballottée depuis un quart de siècle. Sans le roi de France, nul doute, il eût choisi Bordeaux, alors en terre anglaise. Mais déjà Philippe le domine, et l'oblige tout d'abord à se faire couronner à Lyon, au lieu de Vienne, premièrement choisi. Philippe possédait à Lyon le quartier de Saint-Just, et il espérait, en y séjournant, se faire assez de partisans dans la cité pour s'en rendre maître. La solennité du couronnement eut lieu le 15 novembre, à Saint-Just, humble église de ce faubourg haut perché, d'où le roi faisait les yeux doux à la grande ville, enlacée par son double fleuve. Beaucoup de grands personnages, outre les hauts dignitaires et les princes de l'Eglise. Edouard Ier s'étant excusé, des ambassadeurs le représentaient porteurs, entre autres cadeaux précieux, de pièces de vaisselle d'or. A l'issue de la cérémonie, comme le temps était propice, la procession descendit en ville. Le pape, surhumain, intangible sur son cheval blanc, évoquait, aux regards de la foule ravie, les instants enchantés d'émotion biblique, et l'on se prosternait sur le passage de ce « nouveau Salomon », souriant et bénissant. Le cortège venait de s'engager avec une lenteur majestueuse dans une rue étroite, quand tout à coup sa belle ordonnance se rompit avec fracas au milieu de clameurs affreuses. Un mur, chargé de foule, venait de s'écrouler. Douze officiants, dont le duc de Bretagne, furent mortellement atteints. Charles de Valois, frère du roi de France, fut assez grièvement blessé. Le pape lui-même, renversé de cheval, parut un moment avoir perdu la tête en même temps que sa tiare toute neuve. Quand on ramassa le *regum* rehaussé de gemmes, qui avait bondi irrévérencieusement et roulé sur le sol, on s'aperçut qu'une pierre valant six mille florins s'en était détachée. Par bonheur, Clément n'eut aucun mal, mais son esprit, très affecté, demeura pour toujours sous l'influence maligne de l'accident où les cardinaux hostiles à sa personne virent tout de suite le doigt de Dieu.

A distance, Philippe le Bel paraît formidable. Il garde la rudesse éternelle de cette tour carrée de Villeneuve, dressée par lui sur l'ourlet du Languedoc, sentinelle bardée de pierre dont nous pouvons admirer encore la prestance. Par elle, le roi de France disait aux papes installés en face : Je suis là !

Tous les historiens parlent de sa beauté physique, beaucoup de sa piété fervente qui rappelait aux foules, toujours intéressées aux ressemblances, son aïeul Saint Louis. Or, ce dévot, par une contradiction qui n'est pas rare au Moyen âge, ne peut souffrir les papes, et quand, à force de manigances et d'intrigues il en tient un sous la main, il lui impose une politique : la sienne, l'oblige à devenir le collaborateur de sa fortune, le complice de ses lois dures qui excluent d'avance le sentiment et la pitié. Le pontife, devant ses exigences, fait-il mine de résister ? Il lui fait honte de sa tiédeur, se dresse champion de l'Eglise contre lui-même (procès des Templiers), se mêle de toutes les affaires spirituelles, se sert même des inquisiteurs que le pape, imprégné de mansuétude, laisse sans emploi.

Il est juste de dire que s'il poursuit Boniface VIII jusque dans la mort, s'il abaisse et « amenuise » la monnaie, s'il grille avec plus d'entrain que de raison les chevaliers du Temple, il se montre fidèle à ses amitiés, et il essaie de ressaisir, à travers la fierté si française de ses vues politiques, non seulement les limites anciennes de la Gaule, mais encore celles de l'empire de Charlemagne. Il y a dans sa veine on ne sait quelle ironie sans peur qui fait merveille dans les moments graves. Un jour, Adolphe de Nassau, empereur d'Allemagne, lui envoie des ambassadeurs pour lui présenter, sous forme d'ultimatum, la liste de ses prétentions. Philippe, ayant lu leurs lettres, leur remit ensuite sa réponse. Elle ne contenait que deux mots sous un scel « qui moult était grant » dit la Chronique de Saint-Denis : *Troup Alement* ! (trop Allemand). Pourriez-vous citer dans l'histoire une lettre plus délicieusement brève et plus savoureusement rosse ? Je donnerais pour ma part bien des mots célèbres pour ces deux-là. D'ailleurs, Nassau « moitié de Dieu » — le pape faisant l'autre moitié, se le tint pour dit et n'essaya plus d'intimider l'intraitable humoriste.

Autour du souverain, sur la grisaille de l'époque, se profilent en traits durs, en silhouettes inquiétantes de chevaliers à tout faire, ses légistes : Pierre Flotte, Pierre Dubois, Guillaume de Nogaret, Guillaume de Plaisians, Enguerrand de Marigny. Villani les rend responsables de tous les actes du règne. A l'entendre, Philippe deviendrait ainsi une sorte de Louis XIII piteux et décoloré. Comment le croire après le *Troup Alement*, et bien d'autres traits de décision personnelle ? C'est assez que le roi, qui se connaissait en hommes, en ait fait les instruments, parfois dangereux, de son pouvoir. Ces légistes, sortes de ministres doublés de conseillers d'Etat, passionnés aux tournois de la politique et dévoués aveuglément à la cause royale, ne devaient pas moins jouer un rôle capital.

Pierre Dubois entrevoit pour Philippe la domination universelle et il essaye de l'entraîner dans les orgueilleux parterres de ses rêves. Il écrit que le pape doit abandonner au roi le domaine temporel de l'Eglise en échange d'une pension. Le Saint Père sera ainsi délivré des Italiens qui ne le laissent pas en repos, et ceux-ci des empereurs d'Allemagne. En 1306, symptôme grave, il demande déjà la confiscation des biens d'Europe que possèdent les Templiers, et il affirme nécessaire la fusion en un seul de tous les ordres fondés pour la défense de la Terre Sainte. C'est l'économiste délié et aventureux de cette politique. Guillaume de Nogaret et Guillaume de Plaisians, l'un fils de patarin (1), disent ses ennemis, l'autre gentilhomme dauphinois, plus diligents et moins chimériques, sont toujours prêts, pour les moindres entreprises, à l'action directe. Nogaret, raidi depuis l'attentat d'Anagni, voudrait voir déterrer et brûler les os de Boniface VIII qu'il accuse de tous les crimes imaginables et de plusieurs autres encore. Plaisians requiert par deux fois contre les Templiers avec une éloquence fauve, qui rugit, dévore, et savoure par avance le sang chaud de ses victimes. Le roi avait du mal à retenir ces chiens de garde. Mais leurs défauts ne lui étaient-ils pas plus utiles que leurs qualités ? Si Nogaret et Plaisians n'avaient pas eu l'esprit de mourir en 1313, avant leur maître, ils eussent peut-être accompagné Marigny, financier trop habile et beau parleur, au gibet de Montfaucon.

V.

La Provence a trop pris à la lettre les fantaisies joyeuses des *Papalines* (1). Elle incarne volontiers Clément V dans un poète et même un homme galant, menant joyeuse vie, gâté par Dieu, par les hommes et par les femmes tout ensemble. Or, tout le long de son pontificat, Clément eut une croix terriblement lourde à porter : Philippe, et dès 1308, il était malade, et ses déplacements incessants nous prouvent, comme on dit dans le peuple, qu'il était bien là où il n'était pas. A Avignon, il avait ses appartements dans le couvent des Dominicains, disparu aujourd'hui. Mais il tenait souvent sa cour à Carpentras. On le trouvait aussi à Monteux, à Châteauneuf, et surtout au prieuré du Grozeau, au pied du Ventoux, près de Malaucène, dont la retraite délicieuse d'eaux jaillissantes et de verdures lui procurait les joies d'un moine, d'un saint François penché sur la goutte d'aurore laissée par la rosée au cœur des fleurs. Il aimait sa famille, son pays de Villandraut dont il parle avec une sorte de tendresse spleenétique, son église de Bordeaux qu'il comblait de faveurs dès le lendemain de

(1) Chiffonnier et aussi hérésiarque, manichéen.
(1) Ouvrage populaire de Félix Gras.

son sacre. Dans certaines villes du Comtat, il donnait aux jeunes filles des dots pour se marier ou pour entrer en religion, suivant leurs convenances. Et c'est ce garçon affable et doux, d'un humanisme évident et sincère, que la fatalité liait de force à un monarque absolu, obligeait à faire le procès terrifiant autour duquel flottent des légendes qui donnent encore le frisson ! Toute sa vie, Clément fit des prodiges d'adresse dans le seul but de ne pas se brouiller avec Philippe. Dans ses lettres, sa préoccupation unique, c'est de gagner du temps, d'endormir les scrupules du destinataire; au besoin, il se dit souffrant, raconte ses coliques avec candeur et indique le jour prochain où il doit prendre médecine.

LE ROI PHILIPPE LE BEL

Le pape, après avoir passé l'hiver de 1314 à Monteux où il publia les *Clémentines*, se trouva fort malade. Il résolut alors, prêtant peut-être l'oreille aux appels mystérieux du terroir, de regagner la Gascogne. Il franchit alors le Rhône, mais presque aussitôt, étant à Roquemaure, il perdit rapidement ses forces. Ses médecins songeaient à lui faire absorber un singulier breuvage à base d'émeraudes pilées, quand il s'éteignit dans la nuit du 19 au 20 avril de la même année. Suivant ses dispositions dernières, il fut inhumé dans l'église Sainte-Marie-d'Uzeste en Gascogne. Philippe le suivit de près. Jacques de Molay, du haut de son bûcher, ne les avait-il pas assignés à paraître avant trois mois devant le tribunal de Dieu ?

Villani place carrément notre pape en enfer. Dante, dans la quatrième enceinte des réprouvés. Moins poétique et surtout moins bien renseigné, nous le placerons simplement dans notre estime.

A la mort de Clément V, les cardinaux réunis d'abord à Carpentras, puis à Lyon, n'ayant pu s'entendre sur le choix de son successeur et, pressés par le peuple qui menaçait de leur faire la tête aussi rouge que leur cape, s'engagèrent en désespoir de cause à nommer pape celui que désignerait Jacques d'Euse, chancelier du roi Robert de Naples et cardinal. Jacques d'Euse, homme d'esprit, n'en trouva pas de plus digne que lui-même, et le conclave ratifiant d'enthousiasme cette solution élégante, il fut reconnu pape sous le nom de Jean XXII.

C'est le plus solennel des pontifes avignonnais. Né à Cahors, d'un cordonnier, disent les uns, d'un gentilhomme, selon les autres, il avait été évêque de Fréjus, puis archevêque d'Avignon. Il ajoute une troisième couronne à la tiare dont la coupole diamantée s'adapte à son front dominateur comme à une fastueuse architecture. Son regard féodal, ses manières hautaines faisaient quelque peu regretter son prédécesseur. Clément V aimait la promenade, le contact avec la nature, ce qui est, après tout, une façon d'être religieux. Lui, bâtit des palais, attire des artistes, commence à faire d'Avignon la ville élue qui nous donne l'illusion si étrange de vivre encore les siècles enfuis. En politique, libre du côté de la France qui n'a plus de Philippe en réserve, il rêve de ressusciter Innocent III. Et il se tourne naturellement du côté de l'Allemagne. Louis de Bavière et Frédéric d'Autriche s'y disputent la couronne impériale. Il intervient entre eux, excommunie Louis, qui bientôt entre dans Rome avec un antipape à sa dévotion. Celui-ci, Nicolas V, s'étant permis de couronner le César teuton, il s'empare de ce rival, le fait conduire à Avignon, lui impose une amende honorable, la corde au cou, et le laisse macérer en prison jusqu'à sa mort.

Homme d'étude et de science, fondateur des Universités de Cahors et de Cambridge, Jean XXII ne détestait pourtant pas la villégiature. On lui connaît plusieurs résidences d'été : Bédarrides, Noves, Châteauneuf, ornées avec le même goût et avec le même luxe que son palais pontifical. On lui doit aussi le Petit-Palais, construit pour son neveu, Arnaud de Via, et réédifié plus tard par Jules II. Il traitait et il se traitait lui-même avec splendeur. Le pape entendait toujours être chez le pape. Il lui fallait pour cela beaucoup d'argent et il en trouva plus qu'il n'espérait avec les annates, impôt de son invention, et aussi avec les formes rajeunies, revues ou augmentées dites : réservations, exemptions, expectatives, etc. Des contemporains lui reprochant sa fiscalité, l'ont comparé à Philippe le Bel : l'un, disaient-ils, a tondu l'Eglise, l'autre l'a écorchée. Un malicieux écrira plus tard :

> *Cour de France et cour romaine*
> *Ne veulent de brebis sans laine.*

Mais les âmes rêveuses garderont à sa mémoire une spéciale tendresse. Nest-ce pas Jean XXII qui mit en honneur l'angélus ? L'angélus aux douces notes couleur d'infini secouées par une main céleste sur la paix des champs au crépuscule...

Les papes d'Avignon — c'est une de leurs coquetteries — n'aimaient pas habiter chez leur prédécesseur. A peine couronné dans la modeste église des Dominicains, ces mêmes Frères Prêcheurs dont Clément V avait été le tranquille locataire, Benoît XII (Jacques Fournier), fils d'un boulanger de Saverdun dans le comté de Foix, ne put résister au désir d'être chez lui. Son compatriote, Pierre Poisson, de Mirepoix, englobant le palais de Jean XXII, les bâtiments de la Prévôté et l'ancienne chapelle de Saint-Etienne, dessine le plan général de la demeure apostolique à laquelle, après Clément VI et Innocent VI, Urbain V mettra la dernière main. Quatre tours énormes, dont Trouillas, l'une des plus célèbres, flanquent la forteresse qui passe déjà pour imprenable. Le travail, en dépit des difficultés matérielles de toute nature, est si bien fait et si rapidement mené que cela tient du prodige.

Cistercien austère, le nouveau pape n'est pas seulement un grand bâtisseur. C'est aussi un réformateur qui commence par rayer le népotisme des coutumes séculaires du Saint-Siège, et qui s'applique à corriger les écarts d'un clergé arrogant et dissolu.

Ne prévoyait-il pas, dans le recueillement de son cœur la détresse horrible de la guerre de Cent ans, lorsque, recevant à sa cour Philippe de Valois, il le conjurait de faire la paix avec Edouard III d'Angleterre ? Quels fléaux épargnés au monde si ses conseils avaient été suivis ? Mais, sans doute, le rôle de la vierge était marqué par avance. Pour répondre au revers de l'atroce médaille, quelle figure éternelle : Jeanne d'Arc !

VI

Plus logiquement, Clément VI (Pierre-Roger de Beaufort, vicomte de Turenne) eût mérité peut-être d'inspirer les « Papalines ». Il était jovial, aimable, galant, aimait le commerce des femmes avec lesquelles il entretenait, dit-on, des conversations qui n'étaient pas toujours purement spirituelles. Il fut aussi un père des Arts et des Lettres. En lui on devine déjà le génie souple et libéral des hommes de la Renaissance. A vrai dire, Avignon fut en France, grâce aux papes, le premier foyer de régénération artistique et littéraire. Sa mondanité ne lui faisait d'ailleurs aucunement perdre de vue les obligations de son rôle et les intérêts du Saint-Siège. Pendant qu'il donne des fêtes brillantes en son palais, on le voit obtenir de l'empereur Charles IV la reconnaissance officielle de son pouvoir temporel, installer en Terre sainte les Franciscains sous le protectorat français, essayer encore de réconcilier la France et l'Angleterre.

On n'a pas pardonné à Clément VI d'avoir acheté adroitement, d'aucuns disent *ad oculum*, Avignon à une femme, qui l'avait hérité de son père, Charles de Naples. Les papes, depuis Grégoire X, qui s'en était rendu acquéreur en 1274, détenaient donc le Comtat sans en avoir le joyau : Avignon. La ville se trouvait ainsi fort bizarrement enclavée dans leur propre bien. Sans doute, ils possédaient en propre le palais formidable, où s'était concentrée la vie du monde, mais la forte carrure de l'édifice ne les empêchait pas de songer à leur isolement. La cité pouvait, un jour, les étreindre jusqu'à les étouffer. Il leur fallait franchir ses portes pour recouvrer le pouvoir temporel. Clément VI se plaisait beaucoup à Avignon qui dans sa pensée succédait à Rome pour toujours. (N'avait-il pas renvoyé avec politesse et fermeté l'ambassade latine qui l'invitait à revenir dans la ville éternelle?) Il devait donc ressentir tout particulièrement l'inconvénient grave d'une telle situation et tâcher de le supprimer. Un beau jour, l'occasion se présenta d'elle-même.

Belle comme Hélène ou Cléopâtre, et fatale comme elles, Jeanne de Naples, image de beauté du monde, hante encore dans notre Midi, après bientôt six siècles, le sommeil des poètes et des amoureux.

A vingt ans, son siècle n'avait plus rien à lui apprendre. Elle savait tout, connaissait l'hébreu, le grec et le latin, le droit et les sciences. Belle et bonne avec cela, elle eût été idéale, si la nature ne l'avait faite l'esclave de ses instincts. Cette femme, dont tous les biens bordaient la mer, lui ressemblait. Son cœur immense roulait des vagues, perpétrait la tempête. A peine mariée avec André de Hongrie, prince un peu lointain et sans doute un peu barbare, elle s'éprend d'un beau cousin, Louis de Tarente, son favori. Une nuit, son mari est saisi, étranglé, puis pendu à un balcon. Avait-elle tressé de ses propres mains le cordon régicide comme certains l'en accusent? Ce serait vouloir, sans preuves, corser le drame et parer d'un nimbe rouge sa figure de splendeur. Ses défenseurs rejettent au contraire l'odieuse tragédie sur ses partisans, sur Philippine la Catanaise qui avait connu Jeanne enfant et était devenue sa gouvernante. Le crime, d'ailleurs, étonna peu l'Italie; si souvent des mains sanglantes étoilaient de pourpre ses palais de marbre! Mais on jugea sans témérité que Louis de Tarente, sinon la reine, était pour quelque chose dans l'affaire.

LA REINE JEANNE (JEANNE DE NAPLES)

Passionnée, ardente comme elle l'était, Jeanne, avec son mépris superbe de la morale, eût peut-être arrangé sa vie à sa guise. Mais Louis, roi de Hongrie et de Pologne, tenant à venger le meurtre de son frère, s'était rué sur la Péninsule avec ses pandours, et n'avait fait qu'une bouchée du royaume des Deux-Siciles. Maître de Naples, il accusait sa belle-sœur et demandait avec éclat sa mise en jugement.

Il n'y avait guère qu'un homme au monde en état de juger l'affaire, c'était le Pape. Elle fut appelée devant lui. Quand la reine, gainée d'une étroite robe ramagée de floraisons de rêve, avec, attachée aux épaules, une longue mante couleur baie de Naples, parut aux portes d'Avignon sur sa haquenée blanche, encadrée de cavaliers mignons et chimériques, la foule qui s'était portée à sa rencontre crut à quelque apparition d'un conte de fée et ne put retenir ses cris d'admiration. Huit cardinaux, l'ayant reçue à l'entrée sous un dais de drap d'or, l'escortèrent galamment à travers rues jusqu'au Palais.

En présence de ses juges, Jeanne montra tout d'abord une telle douleur de la mort de son époux que les députés hongrois venus pour l'accuser se découvrirent, misérables et lâches devant ce cœur houleux secoué par les sanglots, et qu'ils fondirent en larmes. Puis, avec une calme confiance dans son verbe et dans ses charmes, elle présenta elle-même sa défense en latin, soulevant le voile de son passé, implorant pour l'avenir la miséricorde divine. Cela dura quatre heures. Quatre heures durant lesquelles le Pape, ses camériers, ses scribes et les cardinaux regardèrent cet être fragile et adorable comme on boit un vin de feu, avec émotion, avec délices. Quand sa voix, qui semblait évadée du concert des archanges, s'éteignit, des murmures câlins flottèrent dans la salle, montèrent comme un encens d'adoration et de désir jusqu'à la jeune reine dont l'innocence fut solennellement reconnue et proclamée.

Il lui manquait toutefois l'absolution du Saint-Père. Mais comment le Pape, qui était un parfait gentilhomme, et qui avait pour Eve et la Beauté des tendresses d'artiste, l'eût-il refusée ? De plus, Clément VI, en habile politique, vit tout de suite les avantages qu'il pouvait tirer de la situation. Il offrit à Jeanne de lui acheter la ville. Par acte du 12 juin 1348, elle céda ses droits au Pape pour 80.000 florins d'or, et une absolution en bonne et due forme. Un des vitraux de la cathédrale symbolise le pacte ; Clément y figure debout tenant à la main la bourse toute pleine : preuve, affirment les sceptiques, que l'argent ne fut jamais versé. Peut-être est-il plus sage de penser seulement que le pape était adroit et l'imagier naïf. Pour le roi de Hongrie, qui menait toujours grand tapage, on convint de lui octroyer 300.000 ducats pour l'indemniser de son expédition, en stipulant toutefois qu'il devait faire l'abandon de ses conquêtes.

Jeanne jouit jusqu'à sa mort d'une popularité immense qui confinait à l'adoration, et j'ai dit avec quelle ferveur les Provençaux gardent encore son souvenir. Cette popularité, elle la doit autant à la séduction prodigieuse de sa personne qu'à l'étrangeté de sa vie, remplie par le drame, consacrée quand même au culte de la passion. Ayant perdu son second mari, l'équivoque et beau Louis de Tarente, Jean le Bon, roi de France, se mit sur le rang des épouseurs. Mais à ce monarque qui avait une physionomie de sanglier, elle préféra Jacques de Majorque, dont les biens étaient petits, mais la tête belle. Elle vit tout de même la fin de ce mari. Cependant, Louis de Hongrie, l'éternel vengeur, méditait depuis 1348, l'occasion de punir la reine de Naples. Il souffrait beaucoup moins, on le sent, du meurtre de son frère, que de l'abandon forcé de ses conquêtes. Il découvrit en Charles de Duras l'homme de ses desseins. Un matin, on trouva Jeanne étouffée entre deux matelas. Mais ce drame ne vous semble-t-il pas un peu la conclusion logique d'une vie aussi terriblement tourmentée ?

Dans ce pacte, conclu avec un égal empressement par les deux parties, on a cru voir que Jeanne, dans un beau transport généreux, s'était sacrifiée au Saint-Siège. Or, il est plus probable que Jeanne tenait assez peu à Avignon, possession trop incertaine : elle y tenait à coup sûr beaucoup moins qu'à son pardon qui lui était, comme on va le voir, nécessaire à tout prix. D'où vient que, dans cette affaire, toutes les sympathies vont à la reine, tous les sarcasmes au pontife ? C'est que la question sentiment a joué toujours le principal rôle dans ce Midi de cours d'amour. C'est que cette reine frémissante, les Provençaux l'aiment à travers les siècles et l'aimeront toujours et qu'ils l'ont encore dans le sang, dans la peau. Ils vous montrent avec attendrissement de ses souvenirs à Aix, à Draguignan, à Salon, à Aubagne, et ne sait-on pas que Frédéric Mistral s'est fait faire un mausolée amoureusement copié sur le célèbre Pavillon de la reine Jeanne aux Baux — un exquis joujou de fée dans la ruine irréparable ?

A peine la reine Jeanne venait-elle d'échanger sa ville contre son absolution, que la peste noire s'abattit sur l'Europe, semant le deuil indistinctement dans les cours souveraines et dans les chaumières. On crut, comme en l'an mille, à la fin du monde en voyant les pauvres humains succomber en quelques heures, la peau noircie et couverte de pustules comme celles des plus horribles crapauds. Ceux qui ne mouraient pas devenaient quasiment fous, s'en prenaient aux juifs accusés de donner le mal aux fontaines, à la nature entière, ou bien ils se faisaient Flagellants, c'est-à-dire s'engageaient dans une confrérie qui imposait à ses membres de se fustiger à demi nus matin et soir sur les places publiques et les carrefours. Le fléau, venu de Chine, avait d'abord ravagé l'Orient, quand il se jeta sur la France. Rien qu'à Avignon, il coucha dans la terre plus de trente mille personnes dont cent prélats, des cardinaux et Laure la divine. Clément, que sa vie molle et magnifique ne préparait guère au sacrifice, fut admirable, se révéla tout de suite le fils surnaturel de la Pitié. Tandis que la plupart des souverains se lamentaient inutilement sur la catastrophe, irrésolus et impuissants, lui, organisait et dirigeait les secours avec un sang-froid héroïque, soignait à ses frais les familles nécessiteuses du Comtat, achetait le terrain de Champfleuri pour y enterrer les pestiférés refroidis dans l'horreur. Ennemi de la superstition et du fanatisme, il s'aperçut bien vite que la secte des Flagellants, à force de faire l'ange, finissait par faire la bête, et il interdit ses pratiques scandaleuses. Quant aux juifs, dont on dit la reconnaissance bouillante et ostentatoire, comment n'ont-ils pas songé encore à élever un monument à ce pontife? Ne savent-ils pas que, tout seul, en face des monarques chrétiens qui croyaient brûler la peste en brûlant les juifs, Clément défendit avec un courage militant les restes dispersés de l'ancien peuple de Dieu? « Les povres juifs étaient ars partout, constate Froissart avec une calme pitié, excepté dessous les clés du Pape. » Mais à Avignon, où ils pullulaient, c'étaient de véritables citoyens, traités même avec une bienveillance si manifeste qu'elle en indignait les contemporains. D'ailleurs, à toutes les époques, comme remarque André Hallays, l'État pontifical fut pour les étrangers, les bannis, voire les hérétiques, un véritable port de refuge. Clément VI prêchait et pratiquait la tolérance — vertu douce à la flamme de veilleuse, si consolante à découvrir dans les ténèbres de l'histoire à travers les ombres du passé.

En 1351, nous trouvons Rienzi enfermé dans la tour de Trouillas. C'est ce fameux tribun, ami de Pétrarque, qui rêvait de rendre à la Ville Eternelle sa suprématie sur l'univers. Il avait l'audace d'un risque-tout de génie, joignait des sentiments généreux à une bravoure rare, mais il était trop bouillant pour avoir l'esprit pratique. Associant assez curieusement l'idée spirituelle à la forme de sa république, il obtint d'abord l'appui du Pape, et s'empara de Rome. Au lieu d'organiser son parti, il se laissa griser par le succès, gaspilla un temps précieux en amusements et en fêtes, se brouilla même avec le pontife. Stefano Colonna, qui n'attendait qu'une occasion favorable, finit par reprendre la ville, et Rienzi dut s'enfuir. On le retrouve à Prague, où l'empereur Charles IV le fit arrêter, puis conduire à Avignon sous bonne escorte. Clément VI, en le mettant sous clé, lui laissa tous ses livres. Délivré deux ans plus tard par Innocent VI, l'incorrigible brouillon regagnait Rome, et y reprenait presque aussitôt ses allures de tyran fastueux. Rome s'étant soulevée, il fut mis à mort dans sa fuite, puis pendu par les pieds sur la place Saint-Marcel, dans cette ville qu'il souhaitait l'Unique.

Clément VI mourut en 1352. On voit encore ses armes blasonnant la façade du palais, au-dessus de l'entrée principale, et l'on dirait comme une attention du sort. Des sept papes officiels que les Avignonnais contemplent sur le fond d'or de leur histoire, celui-ci n'est-il pas en effet le plus célèbre, le plus artiste, le plus français? Par lui, Avignon devint véritablement la reine de l'Occident, le Rhône un fleuve enchanté, moiré par les galères de tous les peuples, comme par autant d'oiseaux légendaires et merveilleux. On lui doit les bâtiments du Palais qui regardent au midi, bâtiments où il enchâssa deux perles : la nouvelle chapelle et la salle de l'Audience. A son appel étaient accourus des peintres, presque tous d'origine italienne, afin de décorer somptueusement ces murailles immenses, ces voûtes grandioses. Les architectes et les sculpteurs étaient, au contraire, à peu près exclusivement des Français.

A Clément succéda Innocent VI (Etienne Aubert de Pompadour), Limousin comme lui. Le malheur, la malédiction sont sur la chrétienté : en France, la guerre de Cent Ans et les Grandes Compagnies; en Espagne, les atrocités de Pierre le Cruel; en Italie les factions toujours aux prises. Pieux et doux, il multiplie les bulles pour faire cesser ces horreurs et il ne parvient même pas à réfréner autour de lui les mœurs déplorables de ses clercs, perdus de luxe et de luxure. Doutant de soi et de tout, sauf de Dieu, il fit construire les fameux remparts, afin de mettre Avignon à l'abri d'un coup de main. Il ajouta peu au Palais, en dehors de la haute tour Saint-Laurent et de quelques travaux de détail à l'intérieur. D'ailleurs, la forteresse n'avait alors nulle part son égale. A supposer l'assaillant parvenu dans la grande cour de Clément VI, il était bien plutôt le captif que le maître de la place, car il lui fallait faire le siège de chaque bâtiment en particulier.

Urbain V (Guillaume de Grisac, appelé aussi Grimaud ou Grimoard), né dans les montagnes de la Lozère, trouvait un palais vaste comme une ville, et digne, par sa magnificence, de servir d'antichambre au Paradis. Pourtant, il lui fit don d'une septième et dernière tour, la tour des Anges, et l'adorna au levant d'une large et haute terrasse plantée d'arbres d'où la vue pouvait embrasser le domaine pontifical presque en entier.

Les Routiers ou Grandes Compagnies qui, sous prétexte de se faire pardonner leurs péchés, avaient soutiré 60.000 florins à Innocent VI, revinrent à Avignon sous Urbain V. En apprenant que ces chemineaux, furieusement syndiqués, campaient à Villeneuve, le Pape dépêcha vers eux un de ses cardinaux. Mais ils reçurent en ricanant ce haut parlementaire dont les mains, au lieu de l'or qu'ils espéraient, n'étreignaient que les carreaux de l'excommunication. Le cardinal s'en revint fort triste chez son maître si l'on s'en rapporte à la naïve chronique de Cuvelier :

Je vous viens aporter la lor confession :
Ils ont ars maint moustier, mainte belle maison,
Occis fames, enfans, à grant destruction,
Pucelles violées et dames de grant non...

Urbain hésita quelque temps, puis, cédant aux instances de Duguesclin qui s'engageait à conduire ces bandes en Espagne, il versa 100.000 florins, en accompagnant ce tribut d'une absolution générale et d'une bénédiction.

Urbain, beaucoup moins ferme que Clément VI, essaya d'un retour loyal dans la Ville Eternelle. Pétrarque ne lui avait-il pas écrit dès les premiers jours de son pontificat : « La volonté de Dieu se déclare dans votre élection avec une telle évidence qu'elle éclaire même les aveugles. Heureux le monde sous un tel chef ! ». Mais le pape, désabusé de sa tentative, revint mourir sur les bords du Rhône. C'est encore là que, malgré le malheur des temps, la papauté retrouvait la quiétude et le sourire.

Grégoire XI (Pierre Roger) était un neveu du brillant Clément VI. Il ne reçut le sacerdoce qu'après son élection. A peine installé dans sa chaire, une vierge, Catherine de Sienne, se lève de la terre italique; elle lui raconte en mots de feu ses rêves de voyante, implore sa pitié pour la ville rougie du sang de saint Pierre et des martyrs. Ebranlé, Grégoire ne se décide pas encore. Mais Catherine, animée de sa foi, l'endoctrine, le gourmande, puis le décide. Le pape mourut à Rome, après avoir pleuré plus d'une fois sans doute sur son bel Avignon (1378).

Les femmes, me disait un comtadin narquois, ont toujours fait passer les hommes, même nos papes, par où elles ont voulu.

A la mort de Grégoire XI, qui s'était laissé conduire en regardant toujours en arrière comme un enfant des champs que l'on mène pour la première fois à l'école, éclate le grand schisme d'Occident. Un pape coiffe la tiare à Rome, un autre à Avignon. La chrétienté fendue par l'orgueil, se trouve partagée en deux obédiences. Les deux pontifes prétendent au gouvernement des âmes. Quel est le bon? Nul ne le sait, pas même les saints : Catherine de Sienne tient en effet pour Urbain VI, qui est sur les bords du Tibre, le bienheureux Pierre de Luxembourg pour Clément VII qui est sur les bords du Rhône. Le Romain a pour lui l'Allemagne et l'Angleterre, l'Avignonnais naturellement la France, l'Ecosse, la Castille et la Navarre. Ils s'excommunient l'un l'autre et le scandale est à son comble.

Clément VII meurt en 1394. Les cardinaux décident que le nouvel élu devra se démettre aussitôt si l'intérêt supérieur de l'Eglise l'exige. C'est Pierre de Luna qui l'emporte. Invité peu après à démissionner afin d'éteindre le schisme, cet Aragonais qui ne craint ni Dieu ni diable garde la tiare trente ans, se moque des conciles qui le déposent, subit le siège en règle de son palais pendant douze ans, brave le maréchal de Boucicaut et son armée à laquelle s'est jointe la ville elle-même! Pourtant, il capitule, mais c'est pour reconquérir tout son prestige. Retiré à Châteaurenard, il voit ses cardinaux qui l'avaient abandonné venir lui rendre hommage, il voit la France et la Provence s'incliner à ses pieds, Avignon implorer son pardon. Fier de sa chance inouïe, il rayonne, il pardonne, il bénit. Alors, de toutes parts, on s'emploie à rétablir l'unité de l'Eglise et pour la réaliser, on convient d'une entrevue entre les deux papes, qui devront se démettre à l'issue de la conférence pour laisser la place à un seul pontife. En se rencontrant, ils furent tout sucre et tout miel, « mais à dire en bref vrayment,
« ainsi que le rapporte le Livre des faicts du mareschal de
« Boucicaut, tout ainsi que ung diable est plus malicieux
« que l'autre, et s'entredeçoivent nonobstant qu'ils soient
« compaignons, nostre pape de la Lune (sic) sceut tenir
« telle voye et manière que de ce désaccord bailla tout le
« tort à celluy de Rome, au dire de tous, tant d'un costé que
« de l'autre. » Peu après, le concile de Pise, réuni en con-

clave, les dépose et nomme à leur place Alexandre V. Le mal est encore pire, car l'Eglise compte trois papes au lieu de deux. Puis, les antipapes abandonnés peu à peu, en sont réduits à s'enfermer, Grégoire XII à Rimini, Benoît XIII (Pierre de Luna) à Barcelone. Mais Benoît résiste à outrance dans Avignon où s'est jeté son frère Rodrigue avec une poignée d'Aragonais. Ce Rodrigue, qui avait du cœur, ne quitta la place qu'après dix-huit mois de siège et avec les honneurs de la guerre.

En 1424, à Peniscola, Pierre de Luna agonisant, mais indomptable, faisait jurer aux deux cardinaux qui le veillaient — les seuls qui lui fussent restés fidèles — de se réunir en conclave dès son dernier soupir et de lui nommer un successeur. Et cela se fit. Un pape, Clément VIII (Giles Munoz), Aragonais, cela va sans dire, sortit de ce conclave à deux suffrages. Mais il ne régna ni en Italie, ni en France; attendant toujours l'hommage des peuples et ne voyant rien venir, il finit par abdiquer en 1429.

Ce Benoît XIII de légende ne vous semble-t-il pas plus fort que la mort?

VII

Les cardinaux furent, à côté des papes, eux aussi de grands bâtisseurs. Dès que l'un d'eux recevait le chapeau, il se faisait construire une maison dans sa « livrée », c'est-à-dire dans la place à lui désignée pour son logis par la cour pontificale après entente avec les magistrats municipaux. Il ne reste plus que quelques vestiges de ces demeures princières flanquées de tourelles, orgueil du quartier qu'elles rehaussaient de grâce et de pittoresque.

Les papes évadés, tout n'était pas parti avec eux. Les légats, puis les vice-légats qui gouvernaient en leur nom, eurent pour Avignon et le Comtat la même sollicitude. A toutes les époques, architectes, sculpteurs, peintres, verriers, orfèvres, tisseurs, y fleurirent, trouvant toujours auprès d'eux aide et protection. Cela n'empêchait pas d'ailleurs ce peuple mobile et léger, ce peuple pourtant libre d'aimer, de chanter, et surtout de danser en rond, de mêler à ses amusements d'enfant gâté l'émeute, les rixes sanglantes. Aux XVe, XVIe et XVIIe siècles, on se battit parfois en pleine procession, en chantant des cantiques. En 1662, les bottes des soldats de Louis XIV sonnaient sur le pavé de la ville, la garde corse papale ayant, paraît-il, manqué de respect à l'ambassadeur du Roi-Soleil. Les désordres s'apaisèrent après cette occupation.

Le 14 septembre 1791, un décret, apparemment motivé par les souhaits démocratiques de la population, rattachait le Comtat à la France. Mais il restait des séparatistes que Jourdan Coupe-Têtes, en mission dans le Midi, résolut de mater. Sur son ordre, soixante-deux personnes, enfermées dans le ci-devant Palais des Papes, furent assommées et précipitées pantelantes dans la Glacière. En 1815, la Terreur blanche entreprit de les venger ; attaques à main armée sur les routes et dans les villages, sac des maisons ennemies, et comme couronnement de ces exploits : assassinat du maréchal Brune, son corps jeté au Rhône et par deux fois rejeté par le fleuve qui semblait ne pas vouloir se rendre complice de la canaille. Si le Comtadin n'est pas maître de ses sentiments, s'il est prêt à la cognade pour un simple malentendu dans une partie de boules, n'est-ce pas un peu la faute de la nature qui le mit dans un paradis terrestre ?

VIII

Mais les papes, et tous les grands souvenirs qu'ils évoquent impérieusement ici, ne sauraient prendre toute ma pensée. Un homme, Pétrarque, une femme, Laure, s'avancent vers nous sous ce ciel ineffable où les nues, quand il y en a, s'effilent, s'achèvent miraculeusement en formes d'âmes, avant de se dissoudre dans l'infini. Pétrarque est grand (1), il a la figure ronde et majestueuse, l'air sérieux, la démarche imposante et calme : toute sa personne décèle la préoccupation de plaire. Laure a, dans son visage, dans son maintien, quelque chose de céleste (2). Des cheveux couleur d'or flottent sur ses épaules blanches, et cet or paraît filé par les mains de l'amour. Elle a un col admirable que les perles doivent être heureuses d'embrasser, des pieds mignons, de belles mains plus blanches que l'ivoire. Ses yeux sont à la fois brillants et tendres, ses sourcils d'ébène, sa taille souple et légère. Son regard a quelque chose d'affectueux et d'enjoué, mais par-dessus tout d'honnête, si bien qu'il porte à la vertu.

(1) D'après le portrait de Pétrarque, tracé par Boccace, son ami.
(2) D'après des détails empruntés aux *Canzone* de Pétrarque.

Pétrarque et Laure ! Leurs noms, inséparables et comme tissus ensemble pour l'éternité, sont de ceux qui dégagent, à les prononcer, comme un sortilège. Ils semblent même, tant ils ont de prestige, tant ils ont excité les langues et fait grincer les plumes, décourager la rêverie de l'âme à leur endroit. Comme nous le conseille François Ier dans un sonnet écrit sur le tombeau de Laure, ne vaudrait-il pas mieux se taire « quand le sujet surmonte le disant ? »

FRANÇOIS PÉTRARQUE

Pétrarque avait vingt-trois ans lorsque lui apparut la douce créature en prière dans l'église des Clarisses d'Avignon. C'était un vendredi saint, « le jour où le soleil, en deuil de son créateur, décolore ses rayons », nous dit-il lui-même, qu'il devint prisonnier de ses beaux yeux. Dès lors, un amour pur, un amour surnaturel puisqu'il devait être sans espoir, emplit son cœur, l'éblouit et le berça jusqu'à son dernier souffle.

Sans doute, Laure ne devait pas rester insensible aux hommages d'un homme déjà illustre et familier des plus hauts personnages de la cour pontificale. Car, si selon Pétrarque, elle était un ange, elle était aussi une femme, coquette même, soucieuse de sa mise et de sa coiffure précisément peut-être en raison du culte dont elle se sentait l'objet.

LAURE DE NOVES

Le mari, Hugues de Sade, qui était ce que nous appelons aujourd'hui un parvenu, avec la plupart des défauts que comporte l'espèce, ne voyait pas d'un trop mauvais œil ces hommages qui flattaient son amour-propre, et nul doute que le poète ait été reçu mainte fois dans son hôtel de la Vieille-Blanquerie. Mais Laure qu'il suivait un peu partout, dans la rue, à l'église, à la campagne, Laure, qui, surprise un jour toute nue dans la Sorgue, lui faisait jaillir au visage, avec sa belle main, un peu de l'onde qui l'avait baisée, Laure, dis-je, se défendit toujours contre ses entreprises, sans bégueulerie comme sans faiblesse. Une pure, une souveraine vertu la retenait à ses devoirs. Même quand son cœur troublé menaçait de la trahir, elle trouvait par un regard, par un mot, le moyen de triompher. « Aucune prière ne l'émut, aucune caresse ne triompha d'elle, affirme-t-il; elle garda son honneur de femme, et malgré son âge, malgré le mien, malgré beaucoup de circonstances qui auraient fait fléchir même un cœur aussi dur que le diamant, elle resta ferme et inexpugnable. »

On a fort discuté et même plaisanté sur cette adoration perpétuelle. Comment croire à des sentiments si purs, si contraires à nos instincts, si loin de notre pauvre nature? Les uns, pensant peut-être flétrir la mémoire de cette femme « dont la vue était pour le poète ce que la vue de Dieu est pour les bienheureux, » opinent bravement pour une intrigue vulgaire, un de ces élégants « cocuaiges » indispensables à la bonne société pour passer le temps. Les autres ont découvert que Laure, comparée d'ailleurs par son amant platonique tantôt à l'*aure*, c'est-à-dire à une brise suave, tantôt au glorieux laurier, pourrait bien n'être qu'un symbole, un prétexte littéraire. Laure n'aurait donc pas existé. J'estime pour ma part que l'on ne saurait trop s'élever contre cette tendance moderne des professeurs et des pédants à nier *à priori* tout fait réel au bénéfice d'un nébuleux symbolisme. Quelle manie insipide de vouloir à tout propos singulariser ces pauvres grands hommes, et obscurcir des idées simples, des sentiments vrais ! De ce que le poète a modelé le portrait de son héroïne avec discrétion, vous concluez à une pure fiction poétique. Comme si la situation de cette femme de haute naissance, connue et honorée dans tout le Comtat, ne commandait pas avant tout la réserve ! Déjà Mistral, de son vivant, a dû protester contre des insinuations et des interprétations de ce genre vis-à-vis de la fée Estérelle, héroïne de *Calendau*. Et quelles sornettes ne nous a-t-on pas servies touchant la Béatrice du Dante ! Voilà que, par hasard, j'ai réuni sous ma plume trois amantes éternelles, Béatrice, Laure, Estérelle, qui, différentes à tant d'égards, se ressemblent si étonnamment par les traits de l'âme.

Laissons la critique à ses fantaisies et parcourons les pages du *Canzonieri*, toutes pleines de la grâce et du parfum de l'aimée. Nous y reconnaîtrons, nous qui ne visons pas à la subtilité des abstracteurs du siècle, le portrait d'une femme réelle, de Laure de Noves, sur laquelle on possède d'ailleurs des documents certains. Laure a bel et bien vécu, elle a rempli cette ville du fragile miracle de sa beauté, elle a goûté le charme de cette solitude de Vaucluse immortalisée maintenant par le pèlerinage des deux amants, elle a laissé ce ciel de Toscane se mirer dans ses yeux de saphir, elle a eu surtout cette volupté suprême d'inspirer le plus grand poète de son siècle, de le séparer comme il en fait l'aveu, de la compagnie du vulgaire, de le rendre meilleur, de lui révéler son génie. Sans elle, sans cet amour idéalisé qui mettait dans son cœur de poète une flamme divine, Pétrarque eût-il jamais entonné le long et ineffable Cantique ? Eût-il parlé comme on rêve, aimé comme on prie ?

Après la mort de Laure, quelle douleur, mais aussi quelles espérances ! « Le monde, gémit-il, était plein de ses mérites sans tache »... « Le monde s'est vu ravir son soleil... Mais la mort n'est-elle pas un refuge ? » Sa foi ardente qui lui découvre dans le ciel d'admirables perspectives, soupire après l'Au-delà. Là-haut, Laure radieuse, qu'il voyait déjà sur la terre enveloppée de son âme, selon le mot de Nietzsche, l'attend et a marqué sa place.

C'est dans ces sentiments que Pétrarque meurt en 1374, à Arqua, près de Padoue, sa première patrie.

IX

La grande rue d'Avignon mène de la gare au Palais des Papes. Elle va exactement du nord au midi, divisant la ville en deux parties fort inégales, et il semble que les Avignonnais l'aient ouverte tout exprès pour mettre l'arrivant à l'épreuve du mistral. Comme à Valence, comme partout, vous vous butez d'abord à une statue qui, le dos tourné au chemin de fer, est en arrêt devant la ville. Quelque pape sans doute ? Non, c'est Philippe de Girard, un inventeur méconnu. Mais, la brèche pratiquée dans les remparts que nous allons franchir, de Pierre de Luna, peut-être ? Non, de Viollet-le-Duc, un architecte qui a mis la main sur autant de villes que Napoléon. Du moins, sa Porte de la République trouvera grâce devant vous. Un corso neuf, pimpant, banal, très vivant, vous accueille, bordé de cafés tapageurs, d'hôtels, de bazars, de hauts et luisants magasins, et, hélas ! de cinémas. Il mène droit au cœur de la cité, à cette place de l'Horloge qui n'est, à vrai dire, que son épanouissement, véritable forum où se retrouve, à certaines heures, tout Avignon, gai foyer provençal qui pétille et pétarade de l'esprit allumé par Roumanille, ce bon *Cascarelet* amuseur de génie. Cabotins, politiciens, boutiquiers, artistes, badauds, y parlent même verbe haut, y font mêmes gestes de passion et de révolte. Vous diriez la répétition, en plein air, de quelque pièce immense et touffue, et c'est bien une comédie, la sienne, que cette race joviale et ardente joue là tous les jours. Ah ! les mensonges sonores et pouffants qui se disent là, la blague joyeuse qui s'y dépense, les projets surhumains qui s'y forment : affaires, politique, chasse ou amour ! D'ailleurs, pas de femmes sur cette place des hommes. Elles y passent, mais sans s'arrêter. Elles ne s'y sentent pas chez elles.

En bordure, l'Hôtel de ville moderne, emmanché du plus amusant des campaniles gothiques, ce dont s'égayait Mérimée comme d'un pâté de Périgueux d'où sort le mince cou d'une oie, et le Théâtre, moderne aussi, convenable sans plus. Quant au monument commémoratif de la réunion du Comtat à la France, où les gavroches reconnaissent parmi les hommes nus qui s'agitent sur le socle un ancien maire facétieux, c'est un monticule grotesque dont il vaut mieux rire que pleurer.

Une Banque de France décente masque la place du Palais, qui apparaît tout à coup au débouché d'une ruelle. C'est prodigieux, et à force de dépasser nos mesures, cela fait peur. Nous voilà, après quelques pas, tombés en plein Moyen âge. Quelle sottise d'avoir placé le brave Crillon dans ce vide immense et glorieux, rempli tour à tour de soleil ou de l'ombre fantastique du Palais des Papes ! Au fond du grand quadrilatère, on aperçoit, formant angle droit avec la base du Rocher des Doms, la jolie construction du séminaire, et sur le côté du levant, une lourde et singulière façade dont les motifs d'ornementation auraient été pris sur des cartons de Michel-Ange : c'était hier l'Hôtel des Monnaies, c'est aujourd'hui le Conservatoire de musique, mais c'est toujours original et curieusement laid.

Les Papes et les Légats redevenus romains, et les grands spectacles auxquels donnait lieu leur présence évanouie, ce bel espace vide devant ces murailles augustes, n'est-il pas selon votre cœur ?

X

On est vraiment tenté d'absoudre le vandalisme ancien et récent des Avignonnais quand on monte au Rocher des Doms. Ils ont en effet suspendu là, à 150 pieds au-dessus du Rhône, le plus beau jardin de rêve dans le plus délicieux horizon. On passerait des heures et des heures sur ce plateau dans la sérénité du ciel, parmi les arbres verts toujours émus de quelque brise venant du fleuve. On ne dira jamais assez le charme de ces belvédères, et pour le voyageur, et pour l'autochtone. On devrait les multiplier le long du grand flot vert, que des paysages si nobles et si variés accompagnent dans sa course irrésistible. De Lyon à Arles, que de rocs, que de plateaux, que de tertres, que de ruines éloquentes, l'on pourrait ainsi aménager et adapter ! Quelques bancs, des arbustes, des pins, quelques mètres carrés à aplanir le plus souvent suffiraient, et l'on donnerait, le tourisme aidant, de l'aisance à des bourgades perdues, du luxe et du mouvement à des petites villes endormies sur elles-mêmes, de la santé et de la vie à un grand fleuve sans rival en Europe. Dire que rien ne poussait sur ce roc, il y a un siècle, si l'on en croit Alexis Mouzin, rien sinon trois moulins à vent en rage perpétuelle ! Trois monuments les remplacent : ceux d'Althen, le Persan introducteur de la garance; de Félix Gras, le félibre épique; de Paul Saïn, le peintre fidèle à son terroir.

Pourtant, si l'on veut jouir de la plénitude du panorama d'Avignon, il vaut mieux descendre du Rocher et monter en haut de *Trouillas*, la plus haute tour du Palais, la plus voisine de la cathédrale. D'ici, l'œil plane admirablement sur la ville et sur l'ancien Etat pontifical presque en entier. Assez exigu, cet Etat, comparable, en somme, avec ses 181.000 hectares, à l'aire d'un de nos modernes arrondissements. A l'ouest, haute muraille décrépie, les Cévennes farouches comme les sierras espagnoles, bornent inexorablement l'horizon. A leurs pieds, le ruissellement historique du fleuve que caressent les vergnes de ses longues îles. Entre

AVIGNON — LE PALAIS DES PAPES : FAÇADE DU LEVANT

Avignon et ce Languedoc fauve : le Pont rompu, adorablement étriqué et tortueux, qui menait, par 900 mètres de traverse, au plus étrange bourg féodal, et qui ne mènerait guère aujourd'hui qu'au plus romantique des suicides. Au bas, la cité rousse et galante dans sa ceinture de remparts ciselés comme une orfévrerie, la cité dont la sève mystique jaillit par ses fins clochers semblables à de grands lis cherchant l'air et la lumière, ses rues en zig-zag, ses placettes aux verdures moutonnantes, ses fards, ses rumeurs et ses ronrons, sa grande rue ouverte comme une bouche au baiser du soleil. Et quel diadème de montagnes au front de cette plaine de délices, animée par le gazouillis des sorgues et des sorguettes, séparée brutalement du domaine provençal par la déchirure de la Durance ! Les soirs font du Ventoux une gemme changeante et sans prix, mais ils parent aussi de traînes somptueuses, de dentelles sublimes les cimes qui lui font cortège. Au sud, par delà Saint-Remy, les Alpilles légères, vives, enchantées, renouvellent devant vos yeux éblouis le miracle des psaumes : elles bondissent comme des agneaux. Partout, des villettes, des villages étoilant de blancheur quelque tertre, dévidant tout autour d'eux des routes de satin clair. La moindre de ces bourgades présente de l'intérêt, a une histoire, une église ancienne, une porte ou une tour. Et la campagne (soie, vins, olives, miel, fruits de confiserie, primeurs, truffes), gorgée d'eau et criblée de rayons d'or, clame la joie de vivre dans le vent et le soleil avec le minimum d'efforts.

Gagnons le Palais. La partie en retrait est de Benoît XII. En reculant un peu sur la place, on apercevrait un humble campanile, assez pareil à ceux des oratoires rustiques. Il s'y balançait jadis une campane d'argent. C'était à coup sûr la moins expansive de toutes les cloches du Comtat et même du monde, car on l'entendait tinter seulement pour le glas ou l'avènement d'un pape. La partie qui avance, œuvre de Clément VI, possède l'entrée d'honneur, jadis précédée d'un immense avant-corps. On voit au-dessus de la porte ogivale les armes poétiques du pontife qui étaient d'argent à la bande d'azur accompagnée de six roses, de gueules, trois en chef en orle, trois en pointe en bande (1). Il ne reste plus des deux tourelles encadrant cette entrée que

(1) Ainsi que l'a établi M. Vallentin du Cheylard.

leurs charmantes consoles en nids d'aronde. Gravissons le perron et pénétrons à l'intérieur sans crainte, car le 58ᵉ de ligne, logé chez Clément VI, a enfin reçu congé et le Palais a fait retour à la ville. Quand on y songe, un régiment dans des appartements et des chapelles décorés par Giotto et Simon de Sienne ! En 1817, rapporte Mérimée, des soldats corses casernés déjà dans la forteresse transformée « en quartier », détachaient adroitement les fresques des primitifs et les vendaient à des amateurs par pièces et par morceaux. « Des Français, dit-il, auraient balafré les saints ou leur auraient mis des moustaches. » Mon idée est qu'ils leur auraient mis encore autre chose. Lequel vous indigne davantage, du mercanti ou du saboteur ?

Dans la cour d'entrée, un puits a sa légende : Pierre de Luna, assiégé par Boucicaut, y aurait jeté un Christ et ses douze apôtres en or massif. Et le puits, fidèle jusqu'ici au terrible pape, n'a point parlé !

Un monde, ce Palais. Mais les architectes attachés à sa restauration pourront-ils jamais le mettre en état et nous restituer son histoire, si souvent défigurée par l'imagination populaire ? Il ne faut pas trop le souhaiter, car les grandes choses ne gagnent pas à être dépouillées de leur mystère. Du moins, ici et là, va-t-on nettoyer, déblayer, et peut-être régaler nos yeux de quelque délicieuse découverte. En attendant, admirons sans réserve la *Salle de l'Audience*, hardie, splendide, à la voûte peuplée de prophètes ressuscités de leur nuit et qui annoncent pour la maison des temps meilleurs. Sur un fond d'azur constellé d'or on reconnaît Anne, mère de Samuel, inspiratrice de ce *Magnificat*, dont nulle prose sacrée n'égale la grâce et la majesté du style. C'est probablement dans cette salle que Jeanne de Naples, la buveuse de perles et la buveuse d'âmes de son temps, comparut devant le pape qui devait la traiter beaucoup plus comme une reine de Saba que comme une accusée. La chapelle de Clément VI, bâtie au-dessus de la Salle de l'Audience, et de proportions aussi remarquables, a vingt mètres de hauteur. A proximité, se trouvait l'appartement du pontife. En grattant le mur de l'une des chambres, on a découvert récemment des fresques d'une note intime, d'un charme délicat et familier, que l'on croit pouvoir attribuer à notre vieille école française. Ce sont des scènes champêtres : scène de pêche, scènes de chasse au furet et au faucon, cueillette de fruits, baignade. La Tour de Saint-Jean possède une chapelle basse et une chapelle haute.

L'une, dédiée à Saint Martial, raconte sur ses murs la vie de cet apôtre du Limousin, cher à Clément VI, originaire de cette province. Sur les murs de l'autre, dédiée à saint Jean, sont représentées une Crucifixion et une Résurrection pathétiques, mais le temps a mis ses cendres sur leurs merveilleuses couleurs. Jetons encore un regard aux cours ayant chacune leur aspect particulier, à la cour de Benoît XII, à la Salle Brûlée, et, pour terminer, à la fameuse Galerie du Conclave, où probablement le Conclave n'a jamais eu rien à faire.

XI

Dieu est bien petitement logé dans la cathédrale d'Avignon. Mais ses deux formelles servantes, Marthe et Marie-Madeleine, debout de chaque côté de l'entrée, vous font si bon accueil, que vous trouvez tout de suite l'intimité délicieuse, préférable même à cet étonnement grandiose qui vous prend dès le seuil des immenses églises gothiques. Notre Midi, resté un peu païen, aime son Dieu plus près de lui, plus familier.

Notre-Dame-des-Doms, de style roman pur, date du XIIe siècle. Elle succédait peut-être à une basilique carlovingienne, et celle-ci à un temple de Jupiter. Si l'on s'en rapporte à la tradition, Marthe aurait bâti sur le rocher voisin un sanctuaire « en l'honneur de la Vierge encore vivante », et cet oratoire aurait été le germe de la future métropole.

L'église est précédée d'un porche qu'on suppose avoir été surajouté plus tard à l'édifice. Ses colonnes et leurs chapiteaux imités de l'antique sont d'une rare perfection. Au fond, s'ouvre la grande porte avec les fresques, hélas ! fort pâlies, de Simon de Sienne. La nef unique est sans verrières, mais un jour délicieux et comme extatique, qui descend d'une haute coupole dans le chœur, attire magnétiquement les yeux vers l'autel. C'est dans cette abside glorieuse, qui vit tant de lumières et de cérémonies, qu'une voix d'ange entonna, dit-on, pour la première fois à Pâques, *O Filii et Filiæ*, ce cantique de douce allégresse, poussé comme une fleur bleue dans les murs de quelque cloître provençal. Pour rappeler le passé ou pour ne pas le faire trop regretter, les portraits des papes décorent le fond, cependant qu'au-dessous d'eux, dans leurs stalles, les chanoines, vêtus de rouge en vertu d'un vieux privilège, prennent l'importance de véritables cardinaux.

Des tribunes furent ajoutées à la nef, vers 1672. Sculptées par Péru, élève de Puget, elles forment balcon devant chaque pilier et font ainsi l'effet davant-scènes de théâtre. C'est très beau, malheureusement cela ne cadre guère avec le style d'une église romane.

A noter la lumineuse chapelle de la Résurrection avec un *Saint Pierre*, de Puget, et une *Vierge*, de Pradier; la chapelle de Jean XXII et son tombeau dont les chanoines du XVIIe siècle arrachèrent les dentelles de marbre; la chapelle décorée par Eugène Deveria; la chaire dite des Papes; deux autels anciens; le tombeau de Benoît XII dans une chapelle à gauche, près de l'entrée; des toiles de Levieux, des Mignard, des Parrocel, de Simon de Chalons, une *Flagellation*, groupe en argent, ciselé par Puget et conservé au trésor de la basilique.

Il faudrait visiter et décrire par le menu les autres églises ou chapelles, presque toutes jolies, presque toutes riches. Ailleurs, dans le Nord surtout, la cathédrale immense semble accaparer Dieu et absorber toute la foi. Ici, rien de pareil. Chaque paroisse, dans sa religiosité démonstrative, jalouse, cherchait à éclipser sa voisine. On se disputait les artistes pour orner le temple, on entendait dire sa prière dans un cadre toujours plus magnifique. L'intérieur de Saint-Agricol s'égale à un musée. Mais il faut dire aussi que le patron de cette église n'était pas un saint ordinaire : suivant la légende avignonnaise, il commandait aux nuages, connaissait les besoins des moissons et des vignes sur lesquelles, à volonté, il inclinait l'arrosoir céleste, dispersait les cigognes, qui étaient alors la peste du Comtat. On remarque à Saint-Agricol le gracieux tombeau des Doni, dû à Boachon, d'Avignon, les autels de Péru, les tombeaux des Grillet et des Pérussis, une fresque bien effacée de Pierre de Cortone, et surtout la chapelle de la Vierge, due en grande partie à Péru, mais où Coysevox a laissé une madone touchante, et Bernus des anges musiciens aux angles d'une sépulture.

Saint-Didier, flanqué d'un clocher robuste et courtaud d'où tombent sur le quartier, en pluie joyeuse, les notes fraîches d'un carillon, remonterait au XIVe siècle. A l'encontre des autres églises avignonnaises, on voit clair dans sa nef, qui passe pour la plus vaste de la cité. Des statues : un *Saint Jean-Baptiste*, un *Saint Bruno*, et surtout un *Saint Bénezet*, dont le culte a émigré de l'oratoire du pont dans cette paroisse; un rétable très célèbre appelé jadis *Images du Roi René* et commandé par ce prince à Francesco Laurana : ce *Portement de Croix*, d'un réalisme excessif, d'une originalité fougueuse, ne se peut comparer à rien dans le genre. Notons encore un amour de petite tribune gothique, oubliée par ceux qui saccagèrent l'église en 1793, un maître-autel de Péru, des toiles de Simon de Chalons, de Parrocel, de Sauvan, etc.

Encore des Parrocel, des Mignard dans l'église Saint-Symphorien ou des Carmes, qui joignait le couvent de ces religieux chez qui on entrait par une superbe porte du XV° siècle, visible encore rue Carreterie.

Mais pour le pittoresque des abords, pour le flamboiement éperdu des ciselures du portail, pour l'amusant tohu-bohu des ors, des peintures, des marbres dans la nef la plus froide et la plus grave, rien ne vaut Saint-Pierre. Je ne sais rien de plus curieux comme d'y pénétrer par la placette qui fait suite à la rue Arc-de-l'Agneau — retenez ce nom — si ce n'est d'en sortir par la porte méridionale sur la rue Saint-Pierre. C'est là que Nicolas Saboly, bénéficier de l'église, donna l'essor à plus de cent noëls, papillons mystiques de la tendresse provençale, dignes de voleter dans les jardins du ciel.

A l'intérieur, une chaire finement ajourée, abritant sous ses dais les statuettes ravies au tombeau de Jean XXII, balconne sur le mur nu. Dans le chœur, des boiseries orgueilleuses aux ors bramants reprochent à la nef son austérité, à moins que ce ne soit la nef qui proteste contre le clinquant du chœur. Tombeau singulièrement imprévu de Perrinet-Parpaille, dont le nom devait étiqueter les huguenots. Fonts baptismaux de la Renaissance, statues de la Vierge et de différents saints, rétable représentant la Cène; encore et toujours tableaux de Simon de Chalons, de Mignard, de Parrocel... Et je le sens, il faut que je revienne à la façade flamboyante de la petite place. Cela, je le sais, n'a rien d'absolument grandiose, mais que c'est donc joli, que c'est frais, et pour tout dire, que c'est féminin ! Comme on s'explique la présence parmi ces dentelles, ces broderies, ces tiges fleuries dont on croit sentir le parfum, d'une Madone, mais d'une Madone moins céleste que terrestre, sœur de nos capiteuses Comtadines, et toute prête à descendre de son pilier avec son enfançon nu et rieur dans les bras pour se mêler à nos foules et à nos joies, pour redevenir, sous nos yeux extasiés, la plus douce et la plus adorable des mortelles ! Une prière monte à mes lèvres :

« O toi qui pares ton front pur des bandeaux bouffants des filles d'Arles, qui laisses ton col flexible sortir librement de ta robe à la rumeur soyeuse; toi qui n'as rien trouvé de mieux pour paraître divine que de ressembler aux créatures qui peuplent cette ville, empruntant à celle-ci ses yeux, à celle-là son sourire, répétant de cette autre la grâce et l'abandon; toi dont le rêve se voile de féminité et de sensualité si tendres, enseigne-nous cette sagesse en laquelle le beau qui est Dieu et le bien qui est Homme s'unissent et se confondent; conserve la puissance de l'amour à cette terre jalouse de ses jours vermeils et de ses nuits constellées, tempère les inutiles violences de son peuple et inspire ses poètes et ses artistes, délivre enfin du mal les municipalités, en leur suggérant le respect de leurs villes et d'elles-mêmes. »

Est-elle de Bernus, la « preservarello de tout màu », image de beauté locale ? Je l'ignore. Mais à coup sûr elle est d'un poète, d'un amant,

André Godard a bien raison de dire que la Provence a jeté l'art, tout l'art, aux pieds de la Madone, de la Femme.

XII

La plupart des ordres religieux avaient, cela se devine, des possessions dans la cité pontificale ou dans le Comtat. Il reste à peine pierre sur pierre des nombreux couvents généralement très riches édifiés sur ce sol sacré. Les œuvres d'art qu'ils contenaient ont été détruites ou sont devenues la proie des collectionneurs; quelques-unes pourtant ont trouvé un refuge au Musée Calvet. Du plus illustre de ces monastères, celui des Dominicains, où logeait d'ordinaire Clément V et qui contenait les dépouilles de quatre-vingts cardinaux et de cent cinquante évêques, il ne reste plus que d'informes débris. Sur son église célèbre, sur son cloître et ses vastes bâtiments réduits en poudre, on a construit un quartier neuf, d'une laideur prétentieuse et fardée.

Un clocher hardi et fin comme un minaret conserve religieusement le souvenir des Grands-Augustins. Un magasin s'est installé dans la chapelle des chanoines réguliers de Saint-Antoine. Alain Chartier, ce Verlaine baisé sur la bouche par une princesse en hennin pour ses mots dorés, dormait là son dernier sommeil. Mais où retrouver sa tombe? Une tour carrée que s'amuse à dépasser en grimpant familièrement sur son échine une tourelle octogonale à crénelures, rappelle de façon trop sommaire une commanderie de Rhodes, disparue d'une aimable place archaïque *pour cause d'agrandissement.*

Plus heureux, les Bénédictins survivent dans une église aux longues verrières pleines de passion mystique. Cette église, Saint-Martial, désaffectée d'ailleurs, est le joyau d'un square cher aux Avignonnaises. Près du tapage et des résonances vulgaires de la grande rue de la République, ses fleurs et ses ombrages s'offrent comme un refuge exquis de calme et de fraîcheur. Puis, n'y voit-on pas, entre autres silhouettes de pierre ou de bronze, le buste de Roumanille, le bon *Cascarelet*, qui faisait pleurer à force de faire rire, et dont les contes se déroulaient avec la couleur et la grâce pittoresque des farandoles?

Une caserne enserre maintenant les Célestins : cloître, chapelle ogivale, cellules, chapitre; et le clairon déchire l'atmosphère encensée d'où les ombres moniales et l'âme sainte de Pierre de Luxembourg refusent de s'enfuir. Pierre de Luxembourg, chanoine à neuf ans, évêque et cardinal à quinze ans, mourait à Avignon en 1372, épuisé par la pénitence et par l'extase. La place du Corps-Saint rappelle sa sépulture violée par le peuple afin d'avoir ses reliques. L'antipape Clément VII, l'ancien cardinal Robert de Genève

AVIGNON
LA VIERGE DE SAINT-PIERRE

aux mains pourpres comme sa cape (1), avait là une occasion unique de se réhabiliter aux yeux de ses ennemis. Ayant élevé une chapelle et un monastère où furent appelés des Célestins, il exploita avec la bonne renommée du Bienheureux, les miracles opérés sur sa tombe. Les Célestins reçurent aussi de nombreuses donations du roi René qui leur avait laissé en souvenir un tableau de sa façon. Il représentait sa maîtresse, non pas vivante et telle que son amour la pouvait idéaliser, mais sous les traits affreux d'un squelette, debout près du cercueil rempli de larves et de toiles d'araignées ! « Au diable soit l'animal, s'écriait le président de Brosses en présence de cette peinture, qui, de toutes les attitudes où il pouvait peindre sa maîtresse, en a choisi une d'un si horrible spectacle ! »

D'autres chapelles conventuelles encore : la Visitation ; les Jésuites (aujourd'hui chapelle du Lycée) ; le séminaire Saint-Charles ; l'Oratoire, dont l'architecture en rotonde autour de laquelle rayonnent des chapelles est du plus original effet.

Sans doute, ces ruines accumulées en un siècle moins par la haine irraisonnée du peuple que par le froid calcul des édiles embellisseurs, sont irréparables. Mais qui nous consolera jamais de la destruction des architectures fameuses des Cordeliers où les amoureux de beauté, et les amoureux tout court venaient s'agenouiller sur le tombeau de Laure ? Quelques pierres informes, des débris d'arcades sont maintenant englobées dans les bâtisses d'un pensionnat. En 1813, un Anglais sentimental, sir Kelsall, passant à Avignon, ne voulut pas quitter la ville sans y laisser un monument à la mémoire de Laure. Ce cippe, d'ailleurs assez peu digne de la chaste muse aux tresses blondes, a trouvé asile parmi les vieilles pierres des collections Calvet.

XIII

Mieux que les moines et que le clergé, les Pénitents nous arrachent à l'heure présente et nous font plonger dans une société trop négligée par nos études, et qui sent l'odeur des vieux siècles : encens et ordure. Tout dans cette ville sensuelle et mystique est également étrange, tout nous invite à méditer. Jamais de gestes vulgaires. Avignon s'amuse et

(1) Assiégeant Bologne, il jurait de ne pas s'éloigner avant de s'être lavé les mains dans le sang des habitants.

Avignon prie, se caresse et puis se mord. *Nostis Avignounenco, Fan l'amour en tout tems*, chante Aubanel, et voilà pourquoi elles se frappent beaucoup la poitrine. La mélancolie et le rêve après l'amour, la fusion inconsciente de l'esthétisme grec, des aspirations païennes dans la spiritualité de l'Evangile, n'est-ce pas tout Aubanel, ce chrétien qui eut le goût et l'effroi de la chair, ce lyrique intense, qui fit la Vénus d'Arles et voulut être enterré en habit de pénitent blanc ?

Les confréries de Pénitents, de filiation italienne, devinrent tout de suite à la mode dans le Midi friand d'émotions et de contrastes. Mais Avignon seul, aux goûts excessifs, en vit de toutes les couleurs : des blancs, des noirs, des gris, des bleus, des rouges, des violets. Dans les processions aux traînées splendides, devant la gloire du dais abritant le fouillis d'or des pluvials et des dalmatiques, ils marchaient recouverts du sac de pénitence, le visage aboli sous la terrible cagoule trouée aux yeux, et en voyant passer ces lugubres fantômes chantant d'une voix caverneuse les versets des psaumes, les jolies filles éprouvaient, avec le petit frisson de la mort, l'horreur salutaire du péché. Ces pratiques n'allaient pas sans quelque cabotinage, mais quoi de plus évangélique que l'esprit des confréries enrôlant sous la bannière égalitaire du repentir : nobles, bourgeois, boutiquiers, artisans, pied-terreux ? Les nobles venaient là immoler leur orgueil, les autres, leurs rancunes et leur envie. Très curieux pour la vieille histoire sociale, ces unifiés de la pénitence.

Les Bleus, les Rouges et les Violets ne sont plus. Trop voyants peut-être. De leur temps, on ne connaissait pas encore la Belle Jardinière. Mais nous avons encore les Blancs, les Noirs et les Gris et c'est une joie d'artiste que de courir le vieil Avignon à la recherche de leurs chapelles.

Les gris sont les plus nombreux, les plus anciens, et les plus célèbres. O cette rue des Teinturiers où ils nichent ! O ce décor de Delft ou de Bruges frotté de soleil ! O cette tarasque gravée dans la pierre d'une masure ! Des maisons vieillottes d'un côté, de l'autre la Sorgue, jouant au cerceau avec les roues de vingt moulins (1). Des boutiques désuètes où persistent les commerces d'autrefois, des enseignes ingénues et bavardes, des portes étriquées ou trop larges aux heurtoirs

(1) C'est dans ce coin pittoresque du vieil Avignon que le marquis de Baröncelli place l'histoire de Babali « l'indianarello ».

contemporains des Légats, et de-ci de-là, aux angles brusque de ruelles comprimées, des madones affichant, sous leurs dais ajourés, des airs de ressemblance avec la Vierge de Saint-Pierre. L'oratoire est des plus singuliers. Pour l'atteindre, il faut franchir la Sorgue, puis longer un vestibule qui conduit à une rotonde fort obscure sur laquelle viennent s'ouvrir une chapelle de la Vierge et le sanctuaire proprement dit, bordé par les stalles des pénitents dont on remarque les bannières et les lanternes de procession. Au fond, le chœur avec une gloire écrasante de Péru dans le goût du XVIIe siècle. Des armoiries, des toiles ferventes, un Parrocel. Malgré la gloire fulgurante, le gris domine dans l'oratoire, le gris couleur du rêve et de l'humilité. Louis VIII le Lion, la ville prise et purgée d'hérésie, aurait en 1226, conduit lui-même, revêtu du sac expiatoire, la première procession des Pénitents Gris.

Les Blancs datent seulement de 1523. Ils ont eu comme confrères : Charles IX, Henri III, Henri de Bourbon, roi de Navarre, le duc d'Alençon, des cardinaux, des légats, des évêques, des princes, des milliers de nobles comtadins. Association mondiale et exaltée, ces Blancs avaient d'ailleurs le goût maladif du noir, du macabre. Héritiers d'une église fort ancienne, N.-D. la Principale, bâtie par Boson en 930 et remaniée au XVe siècle, ils l'avaient, avec un art féroce, décorée de crânes, d'ossements; cette nef où l'on voyait partout ricaner la mort s'épanouissait tout à coup en un chœur d'apothéose où l'autel, incrusté de gemmes, chatoyait, palpitait tendrement de leurs mille petites vies. Ces Blancs se donnaient la discipline avec une rage qui émerveilla un jour Henri III, le sadique des Flagellants de la Ligue. Moins fougueux sont aujourd'hui les confrères, et moins sinistre aussi la chapelle où l'on admire *Saint Simon Stock*, de Nicolas Mignard et une *Ascension* et une *Résurrection* de Charles Parrocel.

Les Noirs, dits aussi Pénitents de la Miséricorde, devaient secourir les pauvres et les prisonniers, assister et ensevelir les individus frappés de la peine capitale. On les vit plus tard donner leurs soins aux « insensés » dont l'hospice transformé depuis lors en prison départementale jouxtait leur chapelle. Jamais je n'oublierai la rue, la bonne vieille rue, qui, dans l'ombre formidable du Palais, conduit en zigzaguant à leur oratoire. Avec ses petites vies closes en des logis craintifs, avec ses petits commerces stagnants en des boutiques introuvables, je l'aime cette rue Banasterie, quasiment à l'égal de ma chère rue des Teinturiers. Banasterie ! Ce mot seul est tout un langage. Là, les vanniers tressaient avec les osiers du Rhône paniers et corbeilles (banastes en provençal) et leur habileté professionnelle était proverbiale. Partout dans le Midi on entend dire encore : *Figo de Marsiho, Cabas d'Avignon*. Il n'est donc que juste de rendre hommage en passant à ce joli vocable.

La chapelle, claire, décorée à profusion, où ressortent çà et là sur les murs en améthystes cruelles les têtes décollées du Précurseur, emblème de la confrérie, est aussi une chose inoubliable. A noter l'attendrissant Saint Sébastien d'Orazio Riminsaldi, les Levieux, les Raspay.

XIV

Avignon est donc, comme on l'a dit, un musée d'églises.

Sans doute, l'on chercherait en vain aujourd'hui ses trois cents maisons dont les tours, jalouses des clochers, agaçaient l'azur angélique du Comtat. Mais que d'attendrissants logis, que de bicoques aux sourires édentés et en demi-deuil du Bonhomme Jadis on découvrirait encore à travers les circuits et les méandres des vieux quartiers ! J'ai cité à peine deux ou trois rues anciennes. Ces aïeules qui se sont vengé innocemment de mes curiosités en m'enfonçant dans la chair leurs pavés pointus, vaudraient à elles seules une longue, une compétente description. Que dites-vous de ces noms: *Pont-Trouca, Tarasque, Vieux-Septier, Aïgarden, Cremade, Campagne, Calade, Petit-Muguet, Amoureux, Panier-Fleury, Philonarde, Peyrollerie*? Est-ce qu'ils n'attestent pas le réalisme candide, les mœurs et le coloris des vieilles époques ?

A l'angle de la rue Hercule et de la rue de la Masse, le roi René possédait une habitation magnifique, transformée plus tard en monastère d'Ursulines. On devine cette destination princière.

La place de Jérusalem occupait à peu près le centre du ghetto. La nuit tombée, le gouvernement apostolique y enfermait les juifs afin de les soustraire aux curiosités féroces de la foule toujours prête à les rendre responsables de ses misères. Les juives portaient à leur coiffure un ruban qui changeait de couleur avec chaque nouveau pape. Les ruelles infimes Abraham et Jacob qui débouchent sur la rue des Marchands donnent seules quelque idée de ce coin étrange, aux trois quarts transformé.

Place du Corps-Saint et rue Saint-Michel se voyait encore,

en 1850, un Hôtel des Invalides, succursale unique de celui de Paris. Quel trait providentiel d'avoir installé là, près du Rhône, dans cette lumière et dans cette douceur des choses, les oxydés et les mutilés de la gloire ! « Le trésor d'un homme vieilli et peu riche, dit Stendhal, n'est-ce pas un beau ciel ? » Cet hôtel, assez vaste, englobait l'ancien couvent des Célestins déjà nommé, ainsi qu'un noviciat de Jésuites et un séminaire. Mais il s'agit bien d'architectures ! N'est-ce pas ici que mourut en 1823 Mlle de Sombreuil, oui, celle du verre du sang, l'héroïne de l'épisode révolutionnaire qui a peut-être le plus retenti dans les cœurs sensibles ? Fille du gouverneur des Invalides de Paris, Mlle de Sombreuil avait épousé à l'étranger le général comte de Villelume qui, peu de temps après son retour en France, en 1815, devenait gouverneur des Invalides d'Avignon. Elle y mourut en 1823, à l'âge de 59 ans. But-elle le verre ? et le verre contenait-il du sang ? Question atroce à laquelle l'histoire n'a pas encore su nettement répondre. Il faut, je crois, laisser le dernier mot à Pontmartin. Tout enfant, il avait connu à Avignon Mlle de Sombreuil à qui ses parents, tant en raison de la légende que du charme de son commerce, avaient voué une sorte de culte. Elle venait souvent dîner chez eux et, par une attention délicate, on avait soin de ne servir ces jours-là que du vin blanc sur la table. Un soir d'hiver, la comtesse était venue passer la soirée chez les Pontmartin. Un mistral affreux secouait la maison et hurlait comme une populace en délire. L'enfant impressionné par la tempête qui le faisait songer malgré lui au drame de la Terreur, regardait si éperdument Mme de Villelume que celle-ci, devinant sa pensée, lui dit : « — Je ne veux pas que votre jeune imagination aille au delà de la vérité. Je crois être une brave femme ; je ne suis nullement une héroïne... En 1792, à l'Abbaye, une bande d'assassins forcèrent la prison. La plupart étaient ivres. Ils se ruèrent sur mon père. J'étais là. Je me jetai à leurs genoux, suppliante, folle de douleur. Toute fille à ma place en eût fait autant... Un instant après, l'un des bandits, qui s'était éloigné du groupe, revint en apportant un verre rempli d'une liqueur rouge... Il me le présenta : — Citoyenne, bois ce verre et ton père est sauvé !... Ce fut un moment horrible. Un nuage de sang passait devant mes yeux... J'aurais pris le verre... L'homme me l'arracha, et le jeta violemment par terre... — Citoyenne, dit-il, tu es une aristocrate, mais tu as du cœur. Tu ne boiras pas et ton père sera sauvé tout de même !... »

Alors, on vit, par un revirement soudain, ces brutes aux mains cramoisies qui poussaient des cris de mort hurler d'enthousiasme. On vit ces égarés, honteux peut-être d'avoir meurtri la beauté et froissé une tendre fleur, ramener en triomphe le père et la fille aux Invalides.

Pontmartin, critique pointu, écrivain facile et distingué, est mort aux Angles, lieu de sa naissance, dans la campagne, sur la rive languedocienne. La nécropole avignonnaise, promenade autant que cimetière, conserve, elle, la tombe d'un Anglais moins rêveur que raisonneur, et déjà féministe : Stuart Mill. Emerveillé de la ville des Papes et de son paysage tout italien — les races anglaise et tudesque furent toujours éprises de la péninsule, — il y voulut prendre ses quartiers d'hiver et y mourir. Jamais philosophe n'a été aussi souvent détroussé par les économistes, par les maçons enragés de la cité et du bonheur futurs, et le moindre grain de *Mill* a toujours fait leur affaire.

XV

A voir encore quelques rues à la vieillesse spirituelle et éveillée : la rue des Fourbisseurs avec une maison du XV° siècle, à étages encorbellés ; la rue Saint-Etienne où les poètes croient voir planer sur les débris d'une demeure gothique l'ombre passionnée de la reine Jeanne ; la rue Dorée où l'on veut que Laure la blonde ait habité l'ancien hôtel de Sade ; la rue de la Masse, fière de l'Hôtel de Montréal et surtout de l'Hôtel Crillon qui rappelle les façades de Florence ; la rue Galante enchâssée du logis le plus galant d'Avignon, construit dans la seconde moitié du XVII° siècle pour un artiste, le peintre Palasse ; la rue des Trois-Faucons et son élégant Hôtel d'Albert.

Tout à fait à l'est, au delà de vastes jardins, vers cette Porte l'Imbert qui gênait le rayon visuel du maire de l'époque et qui fut abattue non sans avoir fait crier les plumes, s'allonge une immense façade de Mansard : c'est l'Hôtel-Dieu, un des plus beaux édifices de la charité en France. Il remplace l'hôpital Sainte-Marthe fondé en 1353 par Bernard de Rascas dont le nom fleure la bienfaisance mieux encore que la bouillabaisse. Près de la gentille place Pie, si pittoresque les jours de marché, en vue de ce vieux Septier qui entendit sonner les pas agités de Jacques Stuart, un roi sans trône et sans avoir, le Palais de Justice se trouve à l'aise dans les murs du séminaire de Sainte-Garde. La rue de Saluces, cassée de détours brusques, rappelle la demeure du cardinal de ce nom; le plus ancien des Monts-de-Piété français occupe les dépendances de cet illustre logis. — La rue du Lycée, enjambée d'un bel arceau qui date de 1673, révèle les vastes bâtiments de l'ancien collège des Jésuites et leur chapelle. Presque en face de l'Hôtel de Ville, rue Cardinale, se dissimulait en partie l'ancien palais archiépiscopal, héritage du calme Hôtel de Crochans. Dans la rue du Collège-du-Roure, non loin d'une Préfecture assez banale, s'élève l'un des logis les plus populaires et les plus célèbres de la ville. J'ai nommé l'Hôtel de Baroncelli-Javon à la porte surmontée de branches de chêne (roure-rouvre-chêne) entrelacées, d'un art étourdissant et exquis. L'Hôtel du Louvre, rue Saint-Agricol, cache au fond de sa cour une salle qui appartint aux Chevaliers du Temple ou de Rhodes. Les statuts de l'Ecole du Flourège y furent votés dans une séance mémorable, tenue en mai 1876.

La longue rue Calade s'appelle aujourd'hui la rue Joseph-Vernet. Elle dessine une courbe enveloppante, continuée par la rue des Lices et la rue Philonarde, où se lit le tracé de l'enceinte que Louis VIII fit renverser. C'était au XVIII° siècle, le faubourg Saint-Germain d'Avignon : une artère élégante, peuplée de gens aux belles manières, égayée du tapage aristocratique des carrosses, bordée de vastes et luxueuses demeures. Le temps a marché. La rue, abandonnée à ses regrets et à ses songes, garde un silence morose qui, à nos yeux, a bien son prix. En examinant ses beaux logis d'un peu près, on est charmé d'y découvrir à travers l'esthétique classique, un esprit tout local, une manière avignonnaise dont s'illustrent, çà et là dans l'ornementation, certains détails d'architecture. Et il convient, pour avoir un régal complet de cette ville si chargée de souvenirs, de flâner longtemps dans la Calade qui, d'ailleurs, a le bonheur d'enchâsser le Musée parmi ses bâtisses eurythmiques.

XVI

Dans l'Hôtel de Villeneuve-Martignan, le Musée d'Avignon a trouvé comme par hasard, le cadre le plus digne de lui. Il règne dans ce joli temple du Beau, comme dans les églises où nous sommes entrés, « cette tranquillité profonde », qui disposait Stendhal à sentir et à aimer les chefs-d'œuvre.

L'Hôtel, acquis en 1835, est entre cour et jardin. Une

cour de rare élégance où les siècles ont déposé leurs débris et leurs cendres. Un jardin aimable et nostalgique, mouillé par l'ombre de hauts platanes faisant la ronde autour d'un boulingrin.

Comme un maître de maison bien élevé, le buste d'Esprit Calvet vous accueille tout de suite dès le seuil. Cet homme d'esprit exerçait la médecine, mais il avait la passion des belles choses et rien de ce qui touche à l'art ne lui était étranger. Il mourut en 1810 en laissant sa bibliothèque et ses riches collections à la ville qui les joignit bientôt à son propre fonds artistique : d'où le nom de Musée Calvet.

La Bibliothèque, installée au rez-de-chaussée côté jardin, renferme près de 150.000 volumes, un millier d'incunables, et un grand nombre de manuscrits dont quelques-uns comme le missel de Clément VII et le livre d'Heures de Pierre de Luxembourg, enrichis d'enluminures, méritent leur universelle célébrité.

La plupart des antiquités romaines ont été découvertes à Vaison et dans le vallon agreste de l'Ouvèze, mine inépuisable de débris et de souvenirs. Chez ces Voconces du Midi, comme chez les Voconces du Nord (haute vallée de la Drôme), nombre de divinités topiques faisaient bon ménage avec les dieux de Rome et ceux de Phénicie importés, soit par les premiers navigateurs du Rhône, soit par les légionnaires venus prendre leurs invalides dans ces terres souriantes aussi pourvues d'eaux limpides que de bon soleil. L'Ouvèze était alors navigable et l'on peut suivre au-dessous du Pont romain de Vaison les traces d'un quai d'embarquement. Mais c'est vers les deux arcades du théâtre antique que l'on a découvert les urnes, les fragments de bustes et de statues, les chapiteaux et les inscriptions qui constituent le fonds archéologique du Musée. Toutes les collections du monde ont quelque chose de Vaison. C'est là que fut exhumé le *Diadumène* en marbre, athlète nu, un des plus beaux antiques qui existent et que la France s'est laissé ravir par l'Angleterre (1). En revanche, Avignon possède la Vénus pudique de Pourrières, arrachée à sa nuit par la lochet d'un paysan, et dont Mme de Flandreysy nous donna dans ses *Vénus gréco-romaines de la vallée du Rhône* une description savoureuse et définitive.

Ce vieux Vaison, si singulier de site, si attachant de souvenirs, ne fut pas moins important à l'époque romane qu'au

(1) Cette pièce admirable est de Polyclète.

temps du peuple-roi. On le reconnaît à sa vieille forteresse des comtes de Toulouse crétant un rocher en surplomb, à sa cathédrale maintenant isolée dans la plaine parmi les micocouliers, à son cloître en passe de devenir musée, à Saint-Quentin, type païen, avec son abside triangulaire finement ouvragée à la grecque et où Diane pourrait encore se croire chez elle s'il lui prenait jamais fantaisie de revenir.

Sont-ce bien des sculptures que conserve le musée Calvet dans la salle du Moyen âge et de la Renaissance ? Tout au plus des débris. Mais le moyen de s'indigner dans un si galant milieu de l'orgie destructive des hommes ? Par une sorte d'ironie cruelle, ce sont surtout des tombeaux qui ont résisté, qui se laissent voir : mausolées d'Urbain V, du cardinal de Lagrange, de Chabannes de la Palice. Celui du cardinal de Lagrange présente une figure couchée d'un poignant réalisme : *le transi*. Ça et là des masques aux yeux effondrés, aux nez brisés : le cardinal de Luxembourg, le pape Clément VI, des prélats inconnus, une vierge du XVe siècle, une Sainte-Marthe et un Saint-Lazare si souvent associés dans les anciennes ferveurs du midi, etc., etc.

Le Médaillier, fort riche, contient environ 25.000 pièces, mais le régal des numismates est la collection probablement unique des monnaies ecclésiastiques frappées à Avignon et dans l'atelier de Villeneuve.

Le Christ de Guillermin est célèbre, si célèbre même que, longtemps la plupart des visiteurs de l'Hôtel de Villeneuve n'y voulurent voir que ce patient travail d'ivoire, payé trente-six livres en 1659. Il appartenait aux Pénitents Noirs, très fiers de le montrer à la foule qui ne se pouvait *saouler* de contempler cette merveille incomparable. Le visage exprime sur une face la douleur, sur l'autre l'acceptation. J'avoue que j'ai été surpris, mais non touché.

Nulle part, si ce n'est dans la douceur de ses horizons, on ne sent mieux l'italianisme du Comtat que dans les salles de peinture du Musée Calvet. Ici, comme en Italie, on sent la peinture chez soi, dans son milieu. Sans doute, comme toute galerie qui se respecte, nous trouvons ici des Flamands et des Hollandais, et même de ceux qui le sont le plus robustement et le plus somptueusement : Breughel de Velours, Bloemen, Gerghem, Teniers, Van Eekhout, Hobbema, Frans Floris, Ruysdaël, mais ils ne font que mieux ressortir le caractère de l'ensemble.

Dans ce concours d'esthétiques, je serais tenté de donner

la palme aux Primitifs. Il convient de rendre leur part de gloire à ces types rudes, spontanés, véhéments, qui confessaient leurs âmes dans leurs œuvres. Ils furent longtemps dédaignés, honnis. On se sentait froissé par leur franchise naïve, par leur réalisme sincère jusqu'à la trivialité. On croit trop que de la Renaissance date notre première crise de sensibilité artistique. Quelle leçon pour notre art qui se débilite que ces Primitifs que tout Paris put admirer en 1904 au Pavillon de Marsan (1), sans être obligé de faire le voyage ? Le groupe d'Avignon si vivant, si expressif, y occupait une place d'honneur avec le *Saint Siffrein* de Nicolas Froment, le *Bienheureux Pierre de Luxembourg en extase*, et surtout *L'Enfant Jésus adoré par un chevalier et un évêque*. — *Saint Siffrein* connaît, grâce à Nicolas Froment, la renommée universelle. Son nom ingénu et ses vertus tranquilles se fussent contentés de moins de réclame. Un prélat, ami de l'artiste, a sûrement posé la tête dont l'air penché ne fait rien perdre à l'extraordinaire puissance du caractère. Sur le pluvial fort riche, s'étale en vigoureux orfroi le *Tau* symbolique. Ce panneau, avant d'être promu chef-d'œuvre, fut longtemps utilisé comme couvercle de coffre dans l'église de Magon.

L'Extase du Bienheureux Pierre de Luxembourg, qui n'est pas moins célèbre, ne connut pas du moins cette indignité. Avant d'être acquise par la ville en 1840, elle faisait l'orgueil des Célestins, pour lesquels elle paraît avoir été peinte vers 1450. C'est admirablement conçue, la nostalgie d'un saint qui espère la céleste patrie. — *L'Enfant Jésus adoré par un chevalier et un évêque* nous prône mieux encore la ferveur et la fantaisie intarissable du XVe siècle. Il y a là une Vierge adornée et parée comme Laure, un évêque si gêné devant le bambino assis tout nu sur un coussin qu'il va, je le crains, laisser choir sa mitre. O ces vieux maîtres assez indépendants pour nuancer leurs scènes pieuses d'humour et de cocasserie ! — A côté de ces morceaux de premier ordre, *La Fontaine de Sang*, le volet à deux faces représentant d'un côté *L'Annonciation*, de l'autre *L'Archange Saint-Michel*, le *Portrait du Cardinal Odet de Coligny* par Corneille de Lyon, ont encore une saveur fort originale.

Vénérons *La Vierge, L'Enfant Jésus et le petit Saint Jean* de Luini. Cet élève et ami de Léonard n'a sans doute pas ses

---

(1) Exposition des Primitifs français au Pavillon de Marsan d'avril-juillet 1904.

« moyens » sublimes, mais il garde une fleur de naïveté que l'on chercherait en vain chez l'auteur de la *Joconde*. D'autres beaux italiens des diverses écoles : un Caravage âpre, rugueux, aux noirs pleins de chaleur; un Annibal Carrache lumineux et académique; un Sassoferrato virginal et suave; un Albane, un Dominiquin, un Salvator Rosa, un Bassano, un Véronèse.

Un portrait d'Holbein représente l'Allemagne, et ce sont aussi des portraits qui signalent tout particulièrement l'école française avec Le Nain, les Largillière, les Grimoux, les Mignard, les Parrocel, les Duplessis, les Vigée-Lebrun, les Péru, les Déveria. Ici et là, Gros, Géricault, Girodet, Paul Huet romantisent. *La Mort de Bara* par David n'est qu'une ébauche, mais quelle ébauche! Pour elle, combien n'enlèverait-on pas de Sabines? L'adolescent, représenté nu, est beau comme Narcisse, comme un symbole. Attendez-vous, sous vos yeux charmés, à le voir changé en fleur.

Une salle est réservée aux Vernet : Antoine, Joseph, Carle et Horace, originaires d'Avignon. Antoine, décorateur habile, eut douze enfants et ce fut son plus bel ouvrage. Joseph aimait passionnément Amphitrite. Qui n'a éprouvé l'envie de s'embarquer devant ses ports de France, aux fourmillements joyeux sous des ciels légers? C'est le poète de la dynastie. Carle préférait les chevaux, les carrousels, les mêlées guerrières. Horace, gâté par sa facilité et par ses ambitions de peintre officiel, lançait des cavaleries tapageuses sur des murailles princières, tapissait Versailles d'héroïsmes furieux, de combats grandeur nature. La famille se raconte toute ici avec ses diverses phases, en rêve et en action.

Notons en passant une suite de vues d'Avignon par Chartron, Dagnan et Huet; un fin paysage de Corot et un certain nombre d'œuvres signées de Vauclusiens : Vayson, Grivolas, Paul Saïn, Montagné, etc. *Le soir à Villeneuve-les-Avignon*, de ce dernier, avec ses nuances de mirage mystique, est une vision poignante de ce Versailles papal.

Et portons, pour terminer, nos hommages à Laure. Le Musée possède d'elle deux portraits dans la nouvelle salle réservée aux illustrations vauclusiennes. Représentent-ils la même personne? Bien fin qui le dira, car ils ne se ressemblent guère. Cependant, si l'on s'en rapporte aux détails poétiques relevés çà et là dans Pétrarque, qui portait d'ailleurs sur lui en tout temps une miniature de sa dame (1),

(1) Par Simon de Sienne.

le tableau en haut duquel on voit inscrit M. LAVRA en gros caractères offrirait de sérieuses garanties d'authenticité. C'est une belle et douce figure un peu longue, aux traits délicats, à l'expression angélique. Les yeux, chastement baissés sous la frange brune des cils, ont l'air de s'excuser d'être trop beaux. La bouche un peu précieuse achève presque en moue le sourire commencé, et propose ainsi une énigme non moins indéchiffrable que la bouche de Monna Lisa. Les cheveux d'un blond lumineux sont emprisonnés dans une coiffure à la mode du temps, ornée de losanges pourpres, et cerclée d'une bordure d'or finissant en pendentif sur le front. Un collier à trois rangs de perles s'enroule autour du cou flexible et pur. Mais, comme dit le poète :

Heureux les yeux qui purent la voir vivante (1).

L'autre portrait donné par M. Vigne qui le tenait lui-même de la famille de Sade, est plus jeune d'un siècle et demi. Mais la jeune femme aux tresses blondes qu'il représente ne serait autre que Catherine de Cabassole de Réal, mariée en secondes noces à un Etienne de Sade.

Pétrarque, déjà vieux, déçoit un peu nos regards si pressés d'admirer. Coiffé du capuchon qu'enserre la traditionnelle couronne laurée, sa figure aux lèvres épaisses sombre prosaïquement en un double menton. Triste masque pour raconter de si belles amours. L'Italie garderait jalousement les meilleures images du poète.

Les divins amants ne sont pas d'ailleurs ici en trop mauvaise compagnie. Des militaires : Crillon, Luynes et ce chevalier de Folard, si populaire au XVIIIe siècle, surnommé le Végèce français et qui eut le bonheur d'être commenté par le grand Frédéric de Prusse; des ecclésiastiques : Fléchier, l'abbé Poulle, le cardinal Siffrein Maury; des artistes : Bernus, Péru, Nicolas Mignard, Parrocel, Joseph Vernet; des mécènes : Requien et Calvet.

Le Musée Requien, œuvre pieuse et patiente du naturaliste de ce nom, est au fond du Rhône... Ne riez pas, ce n'est pas une galéjade. Il y a été jeté par un maire qui n'a même pas été défenestré. Naguère, il s'abritait à Saint-Martial; puis le couvent s'étant mué en recette principale des postes, il fallut l'en débarrasser de ses vieilles herbes et de ses fossiles. Alors, comme ces choses étaient sales et tenaient de la place, un beau matin, zou, on les balaya dans le fleuve. Ce qu'il en reste occupe une des nouvelles salles du Musée Calvet.

(1) *Beati gli occhi che la vider viva.*

On rencontre à Avignon, dit Stendhal, des yeux dont on n'a pas idée à Paris. Qu'en peut-on dire, après Aubanel qui les a chantés (1) ? Ces yeux, qu'ils soient noirs comme nos péchés ou qu'ils prennent le reflet somptueux des pierreries que remue à certaines heures le Rhône ou la mer, brillent dans de beaux visages pâles au front calme et au nez parfait, à l'arc de la bouche dessiné pour le bonheur et pour le baiser. Roux-Renard a crayonné bellement quelques silhouettes de Comtadines, aux formes pleines et aisées, fruits magnifiques du terroir. L'Avignonnaise, affinée par une longue civilisation, une tradition, une atmosphère de liesse et de fêtes, est troublante. Une de ses coquetteries est de se cloîtrer le vendredi, en mémoire de la Passion. Ce jour-là, le touriste a, du moins, loisir de voir la ville sans risquer d'être induit en la tentation, d'être détourné de ses devoirs :

An soulo lou courset redoun
De Venus dous poulit tetoun
Nosti chatouno...

chante un de leurs indiscrets amants. Chez les Bretons, la gaîté est toujours un peu triste, ici, dans ce terroir fortuné, où le Ventoux prend parfois des tons de chair nue dans la transparence d'un ciel édénique, la tristesse est toujours un peu gaie.

Les environs d'Avignon lui font grandement honneur. Sans parler des villes un peu lointaines de Cavaillon, de Mondragon, de Mornas, de Sorgues, de Bedarrides, de Lapalud, de Pernes, du Thor, de l'Isle, de Malaucène, de Monteux, de Carpentras — passion de Mérimée, — et de Vaison déjà entrevu, toutes capables d'émouvoir l'archéologue, le poète ou l'artiste, quel plaisir de faire la causette avec ses villages propres, pimpants, jamais banals, ombragés de puissants platanes faisant dôme au-dessus de la fontaine publique, presque toujours empanachés de quelque tour ou de quelque porte heureuses d'affirmer leur parenté avec le Palais des Papes ! L'été a beau chauffer la plaine, faire flamber les glèbes au grand soleil, il y a toujours des coins bénis de fraîcheur et de délices, des hameaux, des mas sur lesquels tombe l'averse drue des chênes, des ormeaux et des admirables peupliers d'Italie.

(1) *Les Filles d'Avignon.*

VILLENEUVE-LÈS-AVIGNON

> Jadis, au fond de son Palais, le Pape était inquiet, car le Rhône limitait ses États. Sur la rive opposée, le Roi de France maudissait le fleuve qui bornait son royaume... Alors, d'un pas joyeux, le pont traversa l'eau perfide, et le Pape sourit, et le Roi respira : chacun songeait qu'un jour il serait maître chez l'autre (1)...

A M. Auguste Blanc, ancien professeur de l'Université.

Le Pont Saint-Bénezet, avant le XVIIe siècle, époque où ses arches s'effondrèrent, menait en face de Villeneuve, terre languedocienne. Mais, dédaigneux de la ligne droite qu'observent à l'égal d'un article de foi tous les ponts modernes, il farandolait quelque peu sur les prairies de la Barthelasse et joignait la rive en moquant spirituellement le courroux du fleuve. Maintenant pour passer en Languedoc, il faut prendre le nouveau pont situé en aval, et quand on l'a franchi, il faut remonter la rive droite durant une demi-lieue pour atteindre Villeneuve. Impressionnés sans doute par ce XIVe siècle qui impose comme une volonté formidable à la plaine, les ingénieurs ont fait un ouvrage de style, de style peureux et gentil, où des niches s'enfoncent au-dessus de chaque pile sous la protection de tourelles à mâchicoulis, à l'imitation des remparts. Et je ne me sens pas la force de blaguer comme on l'a fait, un aussi adroit pastiche. Ce long radeau vert entre les bras du fleuve,

(1) Jeanne de Flandreysy.

c'est l'île de la Barthelasse dont les vergnes trempent dans l'eau leurs branches pleureuses, souples et parfumées comme des chevelures de femmes. L'été, ce coin de terre libre devient tumultueux. Les chants joyeux, les galéjades poétisent fritures et fricassées, arrosées de Châteauneuf et de Canteperdrix probes et chauds comme le soleil. Que de poèmes, que de contes ont eu pour cadre l'île concupiscente !

De l'autre côté de l'eau, Villeneuve somnole, le front dans la poussière. Les papes, les cardinaux lui avaient donné, comme à Avignon, un type : dehors imposants et rudes, dedans admirablement propres à la vie fastueuse et ornée.

On passe d'abord devant la tour de Philippe le Bel, farouche sentinelle qui a l'air de crier : au large ! Il faut voir ses salles voûtées, sa tourelle du guet, aussi nettes qu'au Moyen âge. Puis c'est le groupe ruiné de Villeneuve au pied du fort Saint-André, bâti en pente sur la garrigue languedocienne. On pénètre dans la forteresse par une porte encadrée d'énormes tours rondes à mâchicoulis aux tons de pain brûlé, laissées là comme en témoignage d'une force et d'une volonté. De leurs plates-formes, c'est sur la plaine comtadine et son double prodige, Avignon et le Ventoux, une vue radieuse, inoubliable. Dans l'enceinte, parmi les pans écroulés, une maisonnette a poussé comme une verrue à deux pas d'une chapelle du XIIe siècle.

Descendons dans Villeneuve. Est-ce bien une ville comme le prétendent les affiches municipales, que cette bourgade à demi enterrée dans les cendres de son histoire ? Elle m'a inspiré plus de compassion qu'une nécropole. Des vies misérables grouillent là, parmi l'abandon de l'abandon. Les Palais cardinalices sont changés en huttes, de fiers logis en étables, des cours claustrales en vaine pâture que des chèvres ascétiques pastillent de réglisses musqués. Parfois, un figuier jailli des ruines pare et nourrit cette mort. Le figuier, que nous avons vu sur la scène d'Orange, a, entre tous les arbres d'Orient, une vertu spéciale : il défie le temps et l'espace, console l'homme anéanti devant les civilisations effondrées.

Au milieu de cette désolation, seule, la place de l'Eglise garde un peu de vie. Elle donne naissance à une de ces rues à arcades comme les aimait le Midi et d'un pittoresque si pratique. Affaires ou flâneries, quelle animation régnait sous ces portiques où l'on pouvait s'abriter du soleil et des averses ! Partout on écrase ces arcades pour les remplacer par des rues *comme il faut*.

Sur la même place s'élève l'Hôpital qui sert aussi de musée. Mais, par un rapprochement imprévu et touchant, les mêmes personnes, des religieuses trinitaires, aux regards fins sous l'auvent immaculé de leur coiffure, conservent les vieillards et les tableaux. Ici, les égrotants et les infirmes ; là, les rescapés de l'art. Fort curieux, ce petit musée contre lequel bien des cités gagneraient à échanger leur pacotille. Mérimée, pour l'amour d'une de ses toiles, essaya vainement de corrompre Villeneuve. Plus heureux, Paris lui a ravi une *Pieta*, aussi belle que célèbre, au profit du Louvre. Pour ma part, je n'approuve guère les trusts artistiques auxquels se livrent, à qui mieux mieux, les grandes Galeries. Du moins, le fameux *Triomphe de la Vierge-Marie*, d'Enguerrand Charonton, est resté sur les bords du Rhône qu'il dore doucement d'un rayon mystique. Peu de tableaux m'ont touché à l'égal de cette œuvre commandée pourtant à l'artiste suivant un rigoureux programme d'exigences. Etait-ce vraiment une fille d'Avignon cette vierge blonde, pétrie d'une chair céleste à laquelle le Père, le Fils et la Colombe imposent d'un commun geste, comme il convient à la Trinité, la couronne de reine ? Il faut bien le croire puisque le peintre, d'origine picarde, était fixé depuis six ou sept ans dans cette ville quand il reçut la commande. Dans cette toile, aussi étrange que magnifique, Charonton n'a pas seulement créé un paradis caressé d'enchantements, il a pour ainsi dire inventé la nature elle-même, distribué sur la terre qui s'espace au-dessous de l'apothéose : des paysages, des villes, des foules, d'une main aussi large et aussi sûre que celle de l'Eternel. Charonton était à peine connu quand l'Exposition des Primitifs français le révéla en 1904 au grand public. Que sont devenues les œuvres de ce maître dont le caractère, à en juger par cette pièce unique, devait être d'une trempe admirable ?

A côté de ce chef-d'œuvre, les autres toiles semblent respectueusement garder leurs distances. Pourtant, beaucoup sont nobles, agréables ou gentilles. Des papes, des cardinaux, des prélats bénissent ou paradent. Des marquises sourient. Un Christophe Colomb songe. Philippe de Champaigne est représenté par un *Christ en croix* livide dans l'immense affliction du ciel. Levieux, Mignard et Greuze, par leurs tendresses et leurs joliesses à l'italienne. La *Sainte Roseline* de Mignard est ce qu'il y a de mieux dans ce genre élégant et un peu frelaté. Elle représenterait en costume de dominicaine la marquise de Ganges, l'une des beautés sensationnelles du grand siècle. Follement épris d'elle et repoussés, ses atroces beaux-frères, le chevalier et l'abbé de Ganges, lui firent prendre de force un breuvage empoisonné et comme elle résistait, ils la frappèrent de leurs poignards. Passant à Villeneuve, l'incorrigible de Brosses écrivait à un ami à propos de cette ravissante figure : « Ah, que je la martyriserais ! Je suis sûr qu'elle a plus damné de ces bons pères que la règle de saint Bruno n'en a sauvés ! » Mais voilà, l'infortunée marquise a-t-elle posé pour Sainte Roseline ?

Il y a aussi dans une salle quelques délicates sculptures : des madones, un *Saint François d'Assise* et un *Saint Antoine de Padoue* hiératique en bois peint, un sarcophage gallo-romain, des ornements sacerdotaux, des sceaux et des parchemins, des médailles et des monnaies, et une foule d'objets découverts dans ce sol si profondément griffé par l'histoire.

Au bout de la principale rue, s'ouvrait une chartreuse, appelée par Innocent VI Val de Bénédiction. Ce pape, qui en aimait le séjour, en avait fait une somptueuse abbaye. Une cité de misère s'est installée dans ses ruines, où le pied bronche à chaque instant contre des pierres informes, des fragments illustres de colonnes et de chapiteaux. On y remarque encore la chapelle d'Innocent VI, où s'éteignent doucement les fresques de Simon de Lyon, disciple de Giotto, un cloître ogival en proie aux restaurateurs, une porte monumentale de 1649, un puits abrité sous une coupole du XVIII° siècle, que l'on dirait inspirée des temples de l'amour, et dont les moines, éclectiques, ne s'offensaient guère.

La vieille collégiale, paroisse de Villeneuve, est toujours debout. Elle montre dans sa nef du XIV° siècle une énigmatique vierge à double visage comme feu Janus, dieu pénate, protecteur des rues et des carrefours ; un excellent Mignard, *Le Mariage de sainte Catherine* ; un très riche maître-autel. Dans la sacristie est une statuette en ivoire dite la Vierge de Villeneuve, justement admirée des connaisseurs. Il convient de jeter un coup d'œil au vieux cloître attenant à l'église, et sauvé peut-être de la ruine pour cette raison.

Le tombeau d'Innocent VI est la curiosité de la petite chapelle de l'hospice. Les ravaudages qu'il a subis racontent ses malheurs. Destiné dans la pensée du Pape à renforcer la gloire de Val-Bénite, à marquer le centre de ses vénérations, ce monument où le spiritualisme chrétien du XIV°

siècle plein de force délicate idéalise la perfection du ciseau, était violé en 1793 et des galopins jouèrent dans la suite à casser ses statuettes, ses clochetons, tout ce qui, par un prodige de grâce aérienne, voletait et planait au-dessus du pontife de marbre, saintement étendu, les pieds appuyés sur un lion. Dire que les plus humbles d'entre nous croient comme ce pape, comme tous les grands de la terre, au mensonge des *concessions perpétuelles !* Le mausolée servait de coffre à un pauvre vigneron quand des mains pieuses se décidèrent en 1835 à le sauver de cette ignominie. Dans le discret oratoire qui lui sert d'écrin, le chef-d'œuvre a repris sa sérénité.

En aval de Villeneuve, sur le chemin des Angles, on rencontre à main gauche un discret hameau : c'est le *Chêne-Vert*, cabaret rustique, où Daudet, Roumanille et Anselme Mathieu venaient manger des murettes et des lapins sautés incomparables et écouter le vent jouer de la harpe dans les arbres.

TARASCON-BEAUCAIRE

> En France, tout le monde est
> un peu de Tarascon...
> (Alphonse Daudet.)

A Émile-Félicien Tardieu.

I

On se retourne longtemps sur le Comtat après l'avoir quitté. Longtemps le mirage vous éblouit de cet Avignon, resté miraculeusement ce que les Papes le firent : une ville type, un admirable et prodigieux reliquaire. On raconte que les Arlèses ne purent retenir leurs larmes en voyant partir le roi René. Chaque fois, en me séparant d'Avignon, je me sens ému presque à l'égal de ces natures sensibles « à qui, dit joliment la chronique, le cœur cuida faillir au dire adieu ». A mesure que l'on s'en éloigne, le site se transfigure et s'idéalise. Bientôt, il fond dans l'air avec la douceur mourante d'un cantique...

La plaine féconde que barre la Durance d'une écharpe sauvage et ruisselante, serait quasiment unie sans l'âpre Montagnette dont la chaîne minuscule boitille et se bosselle le long du Rhône, coupant l'horizon de Tarascon. La Durance, aux exagérations fabuleuses, ressemble à un Euphrate à demi tari. Vers son embouchure, à une lieue d'Avignon, le Rhône, infléchi à l'ouest, fait mine de lâcher la Provence. Caprice d'amoureux. Ayant bu le Gard, illustre d'avoir glissé sous un portique de gloire, il revient tendrement à la gueuse, à l'aimée qu'il enlacera jusqu'à la mort.

Les hameaux, les mas empanachés de peupliers, escortés de cyprès graves et beaux comme des bronzes, s'espacent sur ces terres prodigues où, si on s'avisait de semer du fer, on récolterait de l'or. Les primeurs, plus encore que l'histoire, ont rendu célèbres Barbentane enrubannée à tout pro-

LE CHATEAU DU ROI RENÉ A TARASCON

pos de farandoles, et Châteaurenard, féru de courses de taureaux. Plus loin, Graveson pointe sa flèche à peigne. C'est la gare où descendent les pèlerins de Maillane, dont le dieu Mistral a fait sa « cité permanente ». Déjà, les villages n'ont plus tout à fait même air, ni mêmes façons que dans le Comtat, si profondément marqué de l'empreinte des Papes. On sent qu'il y a quelque chose de changé dans les hommes et dans les choses. Le chemin de fer lui-même, n'est-ce pas curieux, s'est mis de la partie. Voyez les stations depuis Avignon. Ne jouent-elles pas la villa napolitaine? Et ne voilà-t-il pas transformées en oratoires antiques, oui, en oratoires précédés d'un porche roman et éclairés de minuscules fenêtres cruciales, les maisonnettes des passages à niveau ?

II

Tarascon. Pour beaucoup de gens, cette ville n'existait pas avant Tartarin. Et pourtant les Français, à ce qu'on dit, ont toujours été un peu de Tarascon. Tartarin, lui, n'est pas seulement de Tarascon, c'est, malgré les ricanements de fantaisie, le type d'une race, c'est un peuple, c'est le Midi, tout le Midi pétri, farci, salé, poivré, puis roulé en boule par les mains d'un cuisinier de lettres admirable, heureux de nous faire goûter d'un plat de sa façon. Tartarin a infiniment mieux réussi que Daudet ne se l'imagine. Il est venu à Paris après avoir vu l'Atlas et les Alpes, et fondé son port, et partout, dans les lettres, dans l'art et dans la politique, c'est lui qui tient la meilleure place. *Et je ne trouve pas cela si ridicule...*

En réalité, bien avant Tartarin, Tarascon s'était déjà détarasconné. Sainte Marthe lui avait d'abord témoigné sa sollicitude en le débarrassant du dragon dont vous pouvez voir la figure dans ses armes parlantes. La Tarasque, comme tous les monstres du bon vieux temps, s'amusait aux jeux les plus détestables. Sur le Rhône, elle faisait chavirer les barques; sur les grands chemins, elle jetait les passants à la renverse et les dévorait ainsi la tête la première. Nul n'osait braver son regard, qui giclait des flammes, ni se frotter à ses piquants, aussi meurtriers qu'une troupe rangée en bataille. Comme il fallait un miracle, il se fit. Sainte Marthe, venue pour évangéliser les peuples du Rhône, se mit à la recherche de la Tarasque et finit par la découvrir dans les oseraies du fleuve. Ayant fait une courte prière, elle lui passa un simple ruban autour du cou et la conduisit ainsi, docile comme un chien, aux habitants qui s'étaient rassemblés à l'entrée de la ville, béants d'un tel prodige. Tarascon a toujours vénéré l'aimable sainte, déjà si touchante pour avoir accepté là-bas, dans sa première patrie, les plus humbles tâches, pour avoir été la bonne à tout faire de Lazare, de Madeleine et de Jésus. La femme, déesse, fée ou sainte, est au fond de toutes les légendes provençales.

La Tarasque, en considération de la dompteuse, n'est pas moins chère aux Tarasconnais. Deux fois par an, le second dimanche après la Pentecôte et le jour de Sainte-Marthe (29 juillet), ils célébraient le miracle en promenant la Tarasque dans deux processions aussi burlesques que solennelles, qui faisaient accourir les populations de plusieurs lieues à la ronde. Dans la première, la Tarasque furieuse, jetant par les naseaux des gerbes de feu, secouée de soubresauts terribles imprimés par les Tarascaires cachés dans son ventre, renversait de sa queue les badauds qui s'en approchaient. La foule en délire hurlait et trépignait. *La masco ! la vieho masco ! la gadou ! la tarascou !* criait-on, et chacun de se garer, de crainte de quelque coup de queue. Tant pis pour les *couyons* qui se laissaient casser ainsi un bras ou une jambe. On ne les plaignait pas plus qu'un toréador maladroit cloué par le taureau ; on encourageait même le monstre par ces mots : *a ben fa ! a ben fa !* mille fois répétés. Le jour de Sainte-Marthe, au contraire, la pauvre Tarasque, humiliée et repentante, se laissait conduire par une jolie fille vêtue de blanc. Des divertissements profanes et des cérémonies religieuses accompagnaient cette fête sans pareille, réglée dans la seconde moitié du XV° siècle par un prince extraordinaire, dont on ne parlera jamais assez.

Il s'agit du bon roi René. On peut en rire. Ne rit-on pas ordinairement de ceux qui ne firent jamais pleurer ? Accaparés par les conquérants, occupés à vulgariser ce que Bismarck appelait « le droit du poing », les historiens laissent volontiers dans l'ombre les bergers sages et leurs politiques d'harmonie. Comment parleraient-ils du roi René, d'un souverain qui n'avait même pas d'armée, et qui appelait à ses conseils d'Etat des artistes et des poètes ?

Sans doute, à le considérer seulement dans les diptyques du Louvre ou de Versailles, où il fait vis-à-vis à sa femme, le bonhomme n'impose guère. Gros, gras, le chef coiffé d'un bonnet que l'on dirait de coton, le menton noyé dans un jabot de chanoine ou de meunier sans souci, l'œil de ruminant distrait à peine par le nez pointu et bête de Jeanne de Laval, il évoque beaucoup plus le roi d'Yvetot, « se levant tard, se couchant tôt », que l'un des grands princes du Moyen âge. Quel contraste de cette physionomie à la devise : *Ardent désir*, dont il faisait parade, non sans motif d'ailleurs, car il avait aimé les femmes et les tournois !

Brave, il eût pu faire la guerre tout comme un autre. Il avait combattu dans les armées de Charles VII contre les Anglais, puis en Lorraine, où une captivité de six ans, loin de l'aigrir, lui amollit le cœur, l'inclina peu à peu vers une douce philosophie. Libre enfin, après avoir payé sa rançon — une douloureuse de 400.000 écus d'or — il partagea sa vie entre l'Anjou et la Provence, rapprochant les deux Etats dans une tendre sympathie, les poussant à échanger leurs âmes après les premiers sourires. Le goût des arts, le respect de l'amour et de la beauté, les privilèges de sentiment qui

LE BON ROI RENÉ

distinguent le Midi pénétraient dans l'Anjou, plus profondément peut-être qu'on ne l'imagine, ce pendant que la sagesse, la modération et ces aimables vertus de demi-teinte qui caractérisent les populations de la Loire s'insinuaient en Provence. Afin de retrouver le parfum, le reflet du Midi, le long du grand fleuve paresseux qui avait bercé ses jeunes ans, ne lâchait-il pas un jour, dans les bois de Saumur, des bartavelles rapportées des Alpilles ? Il ne faut pas s'étonner après cela si Mistral appelle les Angevins ses compatriotes historiques.

Mais, Provençal à Angers ou Angevin à Aix et Florentin partout et par-dessus tout, René garde, même quand Louis XI le moque et le dérobe, sa sérénité et sa bonne humeur. Nul ne poussa plus loin le désintéressement politique, et ne devina mieux le sens si obscur encore de l'égalité. Il avait le respect des peuples et des individus. Et bonhomme ! Il tape amicalement sur l'épaule du bourgeois ou de l'artisan, prend le menton de la fillette rieuse qui passe, ou bien devise avec le pêcheur sur le bord de l'eau. Il multiplie les fêtes et les réjouissances, donne le signal des farandoles, préside aux solennités de la Tarasque, en l'honneur de laquelle, ne sachant plus qu'inventer, il fonde un ordre, dont les dignitaires portent en sautoir un large ruban cramoisi auquel est suspendue l'effigie en argent de l'animal de sainte Marthe. Enfin, il se déclare le chef de cette école de Provence, si mal connue encore, qui savait prendre avec Dieu des familiarités charmantes, et dont les Fra Angelico anonymes illustrent les musées du Midi et quelques collections particulières.

Le roi René, bon « imaigier » lui-même, mettait souvent la main à la pâte, et si ses qualités ne sont pas aussi frappantes que celles de Nicolas Froment, de Villate, de Jean Desplas, et surtout de cet admirable Charonton, dont les œuvres lui ont été souvent rapportées, il n'en possédait pas moins tous les dons d'un véritable artiste. Il avait aussi son violon, ou plutôt ses violons d'Ingres. Car on sait qu'il jouait agréablement de la viole, et il a laissé comme écrivain : des mystères, un traité sur les tournois et un autre sur la moralité chrétienne, et le gentil « Livre du cueur d'amour espris », qui semble vouloir donner une suite au Roman de la Rose.

Suivant la tradition, l'estomac, chez lui, répondait au cerveau. Rien qu'à le voir à table, il donnait appétit. Il avait importé de Naples, outre le rigolet, des recettes de fine cuisine, des habitudes de bien manger. Il aimait les franches lippées, et il avait toujours sous la main une coupe de cristal où un dévot artiste avait peint sur la paroi intérieure la figure du Christ, et au fond celle de la Madeleine. Sur le bord étaient gravés ces vers :

Quàu ben bèura (1)
Dièu veira;
E quàu bèura de touto soun aleno,
Veira Dièu e Madaleno.

Et le bon roi, qui aimait le Seigneur au moins à l'égal du vin, voyait Dieu et Madeleine autant qu'il pouvait...

Il aimait bien sa mère aussi, et, à peine débarqué dans son pays d'Anjou, il courait embrasser sa nourrice Tiphaine, passée à la postérité à cause de l'épitaphe qu'il composa pour elle dans l'église Notre-Dame de Nantilly, à Saumur. Ainsi il plaisait au peuple par une foule de petits côtés intimes qui,

---

(1) Qui bien boira Dieu verra; Et qui boira de toute son haleine, verra Dieu et Madeleine.

de nos jours, l'eussent fait éperdument chansonner dans nos *Chats-Noirs* de Montmartre. Roi de Naples, d'Aragon et de Jérusalem, duc d'Anjou, de Lorraine et de Bar, comte de Provence et de Barcelone, il se vit un jour dépouillé de tout, à peu près nu, sans rien perdre de sa sérénité. Il plaignit simplement ses voleurs. Il est donc aussi admirable que cocasse.

On lui a élevé deux statues, l'une à Angers, l'autre à Aix-en-Provence. A Angers, on dirait d'un paladin qui part pour la croisade. A Aix, d'un Tartarin qui « espère » un bon dîner. L'artiste — le même pour les deux monuments (1) — a cru comprendre qu'il y avait deux hommes en ce monarque impayable : l'homme brave et le brave homme, et il ne s'est pas beaucoup trompé en l'accordant avec ses latitudes différentes. Au fond, le roi René est peut-être la personnalité de l'histoire qui concilie le plus curieusement le Moyen âge avec les temps modernes.

Il résidait d'ordinaire à Aix, où il mourut en 1480. Mais comme Tarascon nous parle mieux de lui ! Il a laissé sur les bords du Rhône un château qui fut la plus jolie, la plus pittoresque résidence de ses Etats. On y parvenait du côté de la ville ou du côté de l'eau, à volonté. C'est un quadrilatère flanqué de quatre tours : deux rondes au levant, et deux carrées au couchant, réunies par de massives courtines percées de belles fenêtres. Ce château remplaçait sans doute un vieux castrum assis sur un rocher baigné par le fleuve. Il est séparé de la ville par un simple fossé dont le pont s'ajuste à la porte principale. Il offre à l'intérieur de fort belles salles aux solives apparentes, et une cour charmante entourée de portiques. On y voit également une chapelle ogivale et un curieux réduit couvert de dessins gravés dans le mur à la façon des hiéroglyphes, et représentant les différentes formes des navires en usage aux XVe et XVIe siècles et celles des châteaux de la même époque. Une partie de l'édifice sert de prison — une geôle qui ne verra jamais de détenu aussi illustre que de Thou. C'est là que Richelieu vint cueillir le pauvre garçon, coupable de sa trop grande amitié pour Cinq-Mars. Le 17 août 1642, le cardinal malade remontait le fleuve dans une grande barque décorée de draperies rouges aux crépines d'or. De Thou suivait dans une autre barque, tantôt devisant avec ses gardes, tantôt récitant des psaumes pour se fortifier contre la mort.

Quel contraste, de ce château si blanc, si lumineux à l'ho-

(1) David d'Angers.

rizon, et de la citadelle d'Angers, grise, formidable, et comme atteinte d'éléphantiasis dans son épiderme de pierre ! Au lieu que son château imprime sa physionomie à Tarascon, lui donne figure de clair et brave chevalier, sa forteresse met un ulcère au beau corps de la capitale angevine. Dans une aussi lugubre demeure, le roi eût trop ressenti son infortune, eût fini par pleurer. D'ailleurs, il était ensorcelé par la Provence. Il y mourut doucement, après y avoir ensoleillé ses derniers jours.

Sainte Marthe a ici son église, tout comme René a son château, et c'est admirable pour cette petite ville, qui repose en lui comme en elle.

On entre dans l'église par un de ces portails romans aux lignes si nobles et si pures qu'ils ont dû, j'imagine, servir cent fois de modèle aux architectes religieux. Elevée, dit-on, sur les ruines d'un temple romain, elle fut reconstruite vers la fin du XVIe siècle. Flanquée d'une jolie tour gothique que coiffe la plus jolie des flèches à fleurons, elle renferme à l'intérieur dix-sept toiles de Vien en l'honneur de sainte Marthe, des peintures fort curieuses de Parrocel, de Mignard et de Vanloo. Le baptistère Renaissance et un bas-relief gallo-romain sont dignes de remarque. Enfin, dans la crypte, on voit le tombeau de Jean de Cossa, gouverneur de la Provence pour le roi René, ainsi que l'autel et le tombeau naïvement sculpté de la sainte.

Au Moyen âge, Tarascon garda l'allure d'un municipe romain. La féodalité, si compressive et si étroite par ailleurs, perdait singulièrement de sa force en Provence. Très fiers de leurs libertés et de leurs franchises, les habitants coururent aux armes au XIIIe siècle pour les défendre contre les empiètements de Raymond-Bérenger IV. Le comte de Provence dut remettre la commune en possession du consulat qu'il s'était fait céder par surprise, et il ne garda sur elle que ses droits traditionnels de souveraineté. Il serait vain de rechercher cette maison consulaire à travers les rues du vieux Tarascon, mais l'hôtel de ville actuel, dont la construction remonte au XVIIe siècle, n'a pas une façade déplaisante. Avec deux ou trois immeubles archaïques et surtout avec cette brave rue des Halles, aux arcades si propices aux parlottes l'hiver, quand bouffe le mistral, et où le bon sculpteur Amy aimait tant à tarasconner, donnant un démenti à la gravité magnifique de sa barbe en fleuve, cet intérieur de ville n'est vraiment pas à dédaigner.

En flânant, j'ai découvert qu'il y avait ici un Cercle de la Tarasque. J'honore sans les connaître des gens aussi loyalistes, aussi fidèles à leurs vieilles affections. Pour les *tartarinades*, aperçues dans la boutique d'un confiseur, je ne résiste pas à la gourmandise, et j'achète de ces bonbons héroïques. En les croquant, il me semble ouïr le grand homme : « Figurez-vous qu'un soir, en plein Sahara... »

De la promenade de la Chaussée, Tarascon surveille, *soigne* comme l'on dit, le Rhône et la rive droite, dominée par le château de Beaucaire. Beaucaire et Tarascon, villes bessonnes, inséparables, pareilles de population et d'ampleur, s'aiment extraordinairement, ce qui ne va jamais sans quelque jalousie. Beaucaire envie à Tarascon sa Tarasque, et Tarascon ses foires à Beaucaire, mais elles ne pourraient se passer l'une de l'autre, et se donnent galamment la main au-dessus du fleuve par leur joli pont.

Beaucaire — et je le dis sans vouloir faire du tort à Tarascon — est une ville célèbre. Ses fières ruines l'attestent aussi bien que ses foires, qui remuaient le monde. On sait moins que Roumieux en fit une citadelle joyeuse du régionalisme, une rivale littéraire d'Avignon. Roumieux, dont le nom seul semble du rire retenu, était de Nîmes, mais il passa vingt-cinq ans de sa vie à Beaucaire, qu'il remplit d'un ramage de troubadour. Il suffisait de se dire félibre pour être reçu chez lui à bras ouverts, et les festins succédaient aux festins dans sa maison toujours pleine, où des Parisiens non moins sceptiques qu'illustres se rencontraient parfois avec des poètes catalans qu'ils finissaient par tutoyer en leur passant la coupe. Beaucaire, associée aux joies de l'étourdissant galéjaïre, chantait, fanfoirait, pétaradait à tout propos. A ce jeu, le poète, dont la générosité semblait aussi intarissable que la verve, finit par manger son fonds avec son revenu. Il mourut à Marseille, malheureux, et, pis encore, quasiment oublié. Pauvre cigale qui ne croyait pas que son chant pût jamais s'assombrir, et qui se trouva si dépourvue quand la bise fut venue...

Beaucaire, par ailleurs si fidèle à Raymond de Toulouse et à ses affections de race, a gardé mieux que le souvenir de son initiation félibréenne. Elle a pour bercer ses rêves anciens des poètes et des poétesses. Et tant de Levantins, d'Egyptiens, de Grecs, de Teurs sont venus pendant près de huit siècles à ses foires prodigieuses qu'elle garde comme un reflet d'Orient.

SAINT-RÉMY - LES BAUX

> La vie est courte : à peine
> le temps de traverser l'ombre
> d'un arbre...
>
> *(Les Mille Nuits et une Nuit).*

A Henri Bonnet.

1

De Tarascon, un petit chemin de fer mène à Saint-Rémy, ville placide qui porte sans façon un nom célèbre. Mais elle est assise au pied des Alpilles, ces surnaturelles Alpilles que le vieil Homère n'a point connues peut-être parce que Mistral devait les chanter. Courte visite au musée lapidaire, coup d'œil au clocher, contemporain du pape Jean XXII, et j'ai tout vu. Mais, sous les micocouliers du cours, j'évoque à loisir Michel Notre-Dame ou Nostradamus, médecin et astrologue, né ici en 1503, qui enivra de ses troubles *Centuries*, comme d'un philtre national, le siècle pervers traversé par les masques inquiétants des Valois et des Médicis. Chacun, en agitant la drogue visqueuse et changeante, pensait y voir son avenir et guérir son envie. Le livre, longtemps à la mode, connut, comme l'auteur, une prodigieuse fortune. Son fils *César*, peintre et bel esprit, nous a laissé, entre autres ouvrages, des Chroniques de Provence. Un autre fils, *Michel*, dit le Jeune, voulut suivre les traces de son père, et publia un traité d'astrologie. Mais, pour son malheur, il sortit tout à coup de sa nébuleuse, en annonçant que la ville du Pouzin en Vivarais périrait dans les flammes. Il était à ce moment dans la place, assiégée par l'armée royale. L'incendie ne venant pas, il le fit naître de la fleur rouge d'une torche promenée dans son logis et dans les maisons voisines. Il pensait s'esbigner à temps et jouir en tout bien tout honneur de son triomphe. Mais un indiscret, l'ayant surpris, l'arquebusa sur place. C'était trop de deux prophètes dans la même famille.

Et sous les « falabréguié » (1) du cours, je songe aussi à Roumanille. Né à Saint-Rémy, « d'un jardinier et d'une jardinière », il serait devenu jardinier lui même sans l'état précaire de sa santé durant son jeune âge. La nature s'y prend quelquefois ainsi pour faire ses poètes. Ne pouvant faire comprendre à sa mère illettrée le langage des dieux autrement qu'en provençal, il écrivit ses premiers vers dans l'idiome vulgaire, et prit tellement goût à ce vieux parler roman qu'il jura de l'arracher à sa condition misérable et de le mettre au niveau du français. Il eut ensuite Mistral pour élève, et lui insuffla sa belle passion pour le langage et pour les choses du terroir. La Renaissance provençale, le régionalisme prêché par Charles-Brun avec un zèle d'apôtre n'a donc pas d'illustration plus caractéristique et plus populaire que ce rimeur de génie. Roumanille, Aubanel, Mistral, cela fait la sainte trinité des lettres. Roumanille en est Dieu le père.

Le Plateau des Antiques est à une demi-lieue de Saint-Rémy. Il faudrait, pour admirer dignement ces reliques inappréciables, oublier la laideur et l'agitation modernes; il faudrait arriver devant elles par le chemin mental d'une esthétique ou bien comme les oiseaux, par les voies de l'éther. Là, dans un cadre noble et grave, sous le ciel pur, entre ces Alpilles sculptées elles-mêmes et colorées selon les fantaisies de l'heure, s'atteste par deux monuments, réunis l'un près de l'autre, l'antique Glanum dont hérita Saint-Rémy. Un mausolée et un arc de triomphe. Le mausolée est une de ces perles rares pour lesquelles ont donnerait une fortune, une grande ville d'Amérique. Il est pourtant à l'abandon, sur une terrasse livrée aux vents et aux barbares. Peut-être que sa beauté sereine l'a protégé, peut-être aussi le vague respect dû à sa destination. Comme nous sommes loin, en sa présence, des lapias informes de nos « concessions perpétuelles » ! Ceci est un tombeau, mais combien rayonnant, combien adorable dans sa plénitude d'immortalité !

Les guides vous diront que le monument mesure dix-huit mètres de hauteur et trois étages au-dessus d'un socle composé de trois marches inégales. Ils vous signaleront le soubassement orné de bas-reliefs, le pavillon carré percé d'ar-

(1) Micocouliers.

cades qui le surmonte et la coupole abritant deux personnages, un homme et une femme, qui couronne l'édifice. Enfin, ils vous expliqueront que Sextus, Lucius et Marcus, membres de la famille des Jules, élevèrent ce monument à leurs parents. Mais comment exprimer ce qui est inexprimable? Comment parler de l'infini qui s'est concentré dans cette pierre avec la patience des siècles?

Certainement, l'influence grecque se fait sentir dans ce mausolée romain, dont on chercherait vainement d'ailleurs un semblable dans toute l'Italie. Peut-être y avait-il dans la province une école gallo-romaine inspirée directement par la Grèce? Arles semblerait l'attester. Ses formes libres et galbeuses le rapprochent tellement de la Renaissance qui avait fait revenir les dieux que l'on dirait un morceau de Jean Goujon ou de Philibert Delorme.

L'arc de triomphe, moins intéressant, a néanmoins une grande valeur. On reconnaît, sur l'archivolte de son arcade unique, sculptés avec un art exquis, les fruits et les feuillages de Provence. Des captifs à la tête ou au buste rompu se dressent dans l'entre-colonnement des deux façades.

Qui croirait que ce Plateau des Antiques, respecté par les Barbares et les révolutions, fut tout récemment menacé, et que des industriels osèrent porter la main sur ces reliques sans pareilles? Rien n'est plus vrai pourtant, et il ne fallut pas moins de l'intervention diligente de Maurice Faure pour empêcher le sacrilège. Mais cela peut recommencer, et les saintes colères de Mistral contre les vandales à froid ne seront pas toujours efficaces. A Saint-Rémy d'aviser.

A quelque distance de l'auguste tertre, vers l'est, se cache dans les grands arbres un Prieuré connu sous le nom de Saint-Paul de Mausole (du Mausolée). Cerné d'ombrages magnifiques dont s'exalte par contraste l'ambiance sèche et lumineuse, il possède une chapelle fort ancienne, dont le clocher pastiche le tombeau des Jules. La chapelle communique avec un cloître du XIIIe siècle qui serait célèbre si l'on ne connaissait celui de Saint-Trophime. Ses colonnettes surmontées de chapiteaux animés de figures grimaçantes, enroulés de ceps pleins de sève auxquels se suspendent des raisins, sont des plus variées, des plus jolies que l'on puisse voir. Ce beau prieuré, les fous le remplissent maintenant de vacarme et d'oraisons inconnues, comme pour protester contre le silence millénaire des moines.

LES BAUX

> Je passai, moi sur qui déjà
> tombe le soir...
> (Adrien Chevalier.)

A Abel Bourron.

II

A l'écart de Glanum, au cœur même des Alpilles, rougeoie et titube la cité des Baux. Cité ? Non. Mais plutôt carcasse féodale d'un fief orgueilleux et respecté.

La route blanche s'enroule autour de collines grises parsemées de férigoules, d'hysopes et d'aspics dont le soleil brûle pour nous les encens forts. Les oliviers débusquent des pentes avec cette allure de sauve-qui-peut de la nature en déroute devant le mistral Attila. Mais, aujourd'hui, l'air est calme, si bleu et si calme que j'ai ouï plutôt que vu le vol d'un papillon de soufre hésitant entre deux buissons rôtis de chaleur, et tout enfarinés de la poussière de la route. Bientôt, le long couloir que nous dominons s'élargit. Un cirque bée, gueule de montagne à laquelle manque seulement le rugissement des eaux. Des roches, écroulées des cimes, s'y sont abîmées dans un désordre effroyable. Dante, exilé, errant, le vit et le transporta tel quel dans son enfer. L'abîme s'appelle d'ailleurs le Val d'Enfer. Je souhaiterais que ce soit en souvenir du poème.

A nos yeux familiarisés avec tant de hauts villages branlants, décharnés, terribles de la Drôme et de l'Ardèche, certainement c'est une apparition sensationnelle que les Baux. Mais quelle impression fait-elle sur les visiteurs lointains ? Qu'en pense le gros des touristes ? Beaucoup s'effarent, quelques-uns croient à une farce. Ces Provençaux sont capables de tout. Eux qui croyaient les Alpes truquées, n'ont-ils pu truquer les Alpilles ?

Le truquage se fit sans doute, mais il y a mille ans, sous la haute direction des princes des Baux, à qui rien ne semblait impossible. Fouillant, perforant, sculptant la roche, ils firent d'une montagne une ville étrange, aérienne, inaccessible, d'où ils découvraient toute la Provence qui boit au Rhône. Ils étaient fiers, ils avaient réalisé l'invraisemblable, le surhumain, ils avaient placé leur nid d'aigle au niveau de leurs rêves. Mais quelle consommation d'héroïsme devait exiger une telle position ! Leur cour tint, au Moyen âge, l'une des premières places. Les rois se disputaient leurs filles, de véritables princesses « d'ivoire et d'ivresse », aussi recommandables par la beauté que par le gai sçavoir. Les seigneurs des Baux, tour à tour vicomtes de Marseille, princes d'Orange, comtes de Provence, revendiquaient les titres de rois d'Arles et d'empereurs de Constantinople. « Leur race éteinte a encore des héritiers sur tous les trônes de l'Europe (1). »

La poésie flotte sur ces ruines fantastiques. La première, et à coup sûr la plus illustre de toutes les cours d'amour eut pour siège le manoir fameux qui s'est vidé corps et âme à son tour sur les débris de la cité refroidie. Mais où sont les seigneurs et les dames du temps jadis ? Où Cécile, où Clarette, où Huguette, où cette insigne Allix, « qui beauté eut trop plus qu'humaine » ? A travers les décombres envahis par la broussaille et les graminées, le vieux Villon chante, mélancolique, dans ma mémoire. Hélas !

Princes à mort sont destinez
Et tous autres qui sont vivans...

Les Baux étaient donc, si étonnant que cela paraisse, creusés et façonnés dans les parois de la colline. Maisons particulières, logis seigneuriaux, couvents, église et chapelles, taillés à même la pierre vive, s'achevaient seulement en maçonnerie. Seule, l'Inde mystérieuse, prosternée devant des architectures monolithes, pourrait, dit-on, fournir avec ces édifices quelque terme de comparaison. Voici la *Calade*, la route cruelle, droite comme une échelle, qui menait jadis dans cette ville abracadabrante. Elle aboutit à la porte unique ouverte dans les remparts à peu près effondrés aujourd'hui. Ainsi le repaire était inaccessible. Des ruelles vont et vien-

(1) Paul Mariéton.

nent, étroits couloirs à travers blocs et pierraille, çà et là élargis en placettes. Sur ces voies râpeuses et frustes, des hôtels, qui durent resplendir en leur temps, ont vidé leurs entrailles et bâillent horriblement par leurs grandes portes descellées. Le pauvre village accroché à cette détresse, la chèvre qui bêle en passant devant la brèche qui fut une salle grandiose, le coq qui monte les degrés branlants d'un escalier fastueux, ne proclament-ils pas mieux que le silence total et que l'abandon de la mort la vanité de toutes choses ? Quelques épaves curieuses de cette magnificence : l'*Hôtel de Manville*, la Maison commune blasonnée aux armes des Baux, le *Trincat* ou la *Tour de Brau*, qui abrite un petit musée, l'hôtel des Porcelets transformé en école, enfin l'église Saint-Vincent, de tous les styles, et néanmoins fort curieuse. C'est en fouillant son sous-sol que l'on a découvert, devant un autel ancien, une fameuse chevelure, belle comme celle que Bérénice sacrifiait un jour à Vénus, dorée comme celle que baise le héros de Rodenbach dans *Bruges-la-Morte*. Mistral, qui conservait pieusement cette relique inestimable d'une princesse des Baux fauchée dans sa fleur, l'a donnée au Musée Arlaten.

Plus bas, dans un recoin, sur l'emplacement de ce qui fut le jardin seigneurial, se blottit un exquis édicule, dont le chantre de Mireille a fait copier le modèle pour son tombeau : c'est le *Pavillon de la Reine Jeanne*. Quelle galante porte pour encadrer cette figure d'amoureuse ! Quel plus aimable spectacle que d'imaginer entre ces colonnettes ioniques, support d'un mignon dôme, l'apparition de ce génie tendre et familier souriant à la Provence frémissante autour des Alpilles ! Nulle part, même à Naples, devant le golfe dont les Italiens disent : « le voir et mourir », nulle part on ne saurait évoquer mieux que devant ce panorama enchanté de terres roses, d'étangs et de mer, de fertilité fabuleuse et de désolation, cette femme au cœur orageux qui symbolise si bien, avec ses passions et ses vertus, les races du Rhône et de la mer antique.

Ces Baux, qui nous imposent sans réserve une vision du Moyen âge, nous racontent en réalité bien d'autres choses. Les savants y fleurent à plein nez la vieille Celtique et son mystérieux passé. On y a retrouvé des tombeaux creusés dans le roc, des restes d'aqueducs, des pierres écrites. La stèle dite des *Tremaïé* est célèbre. Les uns ont voulu voir dans les trois personnages sculptés dans la roche vive : Marius, sa femme et la sibylle égyptienne qui ne le quittait pas plus que son ombre. De fait, la montagne voisine de *Costa-Veru*, au pied de laquelle s'ouvre le *Trou des Fées*, marquait l'emplacement de son quartier général. Les autres croient y reconnaître Lazare, Marthe et Marie. Quoi qu'il en soit, l'image est des plus vénérables et des plus curieuses.

Enfin, après les archéologues, les simples géologues devaient célébrer le site des Baux. N'y ont-ils pas découvert un minerai d'aluminium d'une richesse exceptionnelle ? En reconnaissance, ils lui ont donné le nom du pays : la *bauxite*, qui a déjà fait la fortune de certains cantons du Var.

Louis XI, en faisant démanteler les Baux et raser sa forteresse, consommait, en 1483, la ruine de la plus singulière des cités.

Ouï Dante et vu l'enfer, il fait bon regarder le ciel. Justement, le monstrueux lion accroupi que figure là-haut le mont Gaussier tourne vers nous sa tête pensive et grave. Il surveille le Plateau des Antiques, et sans nul doute, quand les barbares essayaient de saper le sol sacré, il a fait mine de bondir. Nous voudrions l'interroger, entendre la sagesse d'une aussi longue vie. Va-t-il rugir ses regrets et ses douleurs en quelques strophes royales, comme il fit un jour à Mistral qui l'interpellait (1) ? Ou plutôt, ne va-t-il pas nous prendre en pitié, pauvres tard-venus que nous sommes ? Nous attendons dans le vaste silence la faveur mystérieuse. Mais le grand lion nimbé d'or, et qui a l'air d'être assis dans le soleil, ne daigne... Et nous descendons les Alpilles peut-être pour la dernière fois.

---

(1) *Les Isclo d'or.*

ARLES

> La vieillesse des hommes est misérable, mais celle des villes est sacrée.

A Jeanne de Flandreysy.

I

Qui ne connaît Arles ? Arles rayon et poussière, Arles silencieuse et blanche, Arles grecque et latine, Arles païenne et sainte, Arles des vieilles pierres et des belles filles, où les corsages en chapelle et le décombre doré intimident et agenouillent l'arrivant tour à tour... Arles la Morte — au moins autant que Bruges — et dont le nom seul fait battre le cœur, parce qu'il est un symbole de gloire et de beauté.

Il faut voir cette ville réellement unique. Dès qu'on foule son pavé cruel, on sent que l'on n'est plus en France, mais en Arles. L'âme ancienne y palpite encore, et c'est dans un cadre digne de l'Hellade que se meuvent, parmi des ruines trop sereines pour ne pas attester les dieux, ces femmes exceptionnelles, ces Arlésiennes filles de Vénus, dont les gestes et le costume semblent perpétuer un culte. Et que dire du paysage, de ce fabuleux domaine de cent mille hectares (1), vaste comme une petite république, où l'on peut descendre à son gré dans la Camargue — cette Egypte — ou dans la Crau — cette Arabie ?

Quand, pour la première fois, je vins à Arles, il y a quelques années, j'étais, je vous le jure, pénétré de respect. Or,

(1) La commune d'Arles comprend 97.578 hectares, c'est-à-dire 13 à 14 fois Paris.

j'y débutai par l'aventure la plus bouffonne. Il arrive parfois aux fidèles, quand le diable s'en mêle, de rire dans le temple. Et je crois bien que je dus rire les deux jours que je passai dans la vieille capitale des Gaules, la pieuse cité de saint Césaire. Et je ris encore en y songeant.

J'erre, ce matin-là, dans la ville à peine éveillée. Le jeune artiste, amoureux d'Arles, auquel me confie l'attentive amitié de M. Greffe — un Montilien également passionné pour les choses de Provence — a son logis dans l'ombre glorieuse des Arènes. J'ignore par exemple l'emplacement exact, ayant omis de le noter, mais ici tout le monde doit connaître M. Lelée, l'évocateur de ce pays de mystère et d'amour. Cette vieille, occupée là-bas à remplir sa cruche, va sans doute me renseigner. Je m'approche donc et je lui demande :

« M. Lelée, s'il vous plaît ?

— Lelé ? pardi, nous restons porte à porte, répond ma samaritaine, non sans sourire quelque peu de mon ignorance, et si Monsieur veut bien me suivre... »

Je la suis, docile. Et tout en contournant l'immense amphithéâtre, dont la fierté s'isole d'elle-même au sein de bâtisses pour la plupart sans âge et sans caractère, je m'amuse de l'ingénuité de la scène dans ce décor antique : cette femme âgée aux yeux gais et purs comme ceux d'un enfant, cette femme qui trottine devant moi et qui babille sans que je l'entende, ce pendant que sa cruche balancée — une belle cruche aux tons de courge, vermeille et rebondie — gicle l'eau, flic, flac, à la cadence de ses pas.

« C'est là, vé. Entrez, il n'est pas fier. Ah, pas plus... » Et la vieille, sans même poser sa cruche, pousse devant moi une porte basse et vermoulue. J'entre, ou plutôt je tombe — car j'ai manqué deux marches traîtresses — dans un taudis redoutable, qui sent le remugle, et où l'on ne voit goutte. Habiter les catacombes quand on se dit amant de la lumière ! Ces peintres en ont parfois de bien bonnes, me disje... D'ailleurs, personne. Rien que le silence et l'ombre, fantômes inquiétants lorsqu'ils sont de mèche. Je n'y tiens plus et m'apprête à fuir, quand, soudain, accourt du fond de l'antre un diable d'homme aux vêtements défaits et tachés de sang, physionomie de proie, bras poilus et voix caverneuse...

« Brr... C'est vous le... peintre ?

— Non, boufre ! Je suis l'équarrisseur. »

J'étais — affreux détail — chez l'équarrisseur ! Et la vieille ne m'avait pas trompé : *Lélé*, c'est-à-dire Alexandre.

Le monstre gardait sans gêne le nom qu'il portait tout petit, laissant aux littératures de l'état civil le soin de perpétuer officiellement son nom de famille. *Lélé* on lui disait avant sa première culotte, *Lélé* on lui dirait jusqu'à sa mort. La chose n'est pas rare en Provence et ailleurs. Et voilà comme un joli diminutif, d'apparence innocente, peut produire des catastrophes.

Heureusement, cinq minutes plus tard, grâce à mon équarrisseur — le meilleur des hommes — je découvrais enfin mon peintre, Lelée, le seul, le vrai. Je lui dois beaucoup. Il a su me faire partager tout de suite son enthousiasme pour Arles, dont le charme s'est si profondément insinué en lui que cette ville est devenue sa préoccupation unique, toute sa raison d'art.

II

C'est souvent un privilège des cités pauvres que de demeurer fidèles au passé. Les villes parvenues sont comme les gens. Il faut qu'elles étonnent, qu'elles aillent de l'avant. Et, pour aller de l'avant, peut-on mieux faire que de détruire ? Aussi, partout où l'on peut dépenser, on jette par terre, au nom de l'alignement, du progrès, les vieilles rues, les vieux édifices, quand on ne met pas en poudre les ruines elles-mêmes. Démolir, c'est prouver qu'on a fait fortune.

La ville d'Arles est assez pauvre, et ce n'est pas son moindre charme. Elle s'accommode de ses rues tortueuses, de ses quartiers pittoresques et désordonnés. Elle garde peut-être un peu obstinément son pavé qui torture et fait pester le voyageur. Mais surtout, sa vue ne s'offense point du décombre admirable dont elle est jonchée. Les *odieux vestiges* lui tiennent lieu de trésor.

Cette pauvreté d'Arles, je ne l'ai jamais mieux sentie qu'à Saint-Trophime, où, à côté de la vieille cathédrale, froide et nue, on conserve l'un des cloîtres les plus réputés du monde. Certes, on passe toujours sous le merveilleux portail du XIIe siècle, qui vit s'incliner Frédéric Barberousse allant recevoir la couronne royale des mains du primat. Mais les dalles, usées par les semelles pieuses de tant de générations, forment par endroits de véritables cuvettes, mais la bise hurle ou pleure à travers les vitraux descellés et les vantaux disjoints. Pour monter au cloître, qui s'ouvre du côté de la sacristie, on prend un escalier dont la main courante est une grosse corde nouée à deux crampons de fer. Cela m'a rappelé mon grenier de Montélimar. Même simplicité chez le gardien, qui cumule sans doute ces fonctions avec celles de bedeau ou de sonneur. Je vivrais cent ans que je retiendrais sa physionomie benoîte et ouverte, son geste familier et serviable tout ensemble, son langage surtout, si près de la nature quand il m'explique les scènes du cloître, que je vois immédiatement des images au bout des mots. Rien qu'à la façon dont il me présente aux personnages illustres de l'Ancien et du Nouveau Testament (1), je sens qu'ils sont ses amis. Et l'on dirait qu'il a vécu toutes leurs histoires. Il sait, par exemple, que la reine de Saba est venue *faire cature* (2) à Jérusalem. Et j'imagine en l'écoutant la façon d'aimer despotique et merveilleuse de cette reine barbare. Il a vu, sur un signe de *Martre* (sainte Marthe), le *mostre* (la tarasque) *raquer* les enfants qu'il vient d'avaler. Il parle de *Zézus* en des termes capables de dérider saint Jérôme, et il m'appelle *mon cer*. Je l'embrasserais !

Débarquer en Arles quand on vient d'Avignon, c'est faire un saut de quinze siècles en arrière. C'est tomber sans transition dans une enclave de l'Hellade. Car, bien avant Rome, l'hellénisme : son art, ses traditions, ses méthodes éducatrices, avait pénétré les pays du Rhône, et l'on peut dire que si Arles a dû reproduire comme toutes les villes de l'Empire universel les monuments qui faisaient la gloire des fils de la Louve, le fond chez elle, goûts, sentiments, affinités, restait grec, pieusement grec.

Quel âge lui donner ? Aucun savant n'oserait le dire. Les plus ambitieux prétendent que Marseille fut son héritière. Les Phéniciens, qui ne voyageaient jamais sans quelques échantillons de leurs dieux mêlés à leur pacotille, auraient fourni ses premiers temples, et cela bien avant même que le Tibre entendît les premiers vagissements de Rome. D'autres, moins généreux, en font au contraire une fille de Marseille, une fille moins évaporée que la mère, belle et sage, dévouée à la religion et au grand art. On peut choisir : le renom d'Arles, son brillant ascendant sur l'ancien monde n'en seront pas diminués.

La région ne ressemblait guère à celle que nous voyons

---

(1) Le cloître est divisé en quatre galeries où sont reproduites nombre de scènes de l'Ancien et du Nouveau Testament.
(2) Capturer, séduire.

aujourd'hui. Le Rhône, alors, entourait la ville, formant à l'est une vaste nappe d'eau peu profonde, d'où émergeaient seulement, îlots précieux pour les possesseurs, les monticules de Cordes, de Castelet, de Trébouille, de Montmajour. La mer, sur laquelle les dépôts du fleuve gagnent tous les ans 3 ou 4 millions de mètres cubes, d'après de récents calculs, était aussi beaucoup plus près. Et cela explique tout à la fois la grande fortune de la cité il y a dix-huit ou vingt siècles, et sa décadence d'aujourd'hui.

La belle histoire que celle d'Arles, où se fit, après une période de patients et laborieux échanges économiques, l'accord des races continentales ou nordiques avec les peuples de la Méditerranée ! On voit Marius, César, les apôtres, les empereurs, les rois intimement mêlés à ses souvenirs. On voit sa triple flotte maritime, fluviale et lagunaire, aux voiles voyantes et légères comme des ailes, s'ébattre follement dans son sein. Les *utriculaires*, mariniers qui montent ses grandes barques plates allégées au moyen d'outres gonflées, vont partout, sont partout. Leur corporation puissante, connue par maint ex-voto, remplit la ville d'un tapage pittoresque, d'un entrain de fête. Par le Rhône et puis par la Saône, son prolongement naturel, Arles puise au cœur de la Celtique, et elle atteint même les régions brumeuses d'outre-Manche, qui fournissent l'ambre et l'étain. Ses ports sont encombrés des produits les plus divers. On y trouve, comme le constate Honorius à l'aube du Ve siècle, tout ce que l'Arabie, l'Assyrie, l'Afrique, l'Espagne et la Gaule ont de meilleur. L'industrie s'en mêle. On se dispute ses étoffes de luxe, ses tapisseries, ses armes et ses bijoux, et l'on exporte, chose à peine croyable, sa charcuterie, oui, ces fameux saucissons dont nos palais blasés font encore leurs délices. Mangeons ce mets avec attendrissement, il fut inventé pour un dieu, un dieu un peu sensuel peut-être, mais bon, attentif à nos désirs, et qui aime que l'on communie en lui.

« En parler, c'est avoir, pour commencer la bouche en joie, — mais ton nom seul, ô Arles, sanctifie notre gourmandise (1) ! »

La ville est en coquetterie avec les philosophes, les beaux esprits, les artistes — des sculpteurs surtout, qui semblent dans leurs représentations divines oublier quelque peu l'Olympe, qui préfèrent la tendresse à la majesté, dont les

(1) Jeanne de Flandreysy.

déesses à la gorge palpitante et dévoilées jusqu'aux hanches se rapprochent de la femme, de l'amoureuse. Leur art, chaste encore, mais déjà plein d'abandon et de mollesse, est sur la pente de la volupté. Fière de ses attaches grecques, la cité tient jalousement à sa réputation intellectuelle. Ses enfants lui font honneur, tels Pomerius et Claudius Quirinalis, qui professent l'éloquence; Paulinus, qui est philosophe, et cet aimable Phavorinos, cité dans les *Nuits Attiques* (1) pour le charme de sa conversation, et dont les édiles modernes tartarinisèrent récemment le nom, pour lui offrir une rue (2).

« Arles, Rome gauloise, toi qui es double, ouvre tes ports hospitaliers et gracieux », susurre le poète Ausone au IVe siècle. Arles est double en effet (duplex Arelas), car, en face de la ville officielle et patricienne, s'allonge, sur la rive droite du Rhône, une cité bourdonnante et travailleuse, aujourd'hui Trinquetaille, remplie de charpentiers, de mariniers, de portefaix, de gens d'affaires. Emerveillé des richesses qu'elle tire de son terroir, Avienus l'appelle à son tour *Theliné* (thelé, mamelle), titre que lui garderont longtemps les trafiquants et les voyageurs.

J'estimerais Constantin le Grand rien qu'à cause de son amour pour Arles, et je m'étonne que le Félibrige, si prompt à célébrer les moindres chorèges, n'ait pas encore songé, dans quelqu'une de ses assises œcuméniques, à faire l'aumône d'un bronze à cet empereur. Ce ne serait que rendre à César... Ne dit-on pas qu'une colonne s'élevait en son honneur sur le Forum ? Nulle part, Constantin ne se plaisait mieux qu'en Arles dont il fit sa capitale, et qu'il n'oublia jamais, même quand il dut, par convenance politique, lui préférer Byzance. Apprenant que sa femme Fausta était grosse, il lui enjoignit de regagner au plus tôt son Palais des bords du Rhône, la *Trollia*, comme on disait alors, et c'est là que naquit l'aiglon Constantin II.

Constantin III, Valens, Gratien, Honorius continuèrent à l'embellir. Puis les Barbares vinrent par le nord, les Sarrasins par le midi. La Venise du Rhône, qui mirait dans le flot mort de ses lagunes son charme surnaturel, blessée et meurtrie, pensa mourir. Cependant, le concile de Mantaille ayant fait un roi de Boson, beau-frère de Charles le Chauve, Arles redevint reine au moment où elle y songeait le moins.

---

(1) Aulu-Gelle.
(2) La rue Favorin.

Durant trois siècles et plus, les rois d'Arles, la main tendue sur la Bourgogne tantôt cisjurane et tantôt transjurane, présidèrent, sous la suzeraineté du saint Empire germanique, aux destinées des peuples du Bas-Rhône. Quant à la ville propre, protégée même au Moyen âge par ses fortes institutions communales, elle conserva toujours une grande indépendance. Soumise par Charles d'Anjou au XIIe siècle, après s'être constituée en république libre, ce prince, autant par bonté d'âme que par respect pour ses sentiments démocratiques, la laissait jouir de la plupart de ses libertés.

III

La Venise n'est plus. La mer s'est éloignée, les doux étangs moirés par les barques des utriculaires se sont évaporés. Arles ne résiste plus à l'étreinte de la terre, et le Rhône lui-même coule entre les berges de la cité double avec une majestueuse indifférence. Elle est là, un peu au-dessous de la fourche du fleuve, lasse de trop de gloire, et comme épuisée par les joies et les douleurs de vingt siècles. Parfois, les couchants jettent un voile de pourpre sur ses épaules de reine découronnée, et c'est alors un beau spectacle que de la contempler du quai de Trinquetaille, de songer en regardant couler l'eau à tout ce qu'elle fut, et à ce qu'elle pourrait être encore si le Rhône reprenait sa grande vie.

La Venise n'est plus, mais la « belle Grecque aux yeux de Sarrasine nous reste ». Recherchons son âme à travers les vestiges de sa splendeur.

Le Forum, où battait le cœur du vieil Arles, subsiste encore, mais il a été réduit à la mesure de la vie moderne. A vrai dire, les flâneurs ne manquent pas sur ce modeste agora dont deux colonnes de granit, encastrées dans le mur de l'hôtel Pinus — un nom qui sonne Rome — rappellent seules les vieilles destinées. Cela rappelle, comme foule et comme gestes, la place de l'Horloge d'Avignon. Mais, à la différence de la ville des Papes, aucun corso bruyant ne mène d'ici en droite ligne à la gare. Le Forum, et il en va ainsi de toutes les placettes d'Arles, se carre comme il peut parmi le fouillis indescriptible des ruelles, formant un de ces espaces clos auxquels se complaisaient nos anciens bâtisseurs, une de ces salles des Pas-Perdus ayant pour voûte les grands arbres, si propices aux conversations et aux flâneries. Un peu partout, nos places à circulation intense sont devenues des carrefours tintamarresques. Quant à nos rues, que cet enlaidisseur d'Haussmann croyait conçues sans péché parce qu'elles étaient toutes droites, on s'aperçoit qu'elles sont fastidieuses et ne ménagent ni imprévu, ni perspectives. Il n'y a rien d'insipide comme le plus court chemin d'un point à un autre. Mais j'oublie mon Forum. Pour border ce rectangle : des hôtels, des cafés aux terrasses remplies de têtes donjuanesquement coiffées de panamas et de canotiers, des boutiques où l'autochtone s'esclaffe de vous voir entrer, sachant que le chaland de passage est *rousti, engarcé d'avance*.

L'ancien Forum était d'autre mesure. Il dépassait, dit-on, d'un tiers celui de Pompéi, et rejoignait l'hôtel de ville et le cloître Saint-Trophime. Il était majestueusement entouré de portiques et orné de statues. Au centre, s'élevait la fameuse colonne en l'honneur de Constantin. Mistral, depuis 1909, a pris sa place. Le sculpteur a eu l'intelligence de ne pas le placer trop haut, de le rendre accessible à la foule, à laquelle il semble vouloir ainsi familièrement se mêler. Le feutre légèrement posé sur l'oreille, le pardessus plié sur le bras gauche, le maître a l'air d'un bourgeois en promenade, d'un homme comme les autres, qui ne dédaigne pas de prêter l'oreille aux *chuchus* et aux confidences d'Arlésie, voire aux ramages des publicains. Rien n'est indifférent, et il y a dans les plus vains propos des perles à ramasser. Constantin et Mistral ! Quelle distance entre ces deux pôles, et quelle matière à philosopher !

Moins vivante et plus solennelle apparaît la place Royale, qui est toute voisine. On longe pour l'atteindre la très curieuse façade à créneaux, seul reste de l'ancien Palais de Justice, où les rois d'Arles, puis les consuls et les podestats de la République du XIIe siècle, venaient jurer de maintenir les franchises de la ville et ses libertés. Saint-Trophime et l'ancien Palais archiépiscopal la bornent à l'est, le Musée lapidaire à l'ouest, l'Hôtel de ville au nord, et au centre un obélisque de granit la plante d'un hommage rigide et fastueux. Cet obélisque, retrouvé dans les alluvions du Rhône, ornait la spina d'un cirque. Si l'on songe que l'orgueilleux monument de la place de la Concorde est un vol dont Ramsès fut l'innocente victime, on regardera avec respect l'Aiguille de la Place Royale, qui, venue elle aussi d'Egypte, et peut-être de la même carrière, fut taillée tout exprès pour la ville d'Arles par un ciseau romain, il y a près de deux mille ans.

Saint-Trophime, c'est du roman qui n'a pas osé devenir gothique. Et il a aussi bien fait. Nos villes du Midi, avec leurs acropoles, leurs traditions antiques, avaient déjà une supériorité immédiate et sereine, et elles n'attendaient nullement qu'une révolution s'accomplît pour voir s'épanouir autour d'elles des chefs-d'œuvre. Le gothique a jailli des villes aux maisons basses, de milieux sans traditions architecturales, de peuples qui, fatigués de regarder trop bas, voulurent tout d'un coup regarder trop haut. Il y a dans le gothique comme une oraison jaculatoire, un besoin éperdu d'idéal et d'azur. Les villes, avec leurs hautes ogives, semblaient ainsi joindre les mains au-dessus d'elles dans le ciel. Et ce fut une admirable floraison de pierre et de prière.

Saint-Trophime, aux architectures trapues, a donc, malgré ses arcs brisés, le caractère d'une église romane. Le portail, romano-byzantin, fait partie de ce lot d'images : gravures ou cartes postales, que tout le monde a vues. C'est une œuvre des plus parfaites dans le genre. Le cloître, dont deux côtés sont romans, le troisième de transition et le quatrième ogival, est encore plus célèbre s'il se peut. Et cela me dispense de le maltraiter par une nouvelle description.

MÉDAILLON AUX ARMES DE L'EMPEREUR FRÉDÉRIC BARBEROUSSE, DANS LE CLOITRE SAINT-TROPHIME A ARLES

La vieille métropole impose sans doute à l'esprit de grands souvenirs : Frédéric Barberousse et Charles IV couronnés ; Louis d'Anjou, le roi René, mariés ; les princes des Baux venus faire leur soumission, etc., etc. Mais elle montre aussi de fort curieuses peintures : un *Crucifiement*, un *Concile provincial présidé par saint Césaire*, œuvre anonyme du XV° siècle ; une *Lapidation de saint Étienne*, une *Adoration des rois* et une *Annonciation*, trois morceaux remarquables du peintre flamand Finsonius. Le sarcophage de Germinus Paulus, servant d'autel à la chapelle du Saint-Sacrement, est surmonté par un *Ensevelissement du Christ*, sculpture du XVIe siècle et d'un grand caractère. L'église montre encore les mausolées des archevêques Gaspard du Laurens et Adhémar de Grignan. Peu de choses au Trésor, à part une parcelle de la vraie croix, donnée par Clément XI, une crosse et un oliphant du XIIe siècle.

Il est fort bien cet hôtel de ville, que les édiles du XVIIe siècle voulaient aussi beau que celui de Lyon. Et il est d'un Arlésien, Jacques Peytret, qui, trop modeste, soumit ses plans à Mansart, venu dans le Midi pour restaurer le château de Grignan. Mansart corrigea quelques détails, ne voulant pas s'être dérangé pour rien. La voûte plate du vestibule est fort hardie, et autrefois, dit M. Roger Peyre, les compagnons faisant leur tour de France ne manquaient pas de la visiter. Tout le monde, aujourd'hui, traverse ce vestibule, qui sert de passage entre la place Royale et la rue, mais, comme l'on vient ici pour les antiquités, personne ne fait attention à ce pendentif. C'est à peine si l'on regarde la Tour de l'Horloge, du XVIe siècle, englobée maintenant dans le palais communal, et surmontée de l'Homme de bronze que les patriotes de 93, altruistes et besogneux, essayèrent de renverser pour le changer en sous. Mais le dieu — car c'en est un, et le dieu Mars encore ! — ne se laissa pas faire. Il tint bon, laissant à cul sur les dalles de la place les obscurs *Monnaidiers* qui, à l'aide d'une corde, l'attiraient à eux. Le dieu, secoué de rire depuis ce jour, a du mal à garder son équilibre.

Tout ce que l'on a pu racler dans le décombre et passer au crible du savoir et de la sensibilité, tout ce que l'on a pu ramener au jour de figures divines ou profanes concassées par le marteau inexorable du destin, se trouve dans l'église Sainte-Anne, transformée en Musée lapidaire. La nef, d'un gothique sec et pur, s'il se peut, à l'attendrissante mélancolie de ce glorieux passé, maintenant en morceaux, en miettes. Pauvres pierres, comme elles ont souffert ! Car elles vécurent elles aussi, d'une vie passive sans doute, mais rayonnante, et elles furent aimées et vénérées. Même celles que le sort a épargnées sont douloureuses et pitoyables. Voici une Livie, qui fut plutôt une Aphrodite, une déesse comparable à la Vénus d'Arles ou de Milo. Elle a le nez brisé, et l'on n'a pu retrouver son torse, que la terre étreint encore comme si elle était jalouse de nos adorations. Une colossale tête d'Auguste attend sur son support la restitution du tronc et des membres qui lui permettraient de redevenir un dieu. Par contre, voici une statue sans tête, une jeune danseuse dont les voiles, en flottant, laissent voir toutes les perfections du corps. Le pied nu, découvert jusqu'au-dessus de la cheville, s'avance spirituel et fin. On devine qu'il glisse dans le rythme comme glisserait, dans une onde cristalline, le pied blanc d'une baigneuse, avec volupté. En le regardant, les vers amoureux d'Ovide, ce favori d'Auguste trop curieux des choses du ménage de son maître, me viennent sur les lèvres : « N'aie pas honte, si tu aimes, de baiser ses pieds délicats. »

Un seul visage entier parmi ces figures sans corps et ces corps sans figures. C'est celui d'un enfant. De Marcellus ? De Constantin ? Les archéologues en disputent. Le front est vaste comme celui d'un homme, le nez — qui grandira — est légèrement pincé, les yeux levés peut-être vers une grande personne retiennent des pleurs, et le tout est un chef-d'œuvre. J'ai eu pitié, je vous l'assure, de cette petite tête si dolente et si calme pourtant. J'ai eu l'envie de la prendre dans mes bras, de la caresser, de l'endormir. Le grave, le beau chagrin de cet enfant !

Aucun des sarcophages qui, çà et là, meublent le temple de leurs admirables coffres historiés, ne m'a causé pareil émoi. Ces pierres qui racontent la mort, la déplorent ou l'exaltent, montrent moins de blessures que les statues. Païennes et chrétiennes voisinent, échangent leurs tristes pensées, mais leurs personnages sont pleins de vie, et parfois de sourires. Il y a là des morceaux de premier ordre, tels l'Apollon et Marsyas, l'Apollon au milieu des Muses, le Cornelia dacœna, l'Orante ou Moïse, le Christ et les Apôtres, le Triomphe de la Croix, et surtout ce Phèdre et Hippolyte, découvert en 1891 sur la lisière de la Camargue, au cours des travaux effectués pour l'établissement du chemin de fer des Saintes-Maries. Les autres sarcophages proviennent pour la plupart des Alyscamps.

Beaucoup d'inscriptions. Quelques-unes poétiques et plaintives comme une élégie. Je traduis celle d'Œlia :

Toi qui peux lire, apprends le malheureux destin de cette
[*jeune fille et plains-la.*
Beaucoup appellent ceci un sarcophage parce qu'il consume
[*les chairs,*

Mais n'est-ce pas plutôt la demeure décente des abeilles ?
O sort indigne et atroce ! ici repose une jeune fille accomplie.
Ceci dépasse la douleur, elle a été ravie cette enfant adorable.
Vierge encore, elle était dans la fleur de sa jeunesse épanouie.
Ses noces approchaient; ses parents s'éjouissaient de cet
[espoir.
Elle avait en effet dix-sept ans, sept mois et dix-huit jours.
O heureux père qui n'a senti un pareil tourment!
Sa mère Dionysade garde dans son cœur transpercé une
[blessure éternelle.
Tandis que son père Géron uni à elle la garde à jamais.

Julia Tyrannia était, dit son épitaphe, *un modèle pour les autres femmes, tant à cause de ses mœurs que de son éducation.* Je vois représentés sur son sarcophage : une lyre, un instrument semblable à la mandoline espagnole, un orgue à eau, une flûte. Et cela ne donne pas seulement l'idée des talents d'agrément de la dame, mais encore cela nous permet de soulever le voile d'une époque qui dut avoir ses grâces et ses douceurs.

A la longue, ces blessures, ces douleurs finissent par vous étreindre, par faire mal, et l'on éprouve, comme lorsque l'on est trop resté dans un hospice, un véritable soulagement à gagner la porte, à retrouver le grand air.

Il n'est qu'un poète pour parler congrûment des Arènes et du Théâtre Antique. Il m'a paru seulement que le Colisée arlésien, engagé quelque peu dans un sol incliné, plus serré par la ville, produisait un effet moindre que celui de Nîmes. Il est cependant plus vaste, plus soigné dans les détails d'architecture et d'ornementation, qui révèlent une main grecque. L'attique de la galerie supérieure ayant disparu, les arcades vides festonnent le ciel d'une incomparable dentelure. J'ajoute, ce que chacun sait, que 25.000 personnes trouvaient place dans l'enceinte gigantesque, dont les Sarrasins firent une forteresse. Trois tours subsistent encore. J'ai escaladé la plus haute. On y tient sous le regard toute la ville, sa campagne étrange où le sillage est visible encore de la civilisation et des travaux antiques. Au loin flamboie la Crau. Plus près, par delà le fleuve, ondoie et verdoie la Camargue. Là-bas, ces tronçons fauves courant l'un après l'autre parmi les olivettes, telle une théorie d'animaux monstrueux, furent un aqueduc romain, un pont du Gard plus long et moins altier, conduisant à Arles les plus belles fontaines des Alpilles. La ville boit maintenant l'eau du Rhône.

Le Théâtre, abominablement saccagé au V° siècle par le prêtre Cyrille, qui croyait venger son Dieu en châtiant des pierres, est peut-être encore ce que je préfère en Arles. Construit, dit-on, sous Auguste, c'est-à-dire un peu après les Arènes, il était sur les bords rhodaniens une évocation parfaite du théâtre grec. Hellas, parmi les chapiteaux précieux, les marbres rares, y chante ses rêves, au caractère si profondément national et religieux. Et c'est bien ce qui mêle à mon admiration tant de regrets. Jamais je n'ai senti le ridicule de mon époque et de ma mise de misère comme devant cette ruine, irrémédiable pourtant. Je ne puis contempler ces alignements, ces blocs, cette matière sacrée, au-dessus de laquelle les deux colonnes insignes semblent deux bras qui suplient le ciel au nom de la Beauté, sans éprouver l'ennui du progrès morne, sans désirer d'avoir été le contemporain d'Eschyle ou de Sophocle. Il suffit que mes yeux, en se baissant, rencontrent ces tubes appelés pantalon dans lesquels quotidiennement je m'insère, pour m'indigner contre le siècle et contre moi-même (1). O dieux! Oui, je crois que depuis votre départ nous avons fait, comme dit l'autre, un mauvais rêve. Ne sommes-nous pas en deuil de la joie, de la grandeur, de la beauté, de nous-mêmes?

Un frais jardin, en pente douce, orné en son centre de la plus tendre Niobé de marbre, s'appuie à la ruine, associé ainsi noblement à son décor. O! s'y reposer et lire : *La Pierre écrite*, du poète arlésien Roux-Servine !

C'est dans ce cadre d'harmonie que Mistral, divinement inspiré, ordonne parfois des fêtes virginales. Pouvait-il mieux choisir que ce sanctuaire de poésie, où les pierres éparses, les blocs et les débris jetés de tous côtés semblent, dans la douceur confuse des nuits étoilées, les projectiles abandonnés d'une lutte de titans. Des coups de pioche heureux en firent sortir Auguste, Livie, les danseuses et le Marcellus du Musée, et qui sait ce qu'il recèle encore? En 1651, les frères Brun, dont la maison, comme beaucoup d'autres alors, champignonnait tristement la ruine, découvrirent la Vénus d'Arles. Le torse était brisé en trois morceaux, que l'on put aisément rapprocher, et l'on vit debout une déesse admirable au geste malheureusement rompu, car

---

(1) Le grand changement de l'histoire, disait Taine, c'est l'avènement du pantalon.

les bras manquaient. On ne les retrouva point. Trente-trois ans plus tard, le Conseil de la ville d'Arles, qui l'avait ache-

ARLES. — LE JARDIN PUBLIC ET LE THÉATRE ANTIQUE
STATUE DE NIOBÉ

tée pour 64 livres, l'offrit à Louis XIV. Comme cela chagrinait le roi de voir cette amoureuse sans bras, Girardon, qui était un des H. C. de l'époque, entreprit de les lui restituer.

Il le fit, mais ce fut un sabotage académique plutôt qu'une restauration. Il fait penser aux spécialistes de la quatrième page des journaux, qui environnent de leur littérature infaillible une double image : *Avant, Après*. En présence de la Vénus articulée, grattée, frottée, polie, remise à neuf, qui ne regretterait *Avant* ? Qui ne voudrait pouvoir arracher ses bras, lui rendre son chaste épiderme doré par la caresse lente du soleil et de la prière ?

Girardon, disons-le bien vite, était pourtant un fin ciseau. Mais, quand on se mêle de réparer les dieux...

Cette Vénus pudique est dévêtue jusqu'au-dessous des hanches, et, au moindre mouvement, ses voiles, on le sent, glisseraient jusqu'à ses pieds. Elle représente assurément le portrait d'une jeune fille, choisie parmi les plus belles vierges de la colonie arlésienne. Le visage merveilleux s'incline avec une grâce languissante. « *Ta testo es fiero et douço, E tendramen ton couei se clino* », chante Théodore Aubanel devant cette grande païenne (1). Les seins menus, un peu éloignés l'un de l'autre, sortent de l'enfance, tandis que le ventre et les hanches annoncent déjà la femme. Les pieds enfin, que nos mondaines trouveraient un peu grands comparés aux leurs (elles les ont, il est vrai, condamnés à la réclusion perpétuelle), accusent un modelé incomparable. Le Louvre, qui possède maintenant la Vénus de Milo, ravie à la Grèce, devrait bien se faire une raison et renvoyer aux bords du Rhône, sur lesquels elle rayonna, la divine déracinée. La ville d'Arles réclame son enfant.

Il reste à peine trace des monuments dont Constantin dota sa ville préférée. Ils sont pourtant les cadets du Théâtre et des Arènes. L'empereur remplaça le pont de bateaux qui joignait le *duplex Arelas* par un magnifique pont de pierre. On n'en retrouve que les amorces informes. Disparus aussi l'Arc admirable, l'Arc constantinien, les Thermes ainsi que les édifices antérieurs au IIIe siècle, tels que le Prétoire, la Basilique argentaire, les temples de la Bonne Déesse, de Mars, de Diane, de Jupiter, de Mithra, d'Auguste. Cette splendeur, certainement supérieure à nos imaginations, est maintenant en poudre. Du Palais impérial, ou *Trullum*, devenu la Trouille avec le mauvais penchant de la langue vulgaire, seule une salle subsiste, en forme de rotonde ou d'abside, faite de pierres et de briques alternées. L'intérieur, revêtu de marbres précieux, orné de colonnes et de statues,

---

(1) La Vénus d'Arles, dans *Les Filles d'Avignon*, de Th. Aubanel.

répondait au luxe d'une grande salle de réception. En sous-sol, un hypocauste donnait l'air chaud aux cheminées — visibles encore — destinées à chauffer cette partie du Palais, aussi haute qu'une église. Nous n'avons fait que reprendre aux Romains le chauffage central, orgueil de nos maisons en nougat. Habité après Constantin par les rois barbares, les rois francs (Childebert assistait, en 552, à une lutte entre hommes et lions donnée dans les Arènes), puis par les rois d'Arles, les empereurs d'Allemagne, le *Trullum* fait peine à voir aujourd'hui, avec ses vestiges enfouis au sein d'un des plus pauvres quartiers de la ville.

IV

Allons aux Champs-Elysées, car les tombeaux sous les grands arbres aussi fraternels à la mort qu'à la vie sont moins tristes que les palais jetés à terre. Arles a ses Champs-Elysées comme les Enfers, comme Paris. En automne, les soirs y sont ineffables, magiques. Le ciel et la terre, comme par une sorte de consentement mutuel, y invitent à la tendresse, aux doux épanchements du cœur. Et tous les amoureux connaissent ce chemin écarté du tapage, ouvert à leurs désirs muets comme une voie de béatitude allant on ne sait où, peut-être à l'infini. La mort, mystérieusement, protège ici l'amour. J'ai vu deux amoureux assis sur un sarcophage, l'un de ceux qui portent de petits acrotères aux angles de leur couvercle. Ils se regardèrent longtemps sans rien se dire en se tenant par la main. Ils étaient innocents et primitifs. Les yeux de la jeune fille buvaient la lumière du jour, pure et sereine comme son âme. A chaque instant elle tressaillait, au cri lointain d'un tarnagas, à la chute d'une feuille qui, crispée par le vent du soir, valsait lugubrement comme doivent faire les ombres désolées en quête d'une sépulture. Le cœur en émoi, prête à défaillir, l'enfant sauta brusquement à terre, ses yeux perlaient une larme. Se penchant alors d'un geste alangui vers le calignaïre, elle pleura ces mots plus qu'elle ne les dit : « O mon quinsou ! mon quinsou ! sian trop de bounhur... »

Une légende nimbe les Alyscamps dès leur genèse. Saint Trophime, premier évêque d'Arles, désirant consacrer aux sépultures chrétiennes ce lieu, voué jadis aux dieux Mânes, réunit en concile les évêques de la province. Au moment de procéder à la cérémonie, comme chacun s'excusait par humilité, Jésus apparut et bénit lui-même la nécropole. La chapelle de la Genouillade rappellerait les empreintes laissées sur la pierre par les genoux du Christ. Bientôt, tout le monde voulut être enterré aux Alyscamps. Les villes de la vallée du Rhône et nombre de cités étrangères y envoyaient leurs morts. Les cercueils, abandonnés au fil de l'eau, descendaient le fleuve d'oubli jusqu'en Arles où on les arrêtait au passage afin de les ensevelir en terre sacrée. Ainsi, la blonde Ophélie, inondée de l'or de sa chevelure, flottait sur l'onde, heureuse de la porter pour la dernière fois.

Les Alyscamps, alors aussi vastes que la ville impériale elle-même, comptaient au Moyen âge dix-neuf églises ou chapelles desservies par les moines de Saint-Victor de Marseille. La translation du corps de saint Trophime dans la métropole lui porta, si j'ose dire, un coup mortel. Les Alyscamps furent délaissés, et bien mieux, dépouillés plus tard de leurs merveilles, offertes en cadeaux par les Arlésiens à des villes, à des princes, à des visiteurs de marque. En 1564, cinq ou six grandes barques chargées de sarcophages et de colonnes de porphyre, sur l'ordre de Charles IX, sombrèrent au Pont-Saint-Esprit. Les ingénieurs, qui ont jeté tant de millions au Rhône en ce dernier quart de siècle, devraient bien retrouver ces reliques. Enfin, Paris, Lyon, Marseille, et Rome elle-même (musée Narberini) ont enrichi leurs collections de marbres des Alyscamps. Vers 1850, le P.-L.-M. saccageait à son tour la nécropole, ne lui laissant que l'allée des Tombeaux, admirable il est vrai, et si impressionnante, qui mène à la curieuse église de Saint-Honorat. La chapelle de Saint-Accurse, reliée à la belle arcade romane qui servait de porte principale au cimetière, l'oratoire des Porcelets, et plus loin, la Genouillade et Saint-Pierre de Mouleyrès sont également dignes d'attention.

Notre-Dame de la Major mérite d'être vue, même après Saint-Trophime. Elle occupe, dit-on, l'emplacement d'un temple de Vesta. Elle a subi de si profonds remaniements depuis sa construction, que l'on reconnaît à peine son style qui fut d'un roman pur. Outre une jolie Vierge de Monti et une précieuse coquille baptismale, elle conserve les habits pontificaux de saint Césaire, sa tunique, sa ceinture, son pallium, ses sandales, ses gants, dont l'un jeté contre un rocher dans la vallée de l'Aygues, produisit le vent Pontias qui rafraîchit et assainit la ville de Nyons. Et que d'autres sanctuaires intéressants encore par le style et par le souvenir ! Arles comptait presque autant d'églises que la capitale des Papes. Beaucoup appartiennent maintenant à des particuliers.

Dans les rues, çà et là, de jolis regards de vieux logis vous consolent du pavé « qui estropie », comme on dit chez nous. Quelques-unes cachent des maisons inaugurées au xvi° siècle, comme les hôtels Dathy et Artaud, d'autres développent des façades du temps de Louis XIV et du Bien-Aimé. Assez de sacrilèges d'art ont été commis ici pour qu'on les épargne si on ne les honore.

V

Musées. — Il y a encore l'*Arlaten* et le *Réattu*. L'Arlaten, dû à la munificence de Mistral, a pour Arles la valeur du Cluny des Parisiens, avec quelque chose d'infiniment plus réel et cordial dans l'intimité. A Cluny, les souvenirs et les oripeaux de la royauté, — plat de luxe. Ici, la communion directe avec la terre et le foyer, — la soupe odorante, le bon fricot préparés pour sa famille par une femme qui se sent aimée. On a blagué, je sais, quelques-uns de ses documents. Il y a là des photographies, des gravures falotes, des coupures de journaux insignifiantes, et assurément indignes d'une collection qui se respecte. Je songe au mot : *Arleri* en y jetant les yeux, je songe à ces couronnes de mariées qui jaunissent à force de respect sous le globe protecteur, aux ouvrages « artistiques » faits avec les cheveux de l'aïeule morte, à ces ex-voto naïfs et terribles des pèlerinages campagnards. Malgré tout, cela aide et cela explique. Mais comme le reste est éloquent, comme il raconte tendrement et pieusement le foyer, les mœurs, les gens, comme il éclaire les reliques en titre du royaume de Provence ! Et quel asile de choix que cet hôtel de Laval-Castellane pour abriter ces moments et ces choses de la vie courante !

Le Réattu, installé au fond de l'immeuble le plus vieillot d'une rue morose, la rue du Grand-Prieuré, est si délaissé, que le visiteur, à le parcourir, a l'air d'un être insolite déambulant pour la première fois dans le silence glacé d'une crypte inconnue. L'art des Flandres, de l'Italie, et aussi l'art français du xviii° siècle l'animent pourtant d'aimables figures dont quelques-unes ne dépareraient pas les plus orgueilleuses galeries. Les soins pieux de la ville le formèrent avec les collections importantes du peintre Réattu, acquises de sa fille, Mme Grange. Mais les guides le citent à peine, et ici même, l'on n'en parle qu'avec un beau dédain ennuyé. Les vieilles pierres tiennent tant de place à Arles qu'il ne saurait être question d'autre chose.

Je ne dirai rien du Titien, du Tintoret, du Guide, de Téniers, de Gérard Dow, de Van Bloemen, de Rubens, représentés au musée Réattu par des œuvres qui ne sauraient ajouter à leur gloire. Mais le remords me vient pour Arlésie de laisser plus longtemps dans l'ombre opaque de l'oubli un homme modeste et droit qui aimait à peindre les visages de son temps, les traits de la vie provençale telle qu'il la voyait et qu'il la sentait. Cet homme, le peintre Raspal, je ne sais rien de lui. Mais j'ai sous les yeux les scènes familiales auxquelles se complut son honnête et spirituel pinceau, et je le tiens pour un savoureux évocateur des façons et des intimités locales, pour un observateur à la manière de Chardin. Un maître ? Non, sans doute. Un bon contremaître, plutôt, apportant à son travail bravoure, science et conscience. La toile où il se représente « en corps de chemise », la palette en main, assis entre sa mère, sa femme et sa fille, dont les robes rivalisent de ramage, suffirait, tant les figures sont parlantes et reflètent le feu calme des vertus domestiques, à classer Raspal, à lui mériter une des toutes premières places entre les peintres *minores* du XVIIIe siècle.

VI

ARLÉSIENNES. — Faut-il le dire ? Elles ne sont pas toutes belles ces filles d'Arles, universellement célèbres et célébrées. Mais elles ont toutes le charme mystérieux et distant du divin passé, elles ressemblent à ces statuettes qu'il ne faudrait pas trop s'étonner de voir douées de vie si on les sortait de leurs vitrines. Il y a en elles du Tanagra et de la béguine, et le tout fait un type unique dont s'émerveillent même les regards du passant qui a couru le monde et qui a tout vu. Qu'elles descendent les marches de Saint-Trophime en baissant les yeux, ou qu'elles montent à califourchon, derrière leurs galants, les chevaux prompts de Camargue, elles s'inscrivent à perpétuité dans le souvenir.

Parbleu, nous voulons bien croire, comme on le dit, que leurs grand'mères furent d'une part : la Grecque classique au front de marbre et aux yeux glauques qui sont l'héritage de Pallas, et de l'autre : la Sarrasine incorrecte et nerveuse, à la joue chaude, à la taille svelte et aux pieds d'enfant. Mais pourquoi ne pas tenir compte du milieu, pourquoi ne pas admettre, comme le veut Mistral, que ce sol privilégié ait pu façonner son peuple lui aussi ? De belles races sont nées, je pense, sans le secours de l'argile grecque ou latine. Au surplus, le grand fleuve, de Lyon à son embouchure, égrène avec ses villes et ses villages des deux rives des échantillons, aussi divers que remarquables, de la beauté féminine. Et les belles filles y sont aussi nombreuses que les moustiques en Camargue. Et qu'elles s'épanouissent à Vienne, à Tain-Tournon, à Valence, à Montélimar, à Viviers, à Pont-Saint-Esprit, à Orange, à Avignon, à Beaucaire ou à Marseille, ces roses et ces lis de la vallée ne craignent nulle comparaison et peuvent lutter d'éclat avec ces tendres fleurs : les filles d'Arles, poussées dans la ruine immortelle qu'elles poétisent et qu'elles parfument. Celles-ci ont pourtant sur leurs rivales un avantage : le costume, et ce costume — on se l'imagine contemporain du théâtre — ne fut nullement imposé par un Paquin

ARLÉSIENNE AU XVIIIᵉ SIÈCLE

ARLÉSIENNE MODERNE

grec de la belle époque, car il remonte à peine à 1825, et l'on ne pourrait même pas fêter son centenaire. Mais, en revanche, quelle trouvaille ! Pour la première fois en France, nous voyons l'harmonie des formes respectée, la taille ennoblie ; pour la première fois nous espérons la possibilité de la démarche « immatérielle » et nous comprenons le sens de ces mots : *ab incessu patuit dea.* Il n'appartenait qu'à un esprit visionnaire, à un génie de dessiner cette vêture si simple et si savante, dont le corsage laisse respirer, visibles sous la gaze, les seins frémissants et blancs comme deux colombes, et de poser enfin sur les bandeaux enflés de la chevelure à la grecque, ce ruban noble comme un diadème, léger comme un papillon.

Or, Mistral, qui sait tout, ne sait même pas le nom de l'artiste, peut-être une simple ouvrière aimée de Vénus ! Après avoir vu les anciennes modes d'Arles à l'Arlaten et au Réattu, je lis dans un vieux guide que le costume d'avant la Révolution ressemblait à celui des dames romaines du temps des Goths. C'est possible, mais je ne le crois guère.

Ce costume est maintenant un symbole de la terre d'Arles, et les jeunes filles auraient grand tort de l'abandonner pour suivre la mode parisienne, qui décrète à chaque saison l'irrespect du corps — lequel est un peu aussi l'irrespect de l'âme — et qui persuade à la foule, même quand ses inventions trahissent le cauchemar que tout ce qui est nouveau est beau. L'ouvrière de Paris, qui est une fée, qui de rien fait quelque chose, et de quelque chose une merveille, ne demanderait pas mieux que de servir la nature et l'esthétique, mais une féodalité l'enchaîne à ses erreurs, et voilà comme nos statues vivantes les plus admirables deviennent des épouvantails. Toute école des Beaux-Arts devrait abriter une section du costume.

Donc, tant à cause de ses attraits naturels que de sa mise noble et pittoresque, on se retourne sur le passage d'une Arlésienne. Elle éclaire d'une flamme douce les endroits où elle déambule avec une grâce radieuse, sans jamais se presser. Par elle, un peu de vie, un rayon de printemps s'insinuent dans les rues comprimées de la ville morte, réveillent ses pierres dispersées. Les vieilles, dont l'âge a durci les lignes et griffé les traits, conservent un aspect touchant : d'instinct, on prend à leur égard, quand elles s'avancent vers vous, une attitude religieuse, et, sans les connaître, on voudrait les saluer.

Lelée a observé les Arlésiennes dans toutes les circonstances de la vie. Il les a suivies le matin à Saint-Trophime, ou à Notre-Dame de la Major; il les a accompagnées aux Lices; il les a vu rire et se retourner en se tenant par la main comme des enfants; il a lu dans le mystère de leur regard; il a noté, avec les nuances de leurs toilettes, leurs rires chatoyants, leurs naïvetés, leurs coquetteries. Ah! comme elles sont espiègles quand elles marchent en rang dans les allées; ah! comme elles se balancent la poitrine offerte et les yeux rieurs; ah! comme le ruban voltige amoureusement sur leurs chevelures chaudes, arrangées à la manière d'Aphrodite ou de Sapho!

Elles ont raison, les belles filles, de redouter par-dessus tout le photographe et ses objectifs, car elles méritent un art plus relevé. Ce sont surtout les Anglaises de passage qui se font *tirer* en Arlésiennes. Les Pierre Petit de l'endroit ont chez eux costumes et accessoires, *tout ce qu'il faut*, ainsi qu'ils disent.

L'Arlésienne a su également inspirer une aimable artiste, Mlle Pauline Veran, dont l'atelier sis dans une vieille demeure qui regarde le Musée Réattu, est plein de mignonnes statuettes — plâtre et terre-cuite — aux lignes souples et jolies, à la grâce abondante. Mlle Veran a modelé aussi les sarcophages et les curiosités du Musée lapidaire. Tanagra était justement fière de ses coroplastes. Arles a trouvé le sien.

VII

Arle-le-Blanc, disait le bon Joinville descendant le Rhône en compagnie de Saint Louis. Il n'est pas, même aujourd'hui, d'appellation plus juste. Tous les mois, sinon chaque semaine, les façades prennent leur bain, sont passées au lait de chaux. Et ce soin incombe à la maîtresse du logis ou à ses filles si elles sont en âge. Je ne sais rien de plus délicat, de plus propret, et en même temps de plus original que ces rues périodiquement badigeonnées, du rez-de-chaussée jusqu'au premier. On dirait qu'elles attendent une procession. Et l'adorable reposoir pour les yeux si, d'aventure, l'on voit une Arlésienne en atours descendre les marches de sa demeure! Nettes et propres, ces femmes, à rendre jalouses toutes les Flandres. Elles ne peuvent supporter la moindre trace de boue et l'empreinte d'un pas sur le seuil de leur maison les fait accourir, un linge humide à la main. Vraiment, elles forment une race d'élite dont le temps aux mains avides n'a pu modifier d'une manière sensible les admirables traits.

Arles est bien morte. Elle a beau se refléter dans les yeux bleus ou noirs de ses filles au diadème, elle ne saurait revivre, à moins du miracle, possible après tout, qui referait du Rhône un chemin des nations et qui lui restituerait ses ports et ses trois flottes. A Arles, le Jacquemart lui-même, ce dieu qui fait mine de tomber à la renverse du haut de sa coupole, semble un avertissement. On sent qu'il exprime, avec quelque ironie, l'idée de la chute et de la mort. Mais, pour cultiver sa mélancolie, quel jardin plus admirable que cette terre léthargique où l'on vit en retard sur le temps, où opère comme un philtre le charme lourd des civilisations abolies !

Vraiment, j'ai souhaité d'endormir là mes derniers jours, dans cette torpeur sacrée. Oh ! s'en aller dans l'ouatement délicieux des tendresses anciennes, en sentant près de soi les dieux, les héros et les saints, en percevant le murmure berceur du vieux fleuve qui va lui aussi s'assoupir dans la mer infinie !

MONTMAJOUR

> Tout passe, l'Art robuste
> Seul a l'éternité...

A Georges Normandy.

Singulière abbaye que Montmajour, dont les ruines couronnent un tertre à une lieue d'Arles dans la plaine de Trébon, jadis lagune. Pas de clocher. Une église sans essor que chevauche un campanile rustique où se balançaient trois cloches. En revanche, une tour imprenable, épanouie en orgueilleux mâchicoulis. Cette tour, qui menace l'étendue, accapare toute l'attention. Elle impose une vision guerrière totale, et il faut pénétrer au sein de la ruine pour s'apercevoir que des religieux et non des hommes d'armes gîtaient en cet îlot battu par le flot mou des étangs. Suivant la croyance populaire, saint Trophime y avait sa grotte, saint Césaire son confessionnal taillé dans le roc. Dès les premiers siècles de l'ère, la colline portait donc en germe une abbaye. En 977, Thucinde, haute dame d'Arles, à qui appartenait Montmajour, l'ayant donné aux bénédictins, la communauté devint en peu de temps célèbre et prospère. Une fois l'an, après avoir remis à l'archevêque d'Arles l'esturgeon *lachen* (laité), les pêcheurs du Rhône apportaient à Montmajour l'esturgeon *ouvé* (œuvé), au son des tambours, des flûtes et des hautbois. L'abbé leur remettait une étrenne et chantait une messe solennelle. Tel était un de ses curieux privilèges. Mais ce qui par-dessus tout le rendait fier, c'était le fameux Pardon de Saint Pierre, célébré le 3 mai, et qui attirait à Montmajour jusqu'à 150.000 pèlerins, venus de tous les coins du monde. Puis, la mode en passa, peut-être par la faute des moines égarés peu à peu dans les douceurs du temporel, et préoccupés de domination. La chronique les trouve tour à tour en délicatesse avec les papes, les rois de France, les archevêques, en bisbille avec les franciscains, qui les accusent de fabriquer de fausses reliques, et d'exploiter la piété du peuple. Ce n'est pas tout. Eros, à ce qu'on dit, se promène librement dans le cloître, et les chapiteaux historiés ne seraient que des images parlantes.

Aucun souverain pontife, Alexandre VI excepté, ne voulut prendre sous sa protection ces moines brocanteurs et concupiscents, qui passaient pour suppôts du diable.

Admirable d'ailleurs ce préau conventuel, même après qu'on a vu celui de Saint-Trophime, dont il rappelle les traits généraux avec plus d'unité. Dans l'espace libre envahi par la broussaille une ancienne citerne se carre. Les toits en pente douce où. çà et là, dans les blessures de la pierre, des fleurettes ont poussé, y versaient scrupuleusement les eaux pluviales.

Admirable aussi la chapelle de Sainte-Croix, qui semble en pénitence, à quelque cent pas vers l'est, au bas de la colline. Elle est formée de quatre absides et dessine sur le sol le trèfle à quatre feuilles — celui qui porte bonheur. Elle est délicieuse. On voudrait l'emporter, la mettre dans un écrin.

En quittant Montmajour pour regagner Arles, j'ai salué de loin la montagne de Cordes, qui rappellerait Cordoue et les Sarrasins. Que n'y ont-ils, en vue des Alpilles changeantes et fondantes comme leurs sierras, construit une ville et laissé une Alhambra.

LA CAMARGUE
ET LES SAINTES-MARIES

―――

> O santi Mario
> Que poudès en flour
> Chanja nosti plour !
> Mistral *(Mireille)*.

A Albert Arlaud.

I

Il file bien lentement ce train — trois voitures — qui m'emporte de Trinquetaille aux Saintes-Maries. Et pourtant il marche encore trop vite. Car la Camargue ne mériterait pas seulement d'être vue et observée en détail, elle vaudrait encore que l'on vive sa vie étrangement primitive, et tout à fait en marge des idées reçues. Et j'y passe quarante-huit heures ! A peine le temps de prendre contact avec cette plaine fabuleuse enlacée par les bras du Rhône qui l'a faite et qui la garde en amant, en jaloux. Le sol, sable ou terreau incomparable, c'est le fleuve atterri, décanté durant les siècles et qui continue son œuvre autour de nous presque visiblement. D'une part, fécondité extraordinaire, de l'autre, aridité morne couturée de sillons louches, creusée d'innombrables cuvettes d'eau salée. On ne trouverait pas un caillou de la grosseur d'un pois dans la terre de Camargue, et pourtant, de l'autre côté du grand Rhône, c'est la Crau, le désert de pierres réverbérant !

En face de moi, dans l'étroit compartiment, un rustaud s'est assis. Il a les pieds nus dans d'immenses sabots roses — mais roses comme le duvet des flamants, comme les doigts de l'aurore en personne. Il porte un cabas de femme — des commissions dont il s'est chargé sans doute — et il a des yeux sombres et une impassibilité d'empereur. Comme je le croquerais, si j'étais artiste ! Je soupçonne derrière ce visage la psychologie d'une race, je sens dans la tranquille audace du regard le caractère inquiétant de la Camargue, nappe immense de silence et de tristesse, où l'eau douce et l'eau amère luttent sournoisement à qui aura le dernier. Cet homme, qui serait peut-être cocasse dans la rue d'une ville et qui amènerait en tout cas le sourire sur les lèvres, est admirable ici. C'est un type, mieux que cela, le cri d'une terre libre.

J'observe encore dans ce train le calme et la discrétion de la plupart des voyageurs. A part un matelot toulonnais, légèrement en ribote, et qui fait le « zouave », nul ne s'occupe de son voisin. Quelle différence avec les trains du P.-L.-M., où, entre deux gares, les Provençaux vous jettent au nez toute leur existence !

On traverse des vignes plantureuses, des champs, des pâtis on ne peut plus gras. Puis, le sable apparaît, le désert avec ses creux, ses chapelets d'eau stagnante. Sur ce deuil, les saladelles parsèment la tendresse de leurs bouquets bleus — la piété ultime et les regrets de la nature. Aux stations, presque toutes éloignées des hameaux desservis, des femmes, des enfants attendent. Leur teint pâle, leurs yeux brillants, cernés de mauve, dénoncent une atmosphère dangereuse. De loin en loin, une opulente végétation d'aubes, de peupliers, de saules, de pins sylvestres cache un mas, ou bien un de ces grands domaines rustiques assez communs en Camargue, et auxquels, par contraste, le grand vide clair autour d'eux donne un relief, une allure de château. Bientôt, la végétation s'abolit tout à fait. Dans l'étendue rase, point de plans, point de repères. Un pin déchiqueté, une touffe de tamaris ou de salicorne prend une importance surhumaine. L'isolement farouche que l'on ressent fait de la moindre touffe, d'un arbrisseau chétif, des compagnons fraternels que l'œil ne veut plus quitter. L'eau, la terre et le ciel se touchent enfin, se pénètrent, se confondent. C'est dans ce paysage de limbes que sommeille la ville des Saintes-Maries.

Elle garde étrangement le prestige de sa douce légende. Quelque chose de prophétique et de divin l'enveloppe, et rien n'y vient distraire l'imagination captée par le mirage ancien. Rien, pas même les bateaux de pêche, pas même le va-et-vient ingénu et joyeux d'une population vivant de la mer. N'était la vieille église aux traits de païenne, de morisque, on dirait une agglomération provisoire. Il n'y a pas en effet aux Saintes-Maries l'ombre d'un port, et les quelques pêcheurs du bourg résident le plus souvent au Grau-du-Roi, non loin d'Aigues-Mortes, cité vénéneuse et vague, ballottant dans des remparts admirables, encore tout chauds de vie épique, et demeurés tels que les vit Saint Louis.

Etrange et troublant pays, où rien qu'à considérer l'horizon, la pensée, presque sans effort, rejoint les origines ! Ici, ni les hommes ni les choses ne semblent avoir subi les atteintes du temps. Voilà qu'en longeant l'aride plage, je cherche machinalement le seuil de sable où abordait, à l'aube du christianisme, la barque miraculeuse. Je regarde devant la mer qui ricane si ces amis de Jésus, les derniers et les plus fidèles : les Marie Jacobé et Salomé (les Saintes Maries), Maximin et Restitut, Lazare et ses sœurs Marthe et Magdelaine, chassés de Judée et abandonnés aux périls de la mer, n'ont point laissé sur ce sol quelque chose que je puisse ramasser. Mon esprit, frôlé par leur présence imaginaire, se risque à des questions aussi positives qu'indiscrètes : — *O vous qui étiez des familiers du Maître, dites, comment était-il, quel était le son de sa voix, la forme de son nez, la nuance de ses yeux, de ses cheveux, de sa barbe fourchue ? Esquissez-moi au moins sa physionomie, vous, sensible et divine Magdelaine, la première créature à laquelle il daigna se faire reconnaître en sortant du tombeau, vous que les pauvres pêcheurs de ces rivages, en vous voyant sortir de l'écume des flots, prirent peut-être pour une réincarnation d'Aphrodite, révélez à mes yeux indignes cette face surnaturelle qui a ravi les saints et à laquelle, trop voués, je crois, à la pure doctrine, les apôtres n'ont jamais fait dans leurs évangiles que des allusions nébuleuses.*

Le portrait de Jésus, quelle révélation pour l'art et pour la foi ! Pour toute réponse, je reçois un paquet d'eau dans les jambes. Dans ma songerie — un véritable mirage de Camargue — je me suis trop approché de la mer qui ricane, qui ricane...

II

En voyant l'étrange église des Saintes-Maries, on ne peut guère penser à autre chose qu'à une forteresse laissée là par les Sarrasins. Avec ses maisons claires et basses qui lui font cortège, on imagine un prince maure parmi des esclaves blanches. Le rivage était terriblement exposé aux pirates : d'où l'appareil guerrier. En cas d'alerte, la population trouvait un refuge non pareil dans l'église et pouvait s'y défendre. On y pénètre encore par une porte basse au-dessus de laquelle balconnent des mâchicoulis. Un chemin de ronde, bordé de créneaux, fait le tour des murailles au niveau du toit de pierre, et l'on voit encore la tourelle d'où le guetteur signalait au loin le vol inquiétant des voiles barbaresques. La tour, portant un campanile à triple arcade, fait l'effet d'un donjon. Elle abrite la chapelle haute en style rococo, où seraient renfermées dans une sorte de malle peinte les reliques de Marie Salomé et de Marie Jacobé.

La nef unique, à berceau brisé, renferme un puits miraculeux, dont l'eau serait souveraine contre la rage et contre la goutte, à condition toutefois de mêler au liquide quelques grains de poussière obtenus en grattant avec l'ongle le bloc de marbre appelé « oreiller de Sainte Marthe ». Le chœur, exhaussé de plusieurs marches, recouvre une crypte où serait le tombeau de Sara, la servante à la peau brûlée, qui ne voulut jamais se séparer des Saintes Maries, et qui est devenue la patronne vénérée des Bohémiens.

Ce pèlerinage, n'était les nomades aux yeux d'enfer, ne différerait pas essentiellement des Pardons célèbres qui consomment, avec la cire et la prière, tant de volaille, de charcuterie et de liquide, qui font aller de pair la joie du corps avec la joie de l'âme. On n'est pas de purs esprits. Mais les Saintes Maries sont aussi le phare de la Bohême, une Mecque où les nomades du monde entier viennent au moins une fois en leur vie communier dans le culte du feu associé à celui de Sara, et la fête du 24 mai devient, par cela même, la plus étrange, la plus pittoresque des fêtes, et elle vaut, d'où qu'on vienne, le déplacement. Aucun trouble, d'ailleurs. Tout se passe sans incident dans le sanctuaire comme dans la ville. Et quand on descend la châsse des Saintes, au moyen d'un treuil, dans la grande nef, l'enthousiasme rayonne sur tous les fronts, qu'ils soient blancs ou moricauds. Et dans l'église, embrasée par des milliers de cierges et comme envahie par une remuante vague de lumière, on pourrait croire que l'on célèbre le feu à l'égal des Saintes « qui peuvent en fleurs changer nos pleurs ».

Quelle énigme que ces Bohémiens — race erratique et dolosive, qui danse sa farandole pouilleuse autour du saphir méditerranéen ! Les nations n'ont pu s'en décrasser. C'est une *rogne* dont le prurit se déplace mais qui les démange toujours. On les chasse, ils reparaissent. Ils grapillent, ils grivèlent, ils écument sans cesse, et parfois ils jettent des sorts, allument auprès des granges les meules qui jaillissent en pluie d'or dans les nuits sans lune, et ils se livrent aussi à la traite des innocents. On ne sait ni d'où ils viennent, ni ce qu'ils sont, et ils usent entre eux d'une langue dont on connaît à peine certaines locutions qu'ils ont bien voulu laisser perdre. Ils sont heureux ainsi, et ils ne changeraient pas de condition pour un empire. Nos civilisations douillettes et orgueilleuses n'en reviennent pas. Rien ne leur importe, ni lois, ni usages, ni conventions, et rien ne leur est sacré, hormis les Saintes-Maries. A part les bouts de cierges consumés qu'ils emportent comme fétiches, jamais on n'a relevé à leur charge le moindre larcin dans le pays.

Le marquis de Baroncelli-Javon est peut-être le seul homme qui se soit approché d'eux sans crainte, qui les ait considérés d'un œil à la fois indulgent et curieux. C'est qu'il leur ressemble par le côté grandiose de la vie libre, par ce goût de l'espace, qui lui fait préférer aux avantages aristocratiques d'un beau nom le titre de *gardian* — ce gaucho de la Camargue.

M. de Baroncelli-Javon distingue deux sortes de Bohémiens : ceux du Nord, dit *Zingaris* ou *Bougres*, et ceux du Midi, *Gitanos*, *Gitans*, voire *Caracos*. Les premiers sont chaudronniers ou montreurs d'ours ; les seconds tondeurs ou maquignons. Et ils semblent n'avoir rien de commun entre eux. Les Zingaris tenaient autrefois des états périodiques à Sainte-Anne-d'Auray, où ils rendaient hommage au grand *Coesre*. Les Gitans, aux cheveux en queue de cheval comme les Peaux-Rouges, sont demeurés fidèles aux Saintes où leur instinct admirable leur a fait reconnaître, qui sait ? une terre sacrée, un ancien foyer de leur race vouée maintenant à la misère orgueilleuse et au vagabondage éternel. Leur passion, dit encore M. de Baroncelli, c'est le cheval.

Au Moyen âge, souvent associés à des gueux : *matois, mercelots* (1), *orphelins, callots, mercandiers, sabouleux, coquillards, hubins, francs-mitoux*, ils étaient déjà réputés pour faire d'une affreuse rossinante, au moyen de certaines drogues ou de certaines herbes, un animal « refaict et poli », et ils continuent ces pratiques qui ont permis à nombre de maquignons *civilisés* de s'enrichir.

En dehors de son pèlerinage, de ses Bohémiens, elle a ses fêtes et ses coutumes, cette Camargue, actuellement le seul pays de France où l'on puisse goûter l'aventure dans un terroir neuf, parmi les roseaux, les flaques, les sansouires, les déserts mornes, où le soleil vous mystifie de mirages, les végétations tropicales, l'éclosion spontanée des mouches, des moustiques, des « mourgues », le travail obscur, artistique des castors, le vol des flamants, ouatant le ciel de flocons roses, et j'allais dire aussi le vol des chevaux, tant les derniers représentants de cette race millénaire sont merveilleux à la course et boivent l'obstacle. Ces chevaux, dont le type a été découvert à Solutré, près de Mâcon, et en tout semblables à ceux que poursuivait, le long de nos fleuves, l'homme primitif pour en faire sa nourriture, devraient nous être sacrés au même titre qu'une merveille de la nature ou d'un temple; or, l'Etat n'aurait non seulement rien fait pour les conserver, mais il s'appliquerait encore à les détruire, à noyer leur sang par des croisements aussi ridicules qu'inutiles dans le sang des races les plus diverses. Il y a pourtant en France une Société d'encouragement prétentieuse et cossue. Que fait-elle ?

Ces chevaux, pleins de feu et d'une endurance illimitée, sont encore d'une intelligence incroyable, humaine, et leurs gardians, qui renouvellent sous nos yeux des figurations et des prouesses de centaures, ne sont pas loin d'affirmer qu'ils parlent et qu'ils connaissent tous les battements de notre cœur.

La *Ferrade*, souvenir probable et très lointain d'une ancienne coutume grecque, a pour objet l'imposition de la marque de leur propriétaire aux jeunes taureaux d'une manade. Quand il y a ferrade, toute la Camargue est en liesse et tout le monde se déplace. La plupart des gardians s'y rendent, portant en croupe une jolie fille en costume d'Arles. Mais tout le monde a lu dans *Mireille* la courte et vivante description de la ferrade, et ce sport, à vrai

(1) Colporteurs.

dire, n'a jamais manqué d'historiographes beaucoup plus autorisés que celui qui écrit ces lignes.

Mais avant de quitter la Camargue, à laquelle n'a même pas manqué son peintre, Pranishnikoff, un Russe (1), qui y retrouvait l'âme songeuse des steppes (on l'appelait *moussu Ivan*, vu l'impossibilité de prononcer son nom), avant de quitter la Camargue, je veux dire encore le sentiment de détresse et d'infini qui vous étreint dans ce paysage où, à considérer trop longtemps l'étendue, il semble que la terre va manquer sous vos pieds. J'ai voulu voir le Petit-Rhône qui finit là si mollement, si lâchement, à demi-lieue des Saintes-Maries, et j'ai eu pitié de cette eau sans gloire et sans force, ballottée entre les sables et la mer, mourante et résignée. Le soir, j'ai longé aussi le Vaccarès, les étangs, les flaques, les miroirs de mer morte que la lune étame d'un argent mat et inquiétant. O l'angoisse de cette promenade dans le calme et la vacance de tout, avec la voix câline et fausse de la mer qui se vautre aux pieds de la bourgade exténuée de ses caresses !

Ce golfe de Beauduc, sournois et traître, qui prépare aux naufragés une tombe de sable si fine, si veloutée ! Dix fois, vingt fois par siècle, il fait une île des Saintes-Maries, caresse de ses vagues lécheuses le seuil de l'église mordorée, tous les ans il gagne quelques mètres, lentement, sans avoir l'air d'y toucher. Et les Saintes-Maries traversent le péril le plus grave...

Maintenant, dans le petit train qui me ramène en Arles, je regarde la Camargue s'enfuir, la Camargue où le plus étrange des seigneurs de France, répugnant à la vie bourgeoise, qui est depuis cent ans celle des seigneurs comme de tous, paît sans remords ses chevaux et sa chimère. J'emporte avec moi un bouquet de saladelle. Elle m'a été donnée à la gare par un homme qui sentait que j'en avais envie et qui m'a dit en riant : « Souvenez-vous d'un pauvre pêcheur ».

---

(1) Il vécut près de vingt ans dans la Camargue où il finit ses jours et il a un buste en bronze dans le cimetière de Saintes.

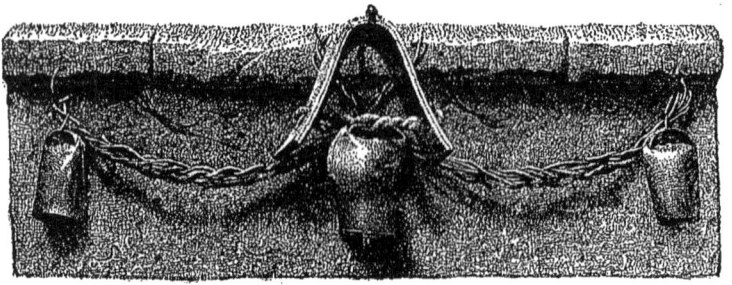

SONNAILLES DES TRANSHUMANTS (BEILLES D'ARLES)

LE LONG DE LA CRAU ET DE L'ÉTANG DE BERRE

I. — LA CRAU

> « Falie veire aquelo escarrado s'esperlounga dins la peirado. » (1)

A Alfred de Gruchy.

De l'autre côté du grand Rhône, la Crau oppose à la Camargue ses déserts aveuglants que le soleil endiamante, dont il allume de feux chaque caillou. La ligne de chemin de fer de Marseille traverse de biais ce Sahara, comme un signet traverse la page d'un antiphonaire. Mais l'homme n'a rien écrit sur cette page vide, car c'est le désert implacable, avec d'ailleurs ses oueds et ses oasis. Les bergers d'Arles et leurs immenses troupeaux de bêtes à laine règnent en maîtres sur la morne plaine hantée par les mirages d'un

(1) « *Il fallait voir cette multitude
 Se développer dans la pierraille !* »
(Mistral, *Mireille* — le passage de la Beille d'Arles.)

soleil menteur comme un Marseillais. En hiver, les moutons trouvent sous les cailloux de la Crau une herbe fine comme un duvet ; en été, ils émigrent, très loin et très haut, dans le Vercors, le Diois, le Dévoluy, et on les a vus camper sur le Pelvoux à quelques centaines de mètres seulement des pics les plus sublimes.

Cette vie pastorale, ces bergers rêveurs et graves habitués à voir dans l'infini, à lire dans les étoiles, à coucher en compagnie du ciel, n'est-ce pas le parfum perpétué à travers les siècles du pays de Chanaan ?

Tout le monde dans le Midi connaît les Beilles d'Arles, qui, le printemps venu, remontent les grandes routes de la vallée pour gagner les frais alpages par les raccourcis parfois vertigineux des drailles. Leur passage dans mon pays natal, quand j'étais petit, était pour moi un événement. J'en oubliais le pain et les jeux. En entendant la *Beille* venir au loin dans un bruit confus de sonnaille, en apercevant les nuages de farine soulevés par son piétinement dans la plaine, nous bondissions de joie. Elle arrivait, elle arrivait ! Les ânes à l'avant-garde portant les provisions et les objets de campement. C'était grand, c'était beau comme une armée en marche. Et quelle musique en tête de la colonne ! Des ânes encore, des boucs, des béliers. Les *redons* tabasaient, les *picons* badoundaient, et les *queirades*, les *clarins* et les *clapes* dindaient, clarinaient, clapaient... On ne s'entendait plus, mais que ce spectacle m'impressionnait, que j'aimais ces sonnailles si bien adaptées à l'esprit, j'allais dire à l'âme, de la bête ! On se montrait ces menouns (1) infatigables et fiers comme des grognards. Parfois, on riait aux éclats : ce bouc « barbouchard » ne ressemblait-il pas à un notable de la ville ? Et on l'interpellait, hé Chanu ? Mais le bouc passait dédaigneux, la tête haute sous les cornes retroussées. Derrière eux, se pressait le gros de la troupe, brebis, moutons, agneaux, serrés les uns contre les autres, bêlant, plaignant, se portant, sots comme la foule humaine, et gourmandés par la voix des chiens, ces adjudants du troupeau. Mais les ânes les plus vénérables étaient ceux qui portaient sur leurs flancs dans de vastes mannes les agneaux nouveau-nés. Vraiment, ils paraissaient avoir conscience. Les mamans brebis les entouraient, bêlant doucement comme pour dire à leur progéniture : « Ne crains rien, je suis là. »

(1) Béliers conducteurs.

En queue, le *Bayle* marchait d'un pas de sénateur, sifflotait aux chiens, ou bien jetait un appel bref aux bergers égarés dans les masses poudreuses de l'immense colonne, qui criaient alors : *A la vouto ! à la vouto !* Le Bayle, c'est-à-dire celui qui commandait à tous, et qui en avait bien l'air, avec son chapeau large comme un refuge, son saquet énorme passé en bandoulière, son bâton imposant comme une crosse d'évêque. O ce Bayle, ce que je l'ai envié ! ce que j'ai envié ses pâtres ! ce que j'ai envié ses moutons. Il partait, lui, ils partaient, eux. O partir ! voyager ! Et l'on avait beau me dire à la maison pour refouler mes regrets : « badaud, ne sais-tu pas que ces hommes traversent des pays et des montagnes, et tout, et qu'ils marchent comme le Juif-Errant ? Et encore, à peine arrivés, des fois, ils rencontrent le loup. » Tapant du pied, pleurant de colère, je répondais : « Eh bien ! moi aussi, je veux voir le loup ! »

Adam de Craponne songeait déjà au XVIIIe siècle à rendre la vie et la fraîcheur à la Crau, site maudit « allongeant au soleil son manteau de lionne ». Là où se glissent les roubines, les prairies d'émeraude veloutent la terre, les arbres se pressent magnifiques. De ces bienheureuses oasis on voit le désert et le ciel confondus s'épouser dans le rose à l'horizon.

II. — L'ÉTANG DE BERRE.

Dieu cacha, l'homme trouva.

A Maurice Champavier.

L'étang de Berre fait suite à la Crau. En l'apercevant entre les collines, l'œil qu'a violenté la vision du désert, se dilate et jubile. Ne vient-il pas de retrouver le sourire d'Aphrodite ? Du bleu, de la vie, de la joie. *Thalassa ! Thalassa !* Oui, c'est la mer, une intime Méditerranée venue à la rencontre de la Provence et retenue sans retour dans ses bras parfumés. Serré dans les pans des rochers gris, des collines rousses, caressé par l'ombre majestueuse des pins parasols, enguirlandé de villes rouges ou claires : Istres, Fos, Miramas et son rocher fortifié, Saint-Chamas, son viaduc et son pont Flavien, Berre, Saint-Mitre, Rognac, Vitrolles, sur l'emplacement de *Villa-Léonis* (ville de Lion), d'où le nom donné au golfe; Marignane, la Mède et les rochers des Trois Frères; Bouc et cette étrange et ondoyante Martigues de Charles Maurras, qui ferme et scelle sa parure d'un bijou ancien, Berre, je le proclame, vaut les plus beaux noms de lacs de la Suisse ou de l'Italie. Et pourtant il n'éveille aucune image, ni aucun désir. Or, il faut le dire et le redire. En cela, la France est grandement coupable. Elle qui s'extasie si volontiers sur les mérites de l'étranger, semble ignorer ce bras de mer extraordinaire. Elle qui, ne doutant jamais de ses moyens, songe à faire du Sahara une Méditerranée, n'a su faire de l'étang ni une base de défense, ni une villégiature ! « La non-utilisation de cette petite mer, dit Elisée Reclus, est une sorte de scandale économique. Alors que sur les côtes dangereuses on crée à grands frais des ports artificiels arrachés à la zone des tempêtes, on s'étonne d'avoir un aussi admirable bassin absolument désert depuis quinze siècles, car les Romains y avaient un port... On comprend quelle serait l'immense utilité de ce port intérieur comme entrepôt et remise générale des marchandises qui encombrent le port de Marseille. »

Elle n'a pas les colères du golfe du Lion, cette belle nappe bleue. Barques et tartanes aux ailes blanches éployées y voguent avec le calme quiet et majestueux des cygnes. La chaîne de l'Estaque l'abrite d'ailleurs des vents du large et dérobe sa vue aux indiscrétions de la haute mer. Dans ce magnifique bassin danseraient, hors de l'atteinte de l'ennemi, toutes les escadres françaises. C'est un peu trop de dédain pour une merveille qui unit si étroitement l'utile à l'agréable.

Il faut dire que l'on vient d'aménager en ces derniers temps l'étang de Caroute, et que Port-de-Bouc, où règne déjà une grande activité commerciale, va devenir, grâce au canal en construction de Marseille au Rhône et grâce à une nouvelle ligne ferrée, l'un des grands havres du Midi. On y voit, outre une agglomération pittoresque, un vieux fort du Moyen âge qui gardait jalousement la passe.

L'étang de Berre et ses crépuscules calcédoine ! L'eau perse ou mauve où trempent des roches que mouillent d'ombres claires ou noires le pin et l'olivier, arbres divins si opposés de sentiment et d'âme ! Le parfum des plantes qui méritèrent les cantiques des Arabes et du roi Salomon, l'odeur chaude et enivrante d'un golfe de Méditerranée !

MARSEILLE : L'ABBAYE SAINT-VICTOR — LA RADE ET L'ENTRÉE DU VIEUX PORT

MARSEILLE

> On ne doit ni naître ni mourir à Paris.

Au peintre Henri Bouvet.

I

Quelque opinion que puisse avoir de Marseille un Parisien infatué, il ne dira jamais de cette ville : « C'est un petit Paris. » Car, Marseille n'est pas un petit Paris, c'est un grand Marseille qui ne ressemble heureusement qu'à lui-même, une personnalité joyeuse et sans gêne, habituée depuis sa lointaine et poétique enfance à vivre sa vie passionnée, à tutoyer tout l'Univers.

Physionomie piquante et singulière. Marseille a près de trois mille ans et on ne sait quel âge lui donner. Ou plutôt, on la dirait née d'hier tant le légendaire passé charge peu ses épaules. Il semble que sa prospérité ait été l'œuvre d'un jour et qu'il lui ait suffi pour cela du sourire de la mer. Pourtant, ses origines sont divines. Diane y préside, Diane dont les Phocéens portaient avec eux la statue quand ils abordèrent le rivage des Ligures. Ainsi Enée promenait ses dieux lares à travers les plaines liquides de la mer et les sillons rugueux et nourriciers du vieux Latium. Dans la douce légende qui nous montre Gyptis, la vierge segobrige (1), offrant la coupe à Protis, le beau Phocéen nouvellement débarqué, ne convient-il pas de reconnaître la main secourable de la déesse ? Le fruit évident, glorieux, symbolique de ces amours fut Massilia.

N'est-ce pas un peu irritant ? L'œil ne découvre guère ici que des pierres neuves. Oui, la ville qui connut dans sa jeunesse Acco, Sidon et Tyr, cités aussi anciennes que le souvenir des hommes; qui accueillit Baal et Cybèle; qui lança Pythéas sur les océans à la recherche de l'île de Thulé et donna le jour à Pétrone, poète de la volupté; qui se laissa toucher par la grâce, ayant ouï dans ses havres les paroles enflammées de Lazare et de Madeleine; qui, métropole commerciale de la Gaule, voulut devenir la rivale intellectuelle d'Athènes, oui, cette ville, par on ne sait quel cruel caprice du sort, ne montre rien ou presque rien de son passé. De sorte que, même quand elle affirme par la bouche autorisée de l'histoire, qu'elle fut grande et illustre, on est tenté de prendre son dire pour une galéjade.

On voyait jadis, rue des Grands-Carmes, une maison ornée d'un buste au-dessus de la porte d'entrée. Ce buste, connu en ville sous le nom aussi vague qu'énigmatique de *saint de pierre*, reproduisait rien moins que les traits d'un saint, car il représentait Milon, le fameux Milon du *Pro Milone*, l'assassin de Clodius. Victime et meurtrier, d'ailleurs, se valaient, je veux dire ne valaient pas cher. Si l'un avait la conscience élastique, l'autre ne s'embarrassait pas de scrupules. Comme ils avaient tous deux des visées ambitieuses — Milon voulait le consulat et Clodius la préture, — ils se gênaient horriblement dans leur postulat, étant ennemis mortels. L'un devait disparaître devant l'autre. Clodius, soit dit en passant, était l'homme qui s'était introduit sous des vêtements de femme dans la maison de César. César, en l'apprenant, répudiait Pompeia et faisait, à ce propos, l'un de ces grands mots historiques sans lesquels les grands hommes ne compteraient pas : « La femme de César ne doit pas être soupçonnée. » Clodius, attaqué sur la route de

(1) Légende de la fondation de Marseille vers l'an 600 avant J.-C. Quelques auteurs attribuent à la ville une origine bien plus ancienne, à huit ou dix siècles avant l'ère chrétienne.

Lanuvium, est tué par les gens de Milon. Scandale énorme et procès retentissant. Cicéron, avocat de Milon et son ami, accusé par une foule en délire d'avoir conseillé le meurtre, eut peur, et fit ce jour-là sa plus lâche plaidoirie. On comptait sur la péroraison. Elle ne dégela point l'orateur. Le courage n'était pas son fort. Milon, condamné à l'exil, dut se réfugier à Marseille, où il reçut le meilleur accueil — car Marseille se disait et se dit encore sœur de la ville éternelle. Suivant la tradition, il aurait habité l'immeuble de la rue des Grands-Carmes. Il était à peine fixé dans sa nouvelle résidence que Cicéron, pensant charmer ses loisirs, lui adressait son *Pro Milone* refait dans le calme, et infusé cette fois de sa merveilleuse ironie. Cela ressemblait si peu au morne discours entendu par l'accusé, que celui-ci lui manda simplement ces mots : *Cicero, si sic egisses, barbatos pisces Milo non ederet* (1). Le capelan ou le rouget ces poissons barbus ? C'étaient, en tout cas, les poissons de l'exil, et Milon les trouvait amers...

La maison est méconnaissable, ce qui est grand dommage. Mais ce qui est pire, ce qui est injurieux, c'est que le buste, le *saint de pierre* a disparu. Récompense honnête à qui le retrouvera.

L'abbaye de Saint-Victor résume le Moyen âge dont les Marseillais, qui marinaient dans les formes démocratiques importées de Rome, ne subirent jamais bien profondément les disciplines. Je lis dans les archéologues qu'elle fut fondée par saint Cassien au V° siècle, sur l'emplacement d'une grotte où se dissimulaient les premiers chrétiens. Détruite par les Sarrasins, réédifiée en 1279, puis fortifiée en 1350 par Urbain V, qui fut abbé de Saint-Victor, en attendant de ceindre la tiare à Avignon, elle ressortit à ce style de transition du Midi où le plein cintre le cède avec regret à l'ogive. Elle compta jusqu'à cinq mille religieux et sa juridiction s'étendait sur d'immenses territoires. Ces moines, experts dans l'art de manier les cours d'eau, d'irriguer les plaines assoiffées, d'élever des moulins, rendirent au pays des services incalculables. Mais, sous Louis XV, ils avaient tellement dégénéré qu'un ordre de sécularisation vint les surprendre dans leur vie de mollesse et les dispersa. Dans la crypte où, suivant la croyance populaire, saint Victor, martyr, serait enseveli avec ses compagnons, on montre

---

(1) « Si tu avais parlé comme tu as écrit, Milon ne mangerait pas des poissons barbus. »

le confessionnal en pierre de saint Lazare, et une Vierge noire en bois dont saint Luc serait le sculpteur. Mais je ne le pense pas, et cela d'ailleurs ne donnerait pas une fière idée de son talent artistique. L'abbaye, au dehors, est fort curieuse et surtout imposante. Rien d'étrange comme ce front guerrier parmi les bruits assourdissants du bassin de carénage, le tumulte du port, les relents piquants et âcres du goudron et des savonneries.

La pauvre basilique de la Major, si peu digne de Marseille, conserve dans l'ombre fastueuse de la cathédrale son abside et sa coupole du XIe siècle, qui ne sont plus qu'une vénérable taupinière. Elle renferme pourtant un autel de saint Lazare aux fines sculptures, une faïence de Lucca della Robbia, ainsi que deux tableaux de Dominique Papéty, peintre marseillais, qui mériterait d'être connu davantage. Sur une large terrasse qui domine le port de la Joliette, se dresse la jeune cathédrale dont la carrure byzantine apparaît admirable en mer, et rapproche ainsi, autant par les architectures que par le cosmopolitisme, Marseille de Constantinople. A quelques pas, l'évêque Belsunce, dont le nom s'associe héroïquement à la terrible peste de 1720, fait le geste éternel de la charité.

De l'église des Accoules, édifiée sur les ruines d'un temple d'Apollon, seul le clocher subsiste, désignant le centre du vieux Marseille assiégé par César — toute une ville comprimée, entaillée de rues inquiétantes pareilles à des couloirs, grouillante d'une populace pittoresque et sans gêne, aux yeux hardis comme la gueule. Non loin, sur le quai du Vieux-Port, l'Hôtel de Ville érige une façade du XVIIe siècle aux curieux tons de feuille morte, au milieu de bâtisses à l'air bonasse ou canaille. La maison commune, dont Puget sculpta l'écusson qui orne la grande porte, enfonce une partie de ses constructions au sein du quartier le plus mal famé. Parmi les rues chaudes qui l'environnent, retenez ce nom : la rue Pavé-d'Amour, il est ingénument délicieux.

Retenez-en un autre, si vous voulez : le boulevard des Dames. Il rappelle la résistance désespérée des femmes de Marseille en face de Pescaire et des reîtres du connétable de Bourbon, venus mettre le siège devant la cité. « Deux ou trois coups de canon épouvanteront si bien ces bons bourgeois, disait Bourbon à Pescaire, qu'ils viendront la corde au cou m'apporter les clés de la ville. » Après quelques jours de tranchée, comme le connétable assistait à la messe sous sa tente, devant l'abbaye Saint-Victor, un boulet lancé par les assiégés vint renverser l'officiant. « Qu'est-ce donc ? dit le connétable bouleversé. — Ce sont, répondit Pescaire, qui ne manquait pas d'esprit, les bons bourgeois qui viennent, la corde au cou, vous apporter les clés de la ville... »

Les Marseillais, pour faire une tranchée, n'avaient pas craint d'abattre l'évêché et l'église Saint-Cannat. Ils étaient cependant sur le point de succomber, épuisés par quarante jours de résistance, quand les femmes, animées de la fureur du désespoir, parurent sur la brèche. Elles firent tant que Bourbon dut lever le siège. Deux ans plus tard, en 1527, il se dédommageait horriblement sur la ville de Rome. Quant à Pescaire, il faisait, en partant, cadeau d'un mot nouveau — le sien — au glossaire provençal. Car Pescaire c'est pécaïre, ou pechère suivant les pays. Qui n'a entendu prononcer par des lèvres féminines, avec la câlinerie traînante qu'elles savent mettre dans le ton, ce mot inégalable, ignore tout de la langue et de la pitié méridionales.

Infiniment plus beau, ce trait des dames de Marseille que celui de Pierre Libertat, qui livra la ville à Henri IV en trahissant son parti. On lui éleva une statue et on le sacra héros. On en est tout à fait revenu. En apprenant qu'il était maître de Marseille, le Béarnais s'écria, dit-on : « C'est maintenant que je suis roi. »

Donc, peu ou point de monuments pour jalonner les âges de la ville. Mais que d'efforts accomplis par elle depuis cent ans pour s'assainir, pour s'embellir, pour accroître ses moyens ! Creusant des ports, déroulant des lieues de quai le long de son golfe, alignant des docks, détournant la Durance pour pouvoir enfin boire à sa soif, ouvrant des voies à perte de vue, tapissant les espaces libres de squares frais et de jardins odorants, la ville tentaculaire aux bras rouges allongés irrésistiblement sur la plaine accidentée semble ne pas connaître d'œuvre difficile ou périlleuse. Dans le même temps, elle s'offrait un arc de triomphe : la Porte d'Aix ; une école des Beaux-Arts, un Observatoire, des hôpitaux, un Palais de justice, une Bourse et une Préfecture, sans compter Notre-Dame-de-la-Garde et la robuste cathédrale romano-byzantine — pierres blanches et pierres vertes alternées — en maillot devant la mer. La Bourse de Marseille, bourgeoise et cossue, abrite cette fameuse Chambre de commerce, réduite à un rôle restreint aujourd'hui, mais qui fondait jadis la Compagnie d'Afrique, aïeule de la Compagnie des Indes, armait en guerre pour courir sus aux pirates barbaresques, instituait les consulats dont aucune nation ne saurait plus se passer.

D'une plaine marécageuse, Marseille faisait encore ses Champs-Élysées : ce Prado qui a pour perspective l'infini de la mer ; puis elle achetait le château Borély, maison de campagne d'un riche armateur du XVIIIe siècle et en faisait l'écrin de ses collections d'antiques, de ses faïences, de ses monnaies.

Pourtant, qu'est cette œuvre multiple et colossale auprès du Palais Longchamp, où le génie de Marseille atteignit à la parfaite grâce en voulant simplement commémorer la Durance et ses bienfaits ? Il semble, ce palais, sorti d'un rêve avec son charme aérien, sa sveltesse hardie, ses lignes idoines à la sérénité du ciel. Il semble fait pour accueillir au terme de leurs assomptions les esprits divins honorés parmi les hommes. Edifice d'autant plus admirable, je pense, et d'autant plus original qu'il ne répond extérieurement à aucune idée utilitaire, qu'il est seulement une harmonie et une magnificence dans un paysage de lumière. Espérandieu et Bartholdi, en combinant leurs songes d'art, ont ciselé pour la ville de Marseille la plus belle couronne dont une cité puisse ceindre sa tête. Enfin, voilà une œuvre de l'architecture contemporaine. Je m'étonnerais qu'elle soit fort goûtée de notre temps. Beaucoup doivent préférer l'énorme et stupide architecture berbère qui s'appelle à Paris le Palais du Trocadéro.

Un majestueux château d'eau, centre de la colonnade, est à l'arrivée du flot dérobé à la Durance et amené là par le canal que porte l'aqueduc de Roquefavour, le plus beau des modernes ponts du Gard. Taureaux admirables cabrés parmi les eaux bondissantes. Colonnade délicieusement légère reliant ce pavillon central aux deux grandes ailes Renaissance. Celle de droite abrite le Musée des Beaux-Arts, celle de gauche le Musée d'Histoire naturelle.

Véronèse et Canaletti n'eussent pas encadré de plus radieuses architectures leurs apothéoses.

Le Musée des Beaux-Arts compte une centaine de toiles des écoles italiennes. Et c'est là son trésor. Quelle jeunesse et quelle puissance dans ces Giotto, ces Pérugin, ces Carrache dont le pouvoir de séduction — que j'aimerais exprimer — n'a fait que grandir avec les siècles ! Tintoret, Véronèse, Giordano, Caravage, Guerchin, Jules Romain sont aussi honorablement représentés. Quant au fameux *Saint Jean* de Raphaël, je crains, s'il est entièrement du divin

Sanzio, qu'il ne soit une de ses œuvres les plus faibles. A voir : une *Pieta* de l'Espagnol Antonio de Pereda, qui est dans ce genre si tendrement douloureux, un morceau tout à fait exceptionnel; les portraits de Porbus, et surtout la *Chasse au sanglier* de Rubens, si chère aux Marseillais.

A l'Ecole française, j'ai remarqué deux portraits de René d'Anjou que l'on tient à lui attribuer, un Fragonard, un Greuze, deux Mignard, deux Natoire, un Nattier, des toiles des deux Puget, de Serre, de Papéty, de l'émouvant Ricard, ainsi que les vastes et nobles allégories de Puvis de Chavannes.

Ailleurs sont suspendus des cadres modernes appréciables : Monticelli qui semble broyer des gemmes avec ses couleurs, Gagliardini, Louis Deschamps, Bartalot, Guigou, Jourdan, Suchet, Decanis, Duffaud, Valère-Bernard, Guindon, Marie Magaud. Mais, pour goûter pleinement la Provence et ses artistes, il faut visiter la Galerie Jules Olive, boulevard de Longchamp.

A la sculpture, j'ai longuement admiré le *Milon de Crotone* et la *Peste de Milan* de Pierre Puget, chefs-d'œuvre de la statuaire française au grand siècle.

II

Je n'ai vu nulle part en France un tour de ville qui vaille la Corniche. Il est vrai que ce tour de ville est aussi un tour de mer. C'est un chemin de rêve à suivre, les matins roses ou les soirs safranés, le long de cette côte rugueuse et capricante, aux rochers les plus chauds plongeant dans le golfe le plus bleu. Olive, dans de vastes marines qui fleurent l'algue et le sel, Bouvet, dans des compositions plus restreintes, qui serrent l'intimité de l'eau, ont admirablement rendu cet azur liquide qui semble fait de toutes les émeraudes et de tous les saphirs fondus par une mystérieuse magie. Ils ont véritablement sondé le cœur de la mer !

On franchit des vallons âpres et sauvages que l'on dirait empruntés aux gorges les plus lointaines de l'Alpe. Mais la lumière les calcine, mais les aloès et les cactus les défendent de leurs glaives, mais les pins parasols leur chantent la douce chanson des vagues ! Vallon de l'Auriol, vallon des Auffes, vallon des Catalans. Ici, des villas princières aux attraits édéniques, plus loin, des villages en dégringolade sur les pentes, des villages basanés comme la peau des pêcheurs de la côte, et coiffés de tuiles couleur sang. Là, trône aussi la fameuse Réserve aux aristocratiques bouillabaisses, et se pressent des cabanons et des cottages peints d'invraisemblables couleurs : canari, amarante, sang, orange, myrte, qui poignarderaient le goût sur une plage du Nord et qui ténorisent au contraire de la joie dans cette atmosphère enchantée. Quelques-uns sont assis témérairement sur l'échine d'un roc qu'embrassent en riant les vagues.

Une autre promenade classique que l'on peut lier à celle-ci, c'est l'ascension à Notre-Dame-de-la-Garde. Construite au sommet d'une colline contre laquelle viennent buter de jeunes quartiers, la chapelle vénérée des marins a remplacé en 1864 un humble oratoire du XIII° siècle. Habillée des plus beaux marbres, surmontée d'une tour élégante que rehausse « la bonne Mère » en cuivre doré, elle a fort grand air. Cependant, le panorama dont on jouit du haut du clocher laisse loin derrière lui l'impression produite par l'édifice. D'ici, l'on a la preuve saisissante des dons magnifiques et pour ainsi dire surnaturels que Marseille reçut de la mer. Pour aucune ville, en effet, elle ne semble avoir été plus maternelle, ni plus prodigue. Elle lui a fait toutes les avances, glissant sous ses premiers pas le souple et mouvant tapis du Vieux-Port. Le Vieux-Port, l'antique Lacydon des Grecs, comme la Corne d'Or de Byzance, est un fabuleux caprice de la mer. D'ici, l'on embrasse d'un seul coup d'œil l'immense rade et les îlots : Ratonneau, Pomègue et le château d'If légendaire, semblables à des écueils de sucre candi qu'un géant aurait laissé tomber dans la coupe d'azur ; ses collines mauves mouchetées à leurs pieds par la blancheur des petits ports dont le peintre Salkin nous a détaillé les joliesses ; puis le prodigieux corps de pierre de Marseille étendu nonchalamment parmi ses collines sèches et roses, éventées par les pins parasols — Marseille et ses maisons aux innombrables toits plats, et enfin ses bastides répandues par milliers dans des campagnes rutilantes, et à l'horizon ses monts si diaphanes qu'on les croirait prêts à se dissoudre comme des écharpes de nues dans l'air transparent. Derrière eux, on devine pourtant la Sainte-Baume et le Saint-Pilon, témoins des extases de la Madeleine dont les pleurs donnèrent naissance à l'Huveaune au frais vallon. Là finit ses jours dans une grotte la pécheresse qui, pour essuyer les pieds de Jésus, usait de sa chevelure comme d'une miraculeuse serviette d'or. La Provence, exaltée et frémissante, semble imprégnée tout entière de sa tendresse. Nulle sainte, nulle femme n'a plus exalté l'âme populaire, et son parfum, qui oint les plus admirables productions de l'art, a traversé les siècles.

Que de coins fortunés, que de calanques adorables le long de ces rivages dignes de l'Hellade et hantés sûrement jadis par les sirènes ! Partout des villages posés dans les creux de roche comme des nids d'oiseaux marins — des villages jaloux de leur soleil et uniquement occupés à mettre de temps en temps à la voile : Carri, l'Estaque, Marseilleveïre, les Madragues, tous parfumés de soupes à la rascasse et de bouillabaisse. Voici dans son vallon rouge : les Aygalades, les Aygalades dont le nom rit et gargouille comme un gosier qui reçoit de haut le jet frais d'une cruche. On y voit un pavillon de chasse du bon roi René. Il s'y consolait de la perte de ses royaumes en jouant de la viole et en contemplant avec une concupiscence de gourmet ses réserves de cailles. En fin de compte, faisait-il pas mieux que de se battre et que de ravager la terre ?

III

Ce qui frappe tout d'abord dans Marseille, c'est sa physionomie heureuse, son apparence de vie facile et comblée. Même le fourmillement énorme du Vieux-Port donne cette impression de joie. J'ai vu Le Havre et Anvers. C'est l'activité morne, le labeur farouche que ne dore aucun rayon. Ici, c'est l'activité chantante, souriante, amusée. Le débardeur, tout en chargeant ou déchargeant, trouve le temps de blaguer son camarade, les badauds qui le regardent, la jolie « drôle » qui passe. Parfois, il s'interrompt pour mordre à belles dents la pastèque sanglante, sinon pour boire à la régalade d'un beau geste de lutteur.

Jamais port ne m'a donné pareille envie de courir la mer et l'aventure. Et ce pittoresque ! De hauts débits de boissons où l'on savoure, avec le vin de Cassis et de la Ciotat, des brouets de marin, de ces poissonnées terribles qui vous mettent le Vésuve dans la bouche. Des boutiques qui vous jettent au passage la rumeur d'une forêt d'Amérique. Aras, perroquets, perruches, colibris, toucans, se croyant chez eux, volètent et s'égosillent, cependant que des « mounines » (guenons) de tout poil et de toute race se poursuivent dans d'immenses cages, et, se sachant regardées, se livrent aux plus risibles pantomimes, interrompues parfois par de coupables gentillesses.

Il est si étroitement pressé contre le cœur de Marseille ce Vieux-Port, qu'on ne peut voir de ses quais la pleine mer. Il faut aller quasiment jusqu'à la jolie tour phallique du phare Saint-Jean pour l'apercevoir. Ce phare m'a toujours paru un symbole : le doigt de la ville de Marseille faisant signe aux peuples de la mer.

Presque partout dans la cité les relents du port vous assaillent. Cela sent la clovisse, le muge et la sardine fraîche, le caillou moussu tiré avec quelque crabe gigoteur du fond d'une calanque. Le délice c'est de sucer une douzaine de praires sur le quai de la Fraternité, le matin, avant la promenade dans le golfe et de les arroser d'une foulhète de vin blanc de Cassis ; cela vous trempe comme un marin.

IV

A Marseille, quoi qu'on fasse, il faut toujours en revenir à la Cannebière. Cannebière, de *cannèbe*, chanvre, — parce qu'elle fut établie au XVII° siècle sur l'emplacement occupé par les cordiers et marchands de chanvre, jadis grosse corporation. La Cannebière n'est pas seulement la rue maîtresse d'une grande ville, c'est une avenue internationale, un des carrefours de l'univers. Méry, un Marseillais piquant comme l'aïoli, et fin comme Pétrone, l'adorait à l'égal d'Aurélien Scholl le Boulevard. Il y tenait comme on tient à sa mère et à ses illusions. Il l'adorait même, le bon raillard, jusqu'à la blague — qui est souvent un suprême encens. Mais, l'homme qui faisait s'esclaffer la France entière en lâchant le fameux : « Si Paris avait une Cannebière, il serait un petit Marseille » ne pouvait souffrir la moindre critique d'autrui à l'égard de sa merveille. Quelqu'un lui ayant dit un jour que cette Cannebière tant vantée n'avait, en somme, qu'une longueur médiocre, il s'écria, montrant la rue ouverte sur la mer et sur l'espace : « Courte la Cannebière ! mais vous n'en voyez pas la fin, monsieur, car elle va jusqu'au bout du monde ! »

La Cannebière, conçue par le grand Puget, qui était peintre, sculpteur et architecte, — une sorte de Michel-Ange, — déborde d'animation et de couleur. A toute heure la Méditerranée y déverse son cosmopolitisme bariolé, Marseille ses Marseillais. Torrent aux remous fantasques qui charrie des Egyptiens secs et hiératiques, des Arméniens gras et faux, des Sémites à masque de mouton, des Chinois aux yeux de porc, astucieux et bridés, des Hindous huileux et fins, des Persans beaux et fatals, des Grecs fiévreux d'aventure, des *Teurs* enfin, pareils, avec leurs fez écarlates et leurs lévites, à des bouteilles cachetées. Mais le Marseillais domine tout, fait à lui seul la rumeur. Il lui est à peu près impossible de se tenir en repos. Il ne sait ni boire, ni manger, ni aimer en silence. Dans le Nord, le grand point c'est de paraître calme et digne, même en se grisant abominablement. A Marseille, c'est de s'agiter et de se griser, même sans rien boire. La conversation du Marseillais ressemble à une dispute, son embrassade à une lutte corps à corps, et s'il est joyeux, il rit à faire voir son cœur. L'heureux homme qui ne garde jamais ses distances et n'a nul souci du « comme il faut » !

Les cafés sont la gloriole de Marseille qui songe en se rengorgeant : *Ils n'en ont pas en Angleterre!* Le fait est qu'ils sont immenses comme des églises, étincelants, tout vermicelés d'or. Le plus souvent, une grande vasque d'où gicle un souple jet d'eau occupe le centre de la salle, imposant avec sa grâce fraîche une vision de patio. Mais surtout on y boit un moka diapré et parfumé auprès duquel les breuvages consommés d'ordinaire sous ce nom paraissent jus de Locuste. A midi, le soir, ces cafés regorgent, bouillent, ronflent, vous envoient au passage, avec leur bouffée chaude, le bouquet véhément des marques *Exportation.* C'est à l'une de ces terrasses où je m'étais assis pour jouir de la belle mêlée de vie offerte à toute heure par la Cannebière, que j'ai entendu un des plus étonnants récits de chasse de l'histoire — un vrai chapitre détaché de Tartarin. Car le Marseillais est grand chasseur devant l'Eternel. Il est pêcheur aussi, mais il n'en parle pas, n'ayant pas l'habitude de se vanter. Pour la chasse, il n'est point comme les franchimans, les gens du Nord, qui se crèvent, pécaïre, à la poursuite du gibier. Pas si bête, le Marseillais l'attend chez lui, le gibier, dans sa bastide, toujours munie d'un *poste.* Le poste est une hutte creusée dans le sol et couverte de feuillage. Elle est dominée par deux ou trois fûts de pins morts auxquels on suspend des cagettes renfermant chacune une grive, un merle, un ortolan, un bec-figue, un chic-jaune, une bédouide, achetés sur le port, où les oiseaux, comme on sait, sont aussi abondants, aussi variés que les poissons. Les rares oiseaux de ces parages, trompés par l'appel de la grive, si le prisonnier est une grive, de l'ortolan, s'il est ortolan, viennent quelquefois se poser sur les branches horizontales. Alors, le chasseur placé à l'affût dans le poste, les tire et le plus souvent les manque. Mais manquer le gibier, après tout, c'est encore chasser, et chasser c'est avoir de l'émotion. Et il faut bien que le Marseillais ait des émotions pour pouvoir les raconter. Quand un Marseillais a tué un lièvre où une perdrix, tout Marseille le sait; il devient illustre et dans une réunion personne ne se permettrait de prendre la parole avant lui.

Après sa femme et son café, ce que le Marseillais chérit le plus, c'est donc sa bastide. Il en est de somptueuses avec perspective magique sur le golfe bleu. Il en est une infinité d'autres plus modestes, mais presque toujours charmantes, au-dessus desquelles, serviteur accompli, le pin sylvestre balance son parasol éternellement vert. Parfois cela manque d'eau, — la Durance, dites ? ne peut pas passer partout, — alors, on charge des ânes et des mulets de tonneaux d'eau de mer et l'on fait jouer les grandes eaux — cascade ou simple jet — devant la famille et les amis enthousiasmés. Ceci m'a été rapporté, mais j'ai lu, de mes propres yeux lu, un jour sur un écriteau : *Bastide avec ombre, à louer.* Parfaitement, avec ombre. Comme j'en faisais la remarque à un ami de la Cannebière, je le vis soudain se fâcher tout rouge : — Différamein, fit-il, vous trouvez cela si drôle ? Mais rien ne prouve mieux notre franchise, à nous gensses du Midi. Vous autres du Nord, vous avez peur des mots, vous avez peur de parler haut et de rire. Les vrais Marseillais n'ont peur de rrrien, rrrien, rrrien... — Mais, je ne moque pas, lui dis-je. Je savoure, au contraire. Votre écriteau, je le jure, est ingénu et beau comme la Méditerranée, comme le soleil lui-même, *ce chef de rayons* des grands magasins célestes, si prodigue envers la terre provençale. Ah, boufre ! on n'a pas besoin d'afficher ici : *Pavillon avec soleil, à louer !*

Ses yeux sombres qui lançaient des éclairs sourirent, mais il ne fallut pas moins pour dissiper sa fureur de notre communion sous les espèces d'une adorable bouillabaisse, une de ces sincères et ineffables bouillabaisses de chez Pascal dont le jus d'or, qui semble renfermer les principes du soleil, embrase le palais d'inexprimables délices.

Terribles, sans doute, ces Marseillais, mais si généreux, si bons enfants ! J'en ai connu qui cherchaient des yeux l'objet à briser, pour ne pas être tentés de briser l'interlocuteur. Mais n'ayez pas peur de cette bouche qui hurle au paroxysme de la colère : « Je te mangerais le foie ! » Elle vous sautera au cou tout à l'heure. Le Marseillais ne peut pas se sentir seul et le chez-soi n'est pas son fort. Rien de plaisant comme cette sociabilité extrême et, pour mieux dire, dévorante. J'en ai connu un qui, partant pour plusieurs semaines, embrassait le cocher qui l'avait conduit à la gare.

Assez peu poète et encore moins artiste, — comptant, la farce ou si l'on veut l'esprit exceptés, pour assez peu de chose dans le mouvement félibréen — en revanche, nul n'est plus ouvert ni plus sympathique que le Marseillais. Il répugne d'ailleurs à l'avarice, source de toutes les tristesses de l'âme, et l'avidité qu'il montre pour s'enrichir, remarque Stendhal, naît seulement du désir de dépenser. En un mot, il préfère employer son aimable vie à jouir qu'à connaître. Nous laisserons aux philosophes quinteux le soin de l'en blâmer. A Marseille, on savoure sa vie, à Paris, on la dévore.

Marseille est une mine inépuisable d'histoires et d'aventures comiques. On écrirait des volumes rien qu'avec les plaisanteries qui ont cours sur elle. Elle en rit la première, elle en jouit, car elle sait très bien que la plupart sont tirées de son propre fonds. Nulle ville au monde ne compte plus d'exploits cynégétiques — et, je l'ai dit, le Marseillais est né chasseur — pourtant, le tigre déambulant dans la Cannebière est plus véridique que tel lièvre soi-disant tué sur la chaîne de l'Estaque.

C'est ici qu'il faut aller quérir nos principes d'égalité sinon de fraternité. Il n'y a, dans cette métropole familière et confiante, pas plus de clan que sur la main. Les petits tramways eux-mêmes n'ont qu'une couleur — crème — et qu'une classe — la première. Et ils sont débordants, rapides, et défient toute comparaison pour le bon marché. Ce laisser-aller dans les habitudes et dans les mœurs confond l'homme du Nord. Entrez dans une église le dimanche à l'heure de la messe. Tapage, discussions, fracas de chaises retournées sans précaution, chiens qui ont accompagné leurs maîtresses et qui aboient parce qu'on leur marche sur la queue. La piété, comme le reste, n'implique aucun dérangement dans les habitudes. Un jour, je visitais une église. Une femme, dévotement agenouillée dans la nef, priait avec ferveur, ayant à côté d'elle un enfant de cinq à six ans, visiblement inquiet. Soudain, le bambin se lève et se met en devoir de faire pipi contre une chaise. La maman l'aperçoit, et lui secouant les épaules d'un air indigné : « Pas ici, petit sale, que dirait le petit Jésus ? Té, là », lui dit-elle en montrant le confessionnal voisin. Et l'enfant, caché cette fois dans l'une des cases de l'armoire de la pénitence, se soulage tranquillement...

V

Trop sûre de ses attraits, peut-être Marseille ne prend-elle pas asez soin de sa parure, d'elle-même. Mais que son laisser-aller est donc gai, que son tohu-bohu est pittoresque ! Les principales artères sont en tout temps si grouillantes, si animées, qu'elles arrachaient devant moi ce cri à une fillette de la campagne : « C'est donc tous les jours la foire ici ! » Nulle figure triste dans ces rues, tout le monde semble heureux, depuis la bouquetière à la chair de beurre, dont les yeux font pâlir les fleurs, jusqu'au charretier qui fait peter le fouet pour attirer l'attention sur lui. Il marche derrière l'attelage, fier de ses bêtes et sans souci d'elles, sachant que le collier démesurément effilé qu'elles balancent avec orgueil conjure le mauvais sort. De tous côtés, des appels : « Cirez, m'sieu ! » « Cirez, m'sieu ! » Ce sont de jeunes drôles, poussière italienne, beaux comme des bronzes, courant déchaux après le passant qu'ils entourent, qu'ils importunent. Ils n'ont peur de rien. Bourrades et injures du piéton, calottes des agents, les excitent plus qu'elles ne les arrêtent. Rien n'égale l'effronterie de ces moineaux de la rue, si ce n'est leur gentillesse. A peine vêtus, les sans-pudeur, juste pour cacher, comme disait une vieille cousine, ce que le bon Dieu leur a donné. Ils eussent inspiré l'ariette débraillée :

Quand j'étais petit, je n'étais pas grand,
Je montrais mon... cœur à chaque passant.

Plus loin, un cri suraigu : *Li capelan que la coua leur bouligo !*

Qu'est ceci ? C'est la poissonnière ambulante, l'Anaïs, comme je l'entends appeler, dont le teint de jasmin et l'œil de feu révèlent autant que le roulis des hanches et le balancement amoureux du buste, la race de la côte, la Marseillaise de souche plébéienne. Elle va gaiement, la jupe retroussée, montrant des chevilles fines, des jambes parfaites d'un galbe de bouteille de champagne renversée. Les bras, nus jusqu'au coude, portent deux paniers. Dans l'un, les capelans à frire, que l'on mangerait tout crus tellement ils sont vifs et brillants ; dans l'autre, des rougets roses comme l'ongle d'une marquise. Elle va, le joyeux cliquetis de sa balance romaine retenue à l'attache du tablier bleu, marquant la cadence de ses pas.

Li capelan que la coua leur bouli.i.i.igo ! Que je suis belle ! Que je suis belle !

— Ah, coquin ! je comprends qu'elle est belle la couquinasse ! fait un Marseillais, un monsieur — complet gris et large panama — en passant à côté d'elle et en esquissant un baiser.

Mais honnête et point trop vaniteuse, l'Anaïs ne se retourne même pas.

Que je suis belle ! Que je suis belle, venez, venez...

C'est sa marée et non point elle-même qu'elle flatte, la jolie fille — un morceau de roi pourtant. Elle sait les maisons devant lesquelles il convient de stationner et de crier afin de se rappeler aux pratiques. Et puis cela repose, les paniers étant un peu lourds. Des femmes glissent hors des boutiques, descendent essoufflées des étages, marchandent, piaillent.

Du nanan, ces rougets, ma mie... Et ces capelans, donc ?...

— Maï, vous êtes chère aujourd'hui...

— Allons, prenez la livre de rougets et je vous ôte un brisou dessus...

— Zou, donnez-les. Ah ! vous avez le teta doux, vous... »

Eh oui, elle a le teta doux, c'est-à-dire elle sait comment prendre le monde. Aussi, dès dix ou onze heures du matin, elle a fini sa tournée. Et je pense, heureux l'homme qui l'attend dans l'étroit logis clair, et qui va lui rendre, lèvres contre lèvres, son baiser à l'ail...

VI

Marseille a devant elle de beaux jours. L'orgueil italien a voulu sans doute lui opposer Gênes. Mais Marseille, avec ses dix-huit à dix-neuf millions de tonnes (entrées et sorties) dépasse encore de beaucoup sa rivale. Que sera-ce quand, nos routines entraînées au fond de ses eaux, elle sera devenue port franc, comme l'a demandé avec insistance au Parlement M. le sénateur Astier, quand elle aura, par l'ouverture du canal d'Arles, le détournement du Rhône? Elle pourrait être même, avec une amélioration de la ligne du P.-L.-M. (par exemple par l'établissement de voies distinctes pour les voyageurs et pour les marchandises), l'aboutissant nécessaire, non seulement de la France, mais encore des nations du Nord sur la Méditerranée.

Mais je reviens encore, avant de quitter cette grande cité, livrée depuis trente siècles aux caresses de la mer et du ciel, sur l'optimisme et la béatitude qui l'enveloppent et qui vous gagnent dès que vous avez mis le pied sur son sol sacré. Oh! cette damnée Marseille, où le labeur, plein de chants et de ris, baigne dans l'allégresse perpétuelle!

Tous les ans, pour trop peu de jours, hélas! j'élis domicile quelque part sur la côte rocheuse. En me levant, le matin, j'aperçois de ma fenêtre, entre deux pins, l'immense horizon bleu moiré de vert. Tantôt, il est uni comme une pièce de soie, tantôt, il ressemble à un mouvant labour d'azur sans limites. Je me suis fait un ami d'un pêcheur enragé d'oursins et de coquillages, qui est le patron d'un bateau peint en blanc et en bleu — les couleurs de la « Bonne Mère ». Dès que le soleil se lève, comme il dit, nous partons tous les deux pour on ne sait où, à ce qu'il affirme, mais je sais bien que c'est pour le rêve. Sur la mer qui brasille, qui remue tant d'or et de pierreries que l'œil n'en peut supporter la vue, la balancelle nous berce sous son aile triangulaire — sa voile latine, émue du baiser de Phoïbos. Lui bavarde comme Ulysse, et je l'écoute ébloui comme un enfant à qui l'on raconte une fable. Je bois du merveilleux. Je me sens, non pas même redevenir jeune, mais renaître à la jeunesse du monde par-dessus les siècles abolis. Est-ce complicité de la lumière et de l'air? Il y a vraiment dans cette nature quelque chose qui emparadise le cœur.

Le soir, c'est très doux. On s'endort en écoutant la ville et la mer respirer l'une contre l'autre.

RÉGIONALISME ET FÉLIBRIGE

> Heureux l'homme qui se nourrit des fruits de la terre et trouve en son pays même les satisfactions de la vie.
>
> (Mahomet.)

A Monsieur Placide Astier,
sénateur de l'Ardèche.

I

Qui croyait, il y a vingt-cinq ans, au réveil possible des Provinces ? Elles dormaient, grâce aux stupéfiants de l'étatisme, un si lourd sommeil ! Maintenant, partout, de l'est à l'ouest et du nord au midi, elles ouvrent doucement leurs yeux à la lumière, elles se tâtent, elles se reconnaissent, elles veulent vivre.

Ce réveil du provincialisme, ou mieux de la tradition, est quelque chose d'admirable et comporte un enseignement. C'est que, quoi qu'on fasse, les liens du sol, du sang, de l'histoire, de la langue représentent une force que l'on peut amollir et insensibiliser pour un temps, mais que l'on ne peut détruire à tout jamais. Et un peuple, si veule, si déprimé qu'il soit, garde toujours dans quelque coin obscur du cœur des sentiments naturels capables, le moment venu, de le rendre à lui-même, de le régénérer.

« Pourquoi se dit-on Provençal, Bourguignon, Dauphinois et non pas simplement Français ? C'est que le pays natal est réellement le seul où l'on soit attaché. On y tient par des liens invisibles, comme on tient toujours au sein de sa mère. »

Quand on songe, par exemple, à la prodigieuse fortune des colonies provinciales de Paris, cette forte parole de Léon Cladel semble d'un prophète et elle justifie par avance toutes les conquêtes du patriotisme local sur la routine politico-administrative.

Il y a trente ans à peine, le provincial échoué dans la capitale, sans parents et sans fortune, était horriblement seul. Il avait beau chercher, il ne trouvait aucun regard fraternel. Partout des lieux de plaisir, des brasseries, des cafés, mais pas un milieu capable de lui rappeler son pays et de lui faire oublier son isolement. Et il passait dans la rue frôlant les foules et les décors de luxe avec l'envie soudaine de pleurer — de pleurer la patrie absente. Sans doute, la Mutualité proprement dite lui offrait déjà ses avantages sociaux, mais elle ne distinguait point les patries et négligeait le cœur. C'est alors que l'on vit germer, timides fleurs bleues dans la jungle parisienne, quelques groupes artistiques et littéraires, amicaux ou fraternels. Ainsi fut fondée, en 1875, disons-le en passant, la Cigale, par Maurice Faure, le peintre Baudouin et Xavier de Ricard, jeunes hommes enthousiastes, résolus à résister à l'étreinte jalouse de Paris, et qui ne rêvaient rien moins que de reconstituer leur Midi en plein boulevard. Leur succès fut énorme et, naturellement, contagieux. Les Dauphinois se groupèrent à leur tour, nantis d'un substantiel emblème : le Gratin — inventeur Edmond Févelat, qui soufflait le vocable aux oreilles attentives de quelques brûleurs de loups réunis dans un café. Et désormais, ce plat national, célébré par des aèdes comme Henri Second et Maurice Champavier, fut servi à la mode de Grenoble dans toutes leurs agapes. Le patriotisme local se fit gastronomique, s'imposa aux cuisines, embauma les menus adornés par la fantaisie d'artistes autochtones. Beaucoup d'entre nous les gardent avec des soins jaloux, à la fois comme œuvrette d'art et comme relique. La Soupe aux choux, les Gaudes, le Picaudon, dix autres mets rallièrent leurs fidèles à leur couleur et à leur parfum. Les ustensiles culinaires à leur tour : *Peiroou*, *Sartan* (1) se virent promus emblèmes. Bref, chaque province, et, souvent dans chaque province, des groupes plus restreints, attachés à tel usage, à telle manière de sentir, retrouvaient en les reproduisant ses caractères particuliers. On a reproché au Midi d'avoir accaparé la France à son profit

(1) Peiroou, chaudron ; sartan, poêle à frire.

en lui imposant ses directions politiques ; c'est déjà reconnaître implicitement sa vitalité et sa puissance d'attraction. Mais il serait plus juste de dire qu'il a fait bénéficier la capitale de son esprit, de son entrain, de sa poésie, de son abandon, de ses qualités généreuses, confiantes et communicatives entre toutes. Il n'est pas jusqu'aux savoureux produits de son sol, jusqu'à ses inventions gourmandes, qui n'aient triomphé de l'ignorance ou du dédain des foules parisiennes. Ses melons, ses tomates, ses aubergines, ses poivrons, ses figues-fleur, à peu près inconnus aux Halles il y a quarante ans, courent les rues — ce qui n'est pas une figure pour peu que l'on observe les files pittoresques des marchandes des quatre-saisons. Quelle gloriole pour un homme du Midi de voir les populaires revendeuses rouges du reflet magnifique de leurs charretées de pommes d'amour ! Dans le même temps, cassoulets, brandades et bouillabaisses, par une lente et louable éducation du goût, entraient aussi dans la consommation et devenaient même simples plats du jour.

Le Félibrige, ce Midi concentré, comme l'appelait Henry Fouquier, fut fondé après la Cigale, et n'eut pas une moins grande fortune. Les deux associations se retrouvaient d'ailleurs chaque fois qu'il s'agissait de chanter et d'honorer dans les circonstances solennelles la terre natale. De cette touchante communion, naquirent ainsi les fêtes de Sceaux, les grands pèlerinages en Dauphiné, en Provence, en Languedoc, en Gascogne, dans les Pyrénées, les « descentes » triomphales du Rhône, les grandioses manifestations d'Orange, qui eurent un véritable retentissement national, sans compter les régulières félibrées d'Avignon, capitale du Flourège, où l'on fait des discours, de la musique — un tintamarre qui me fait craindre parfois, pour les admirables remparts des Papes, le sort funeste de ceux de Jéricho.

Des gazettes, des revues, organes de la plupart des sociétés méridionales, des journaux à titre plus élargi, ont aidé puissamment aussi à la diffusion de l'idée provinciale. Au sein de la fourmilière parisienne égoïste et tentaculaire, dans ce terrain si favorable au je m'enfichisme et aux rosseries, ils ont développé une solidarité charmante et joviale, créé pour ainsi dire un véritable esprit de famille. Il suffit de citer les aimables périodiques appelés : *La Cigale, Le Viro-Soulèu, Le Gratin, Le Feu, Le Provençal* et *Le Dauphinois de Paris, L'Ardèche parisienne, Paris-Drôme*, etc. Pour tous, quel que soit le ton de l'instrument, c'est la glorification du terroir, c'est la défense de ses intérêts matériels et moraux et de son capital de beauté, c'est la lutte franche, loyale, raisonnée contre la centralisation.

Les journaux régionaux faisaient espérer les livres — les livres (romans, contes, nouvelles, histoires, folk-lore, études, etc.), dépôt précieux de l'âme provinciale et que l'on garde. Ils sont venus à leur tour. Je cite seulement *L'Empire du Soleil*, d'Armand Praviel, *Le Vieux Dauphiné*, de Léon Barracand, dans la collection des « Pays de France », les publications fastueuses consacrées à la Provence par M. Jules Charles-Roux et par Mme de Flandreysy, le rare et précieux *Valence*, de Mme de Flandreysy et de M. Etienne Mellier, *Mon vieil Avignon*, d'Enri Bouvet, *Les Dauphinoises illustres*, de M. Henry Rousset, *La Flore littéraire du Dauphiné*, par Léon Côte et Paul Berthet, etc. Jules Charles-Roux, que la mer enrichit et qui possède de grands et de petits bateaux qui vont sur l'eau, reçut sans doute d'Amphitrite les conseils de munificence. Chez cet homme portant les côtelettes traditionnelles des mécènes et des amiraux, cette vertu est grande, œcuménique.

Les écrivains et les artistes originaires du Midi sont si nombreux qu'ils suffiraient à assurer la gloire d'une grande nation. J'en ai cité quelques-uns au cours de cet ouvrage, et il faudrait un volume pour seulement les énumérer. Ceux de Provence et du Languedoc sont surtout des poètes et des conteurs, ceux du Dauphiné sont surtout des philosophes, des érudits, des collectionneurs. Les premiers chantent et vibrent, les autres songent, ruminent, mais il faudrait se garder de généraliser ; ce jugement est un thème à variations, Provence et Languedoc comptant aussi bon nombre de *furnaire*, de chercheurs, de savants ayant apporté leur contribution à l'édifice moral de leur pays. D'ailleurs, chez le même homme les dons de poésie et d'érudition se mêlent souvent au point de vous confondre. Mistral, Raoul Gineste et quelques autres porteurs de lyre ne sont-ils pas des linguistes et des historiens de premier ordre ?

Je m'en voudrais pourtant de ne pas signaler au moins, confondus dans la noble phalange de l'esprit, les noms de ceux que j'aime : tout d'abord Jean Aicard, qui prête à l'idée régionaliste main-forte *immortelle*; Charles Maurras, génial manieur d'esprits et d'idées, Jules Bois, Jules Troubat, F. Mougenot, Alexis Mouzin, Emile Ripert, Marius André, B. de Montaut-Manse, Lieutaud, Michel

Marcille, Roman, Bruno-Durand, Maurice Magre, Alfred Dagan, Fontan, Emile Trolliet, Roux-Servine, Henri Second (ce Bergerat du Midi), Alfred Poizat, Paul Souchon, Henri Bernard, Henri Ferrand, Marcel Reymond, Jean Carrère, Jean Monné, Jules Gaillard, Henri Aiguier, Célestin Genest, Plantadis, Dezeuze, Durandy, de Beaurepaire-Froment, Louis Charasse, Fernand Hauser, Anfos Martin, Rodolphe Bringer, Pierre de Bouchaud, Georges Niel, Gaston Sorbets, Belleudy, Louis Brès, Gillouin, Batisto Bonnet, Serge Basset, Louis Teste, Marius Ravat, Emile Fix, Emile Sicard, Xavier de Magallon, de Berluc-Perussis, les La Sizeranne, P. Fontan, marquis de Villeneuve, marquis de Gantelmi, Paul Berret, Michel Epuy, Arduin Dumazet, Clément-Savoye, André Rivoire, Elie Fourès, Louis et Zénon Fière, Antony Réal, Marius Jouveau, Elzéard Rougier, Paul Ruat, Eugène Dreveton, Jules Véran, Adrien Frissant, Victor d'Auriac, Joseph Loubet, Pierre Raffin, Emilien Giraud, Dupré, l'abbé L. Richard, l'abbé Aurouze, l'abbé Sautel, l'abbé Payan, auteur de *Di Fru*, F. Savinien, Jacques Isnardon, moins connu pour sa plume alerte que pour sa belle voix du golfe du Lion; Jean Mousnier, Louis Charasse, Anna Durand, une nouvelle venue dans la phalange, et dont le fin calame trempe dans la douceur et la tendresse. Charloun (Charles Rieu), laid comme Alain Chartier, mais qui méritait de recevoir à Paris, ainsi qu'il lui arriva, le *poutoun* d'une duchesse. Des poétesses aussi : Hélène Picard, Marie de Sormiou, Louise Cavalcanti, et Brémonde de Tarascon, et Lazarine de Manosque, toutes deux disparues, la dernière à Marseille, où elle était volailleuse au marché des Capucins. On m'en voudrait d'omettre Michel Pons, de Bouillargues, échoué bistro à Paris et qui perpètre des ratas poétiques en regardant foncer ses ragoûts. Le père Monaco (*alias* Jules-César Blancard), qui amusa durant six ou sept lustres le Quartier Latin, et qui, retiré à Saint-Paul-Trois-Châteaux, dans la Drôme, ne dérime pas en dépit de ses quatre-vingt-trois ans.

Laissons ces joyeuses figures d'estrambord pour un thème plus édifiant. Ne sait-on pas que le R. P. Xavier de Fourvières, l'abbé Spirat et quelques autres Chrysostomes annoncent le *Verbe* dans le verbe admirablement prenant et familier qu'est la langue romane ? Aussi la foule y est-elle plus dense qu'aux sermons de Cottin.

Voulez-vous quelques noms d'artistes à ajouter à ceux déjà cités ? Voici sous ma plume : Montenard, Raymond

Allègre, Eysseric, Garibaldi, Boisson, Appay, Audra, Dourouze, Marcel Armand, Bartalot, Henri Paillard Cagliardini, Choisnard, J.-B. Brunel, Louis Dauphin, d'Apvril, Charles Bertier, Edouard Brun, Tancrède Bastet, Leriche, Charreton, Flandrin, Cornillon-Barnave, Duffaud, Louise Breynat, Daniel Nemoz, au masque harmonieux et fiévreux d'un Florentin du temps des Médicis, et qui peint, griffe, grave, gaufre, et met au besoin si agréablement comme un écrivain de métier du noir sur du blanc. Eustache Bernard, Davin, Poncin, Irvoy, Chabre-Biny, Basset, Hercule, Riffard, Jean-Pierre Gras, pour les sculpteurs. Bourgeat, Karl Dupont, Lieure, Vyboud, Champollion, pour les graveurs.

J'ai gardé pour la bonne bouche : Valère-Bernard encore, poète, peintre, mais surtout burineur génial, un admirable maître dans l'Art de la *Morsure;* Emile Revellat, qui aimerait mieux se laisser braiser vif comme saint Laurent plutôt que de renoncer à l'estampe, la passion de toute sa vie; César Alméras, le décorateur dont la devise pourrait être : *Ce ne sont que festons, ce ne sont qu'astragales*; enfin Louis Sicard, d'Aubagne, le céramiste qui, à l'égal des plus beaux artistes, a su capter dans ses fleurs, ses cigales, ses insectes, le sentiment même de la Provence ensorceleuse.

Cette petite province de Paris qui grandit d'elle-même et sans effort, et qui, comme certain pneu célèbre, boit l'obstacle, elle aussi, n'a donc plus besoin de personne. Je n'en eusse rien dit dans ce livre que son titre oblige, si elle ne me paraissait un facteur naturel de la cause régionaliste, si elle n'était appelée non seulement à entretenir, mais encore à défendre tous les jours cette fierté provinciale parmi les élites et en face des puissances. Qui peut, sinon elle, parler avec amour et respect du retour à la terre, devenu thème à la mode; qui peut organiser la besogne si morale, et encore si peu régulière, du rapatriement ?

II

La Province — la grande province demeurée chez elle — sollicite autrement l'intérêt de tous. Elle secoue sa torpeur, et, nous l'avons vu dans le Midi et en Champagne, parfois elle s'emporte, semant dans les vallons une terreur de jacquerie, jetant des cris de patriotisme outragé dont il serait imprudent de ne pas tenir compte. Paris, cerveau de la France, a imposé ses rêves et son histoire au restant de la nation,— car la prétendue histoire de France que l'on apprend à l'école n'est que l'histoire de Paris et de sa prodigieuse fortune, et il n'est pas deux enfants sur cent qui sachent dix lignes de l'histoire particulière de la région où ils vivent. Paris, qui se confond avec le pouvoir central, a déshabitué la province de penser et d'agir, lui a fait abdiquer dans tous les domaines sa personnalité.

D'abord, il importe avant tout, et c'est là le devoir le plus urgent, de rendre aux provinces, ou mieux aux grandes régions naturelles pourvues d'une grande ville comme centre d'attraction, leur physionomie propre, de leur restituer leurs droits et leurs titres confisqués ou perdus. Qu'est-ce qu'un département ? Rien. Une poussière de l'organisme politique. Sait-on quand on entre dans un département et quand on en sort ? En 1790, on choisit pour eux — avec quelque apparence de nécessité — une capitale souvent sans grandeur et sans passé, uniquement parce qu'elle occupait le centre de l'absurde circonscription taillée à même le corps de la province, dans sa chair. Le législateur n'avait-il pas calculé le département « de façon que de tous les points on pût arriver au centre administratif en une journée de voyage » ? Maintenant, en moins d'une journée de voyage, on traverse la France de part en part.

Cela fait, il faudra, suivant la formule de Nancy, rendre les affaires de la commune à la commune, celles de la région à la région, celles de la nation à l'Etat. Ce n'est, diantre, pas aussi facile à le réaliser qu'à le dire, mais, pas plus que Paris, le régionalisme ne se fera en un jour. On ne le dira jamais assez : avant François Ier et avant Louis XIV les communes jouissaient de libertés et de prérogatives qui les combleraient d'aise aujourd'hui si on les leur restituait. Il y avait là, surtout dans notre Midi, une indépendance locale fort jalouse, un esprit particulariste bien fait pour surprendre des gens comme nous, habitués depuis si longtemps à voir l'Etat mettre le nez dans leurs affaires.

Le Félibrige n'est pas seulement de la beauté mise au service de l'idéal d'un pays, il est aussi une vérité, et bien éclatante puisqu'elle rallie les gens de toutes les conditions et des opinions les plus opposées. Et Mistral, qui a créé une harmonie morale, est le parfum, le quinquina magique d'une admirable race qui s'était anémiée et qui par lui a recouvré magnifiquement ses forces.

Le Félibrige ne prétend pas seulement faire revivre une noble langue, mais encore susciter un mouvement en faveur de la terre d'Oc, en répandre l'histoire, les traditions, les légendes, en faire aimer les villes antiques et les monuments. Déjà, dans ses statuts, il portait en germe l'arbre du régionalisme dont les rameaux commencent à s'étendre et à fleurir. Et les poètes, les folk-loristes n'ont pas seuls aidé à préparer le mouvement, mais les musiciens, tels Vincent d'Indy qui voudrait la création d'écoles régionales de musique, Claude Terrasse, Julien Tiersot, Emile Chizat, Henry Eymieu, mais les savants, les collectionneurs et les dilettanti, tels Maignien, Mgr Bellet, Etienne Mellier, Vallentin du Cheylard, Claude Faure, abbés Ulysse et Jules Chevalier, Jules Roman, Henri Vaschalde, de Fontgalland, William Guynet, Victor Colomb, etc.; et tous ceux qui, par l'écrit, la parole et le geste, font, on peut le dire, du régionalisme sans le savoir.

Les Universités, jadis si populaires et si prospères, furent enfin rendues à la province, dont le cœur si lent — et pour cause — se reprend à battre. Des sociétés savantes fondées çà et là, à Marseille, à Aix, à Toulon, à Arles, à Nîmes, à Avignon, à Grenoble, à Valence, peuvent leur faciliter la tâche. Ce sont de modestes académies au rayonnement restreint, mais toutes pleines de loyalisme, toutes fidèles aux sentiments qui sont l'honneur du terroir. Pour n'en citer que deux : l'Académie delphinale à Grenoble et la Société d'archéologie et de statistique de la Drôme à Valence témoignent d'une vitalité parfaite, et elles ont rendu, en étudiant l'histoire du pays, en recueillant pieusement ses légendes, en entourant de piété ses monuments, ses beautés naturelles, des services incalculables. Il n'est pas jusqu'aux syndicats d'initiative qui n'aient leur place marquée dans l'œuvre importante dont je ne fais ici qu'esquisser quelques faibles traits. Et je laisse de côté les revues et les journaux — ils sont légion, n'est-il pas vrai, et la plus petite ville en compte au moins un, qui se rattachent par quelque côté au régionalisme. Mais il faut, les Universités rendues, relever l'école, et changer ses méthodes, sinon sa doctrine. N'est-ce point elle qui souffle aux jeunes paysans la désaffection de la terre, avec son enseignement trop général, trop uniforme, déplorablement le même, que l'on soit en Bretagne ou en Provence ? Il faut cultiver l'atavisme, et faire aimer, par des leçons appropriées, le sol où la race s'est formée et a pris conscience.

Le régionalisme, dont la décentralisation ou la déconcentration est la base, était donc, sans posséder encore d'état civil, sans avoir un nom, au nombre de ces idées qui flottent dans l'air avant de prendre corps, avant de devenir quelque chose de réel, de lumineux et d'immense. Enfin Charles Brun vint. Son mérite n'a été ni d'avoir inventé le mot, ni d'avoir créé la chose, mais d'avoir donné à une formule aussi large que vague un sens précis, d'avoir fait d'une idée une force contre laquelle dès maintenant rien ne prévaut, d'avoir été le guide et l'âme de tous ceux qui sentent la nécessité d'une réforme organique de la France. Il a créé, à coup sûr, l'atmosphère du régionalisme, et son dernier livre (1), si curieux à lire et si intéressant à méditer pour notre avenir, est le bréviaire de la religion nouvelle, de ce système qui, à mon humble avis, prépare à la patrie sa résurrection.

Que sait-on ? Grâce à ce divin Mistral qui, né avec la vocation du bonheur, a si bien vu au delà de la vie, qui a incarné les rêves et la pensée d'un peuple, grâce aux abeilles diligentes du jardin littéraire dont il sut stimuler la pensée et activer l'émulation généreuse, grâce enfin à Charles Brun qui se dépense à répartir et à mettre en place toutes les trouvailles, tous les pollens butinés dans la plaine et dans la montagne, la France va peut-être se rénover sans douleur.

FIN

---

(1) *Le Régionalisme*; Paris, Bloud, place Saint-Sulpice; 3 francs.

TABLE DES MATIÈRES

	Pages
Préface.	v

PREMIÈRE PARTIE. — RHONE ET PETITES ALPES

Chapitre		Page
I.	Rhône (aspects, passé et devenir).	3
II.	Mistral le vent.	27
III.	Le Dauphiné vu des Cévennes.	31
IV.	A travers la Drôme : Royans, Vercors et Diois.	35
V.	Le long de l'Aygues, chemin d'Annibal.	65
VI.	La Maison rustique.	71

DEUXIÈME PARTIE. — VILLES SOUS LE VENT

Chapitre		Page
I.	Valence.	87
II.	Montélimar.	123
III.	Orange.	139
IV.	Avignon.	149
V.	Villeneuve-lès-Avignon.	199
VI.	Tarascon-Beaucaire.	205
VII.	Saint-Rémy-Les Baux.	215
VIII.	Les Baux.	219
IX.	Arles.	223
X.	Montmajour.	247
XI.	La Camargue et Les Saintes-Maries.	249
XII.	Le long de la Crau et de l'étang de Berre.	257
XIII.	Marseille.	261

RÉGIONALISME et FÉLIBRIGE.	277

Imprimerie TOURBIER, LOOS & Cie, Montrouge (Seine)

www.ingramcontent.com/pod-product-compliance
Lightning Source LLC
Chambersburg PA
CBHW071417150426
43191CB00008B/949